中国三农“危”与“机”

刘奇 / 著

中国发展出版社
CHINA DEVELOPMENT PRESS

图书在版编目（CIP）数据

中国三农"危"与"机"／刘奇著．—北京：中国发展出版社，2014.1（2014.6 重印）

ISBN 978-7-5177-0067-8

Ⅰ.①中… Ⅱ.①刘… Ⅲ.①农业经济—研究—中国 ②农村经济—研究—中国 ③农民问题—研究—中国 Ⅳ.①F32 ②D422.64

中国版本图书馆 CIP 数据核字（2013）第 304219 号

书　　　名：中国三农"危"与"机"
著作责任者：刘　奇
出 版 发 行：中国发展出版社
（北京市西城区百万庄大街 16 号 8 层　100037）
标 准 书 号：ISBN 978-7-5177-0067-8
经　销　者：各地新华书店
印　刷　者：北京科信印刷有限公司
开　　　本：700mm×1000mm　1/16
印　　　张：17.75
字　　　数：240 千字
版　　　次：2014 年 1 月第 1 版
印　　　次：2014 年 6 月第 2 次印刷
定　　　价：40.00 元

联 系 电 话：（010）68990630　68990692
购 书 热 线：（010）68990682　68990686
网 络 订 购：http://zgfzcbs.tmall.com//
网 购 电 话：（010）88333349　68990639
本 社 网 址：http://www.develpress.com.cn
电 子 邮 件：bianjibu16@vip.sohu.com

序　言

陈锡文

在党中央、国务院的高度重视下，我国粮食已经实现了“九连增”，但同时也应该清醒地认识到，我国粮食进口也在逐年增长，而且进口的增幅高于国内粮食产量的增幅。显然，我国农业现代化正处于挑战与机遇同在的十字路口。越是在这个时候越需要保持清醒的头脑，越需要全社会对三农问题有一个系统的了解，有一个科学的认识，有一个全面的把握。一日三餐，人人需要，这是铁律。因此，用刘奇同志的话说，全社会都应多一点“粮心”。我想，所谓“多一点粮心”，就是多一些对“三农”的关心、关爱和关注。

说起“三农”，很多人都可以道出个一二三来。社会上针对三农问题的各种议论频发，诸多观点纷呈，其中确有不少真知灼见。这是大好事，说明三农是社会普遍关注的热门话题。毋庸置疑，许多问题都需要集思广益、认真研究探讨，比如确保粮食安全的措施、土地制度的创新、农村公共服务体系的建立、农民合作组织的发育、农村基础设施的建设、社会保障体系的完善、农民工问题的解决、城乡一体化发展等等。但有些问题是来不得半点含糊的，比如，在高速推进城镇化的当下，一种“离农越远，离现代化就越近”的观点在一些地方滋生，似乎城市才是文明的代表，农村是反文明的代表。有的同志在思想认识和工作实践中

陈锡文：中共中央农村工作领导小组副组长、办公室主任。

自觉不自觉地按照这个思路考虑问题、设计制度、制定措施，因此在有些地方出现了城市日新月异、农村面貌依旧的现象。实际上，农业文明是与工业文明、城市文明并行不悖的一种文明形态，它们之间并不是非此即彼、你死我活的关系。没有农业文明，一切文明都将是空中楼阁。我国在实现“四化”同步发展的过程中，关键是农业这条短腿跟不上，不把这条短腿加长，“四化”就无法同步。而要加长这条短腿，必须推进“三体共化”，即作为本体的农业、作为主体的农民和作为载体的农村共同现代化，才是问题的关键所在。

刘奇同志的又一新著《中国三农“危”与“机”》，秉承了他的一贯文风，以其独到的视角、独特的思考，围绕人们当前普遍关心的三农方面最热门的话题，较为系统、全面地进行释困辨难、解惑答疑，提出的问题很有现实性、针对性，给出的对策也很有合理性、可操作性，且思辨深刻，视野开阔，观点鲜明，语言鲜活，可读性强。该书对当前三农领域的重大问题基本都有所涉猎、有所解析。通观全书，看似每文独立成篇，但却构成上下贯通、相互呼应、浑然一体的内在逻辑体系。我相信，不管是三农领域的理论工作者、实践者，还是有心关注三农问题的社会各界，读后都会有所收获、有所启迪。

2013 年 9 月

目录

第一章

让社会多一点“粮心”

在粮食武器化、种子殖民化、竞争农业化的背景下，有专家预测，未来十年，农业将成为中国和美国进行国际竞争的最终竞技场。不难看出，人类社会的竞争，最终又回到了农业这个维持基本生存的原点。在“为了我们的一日三餐”这个公共点上，每个社会成员都应多一点“粮心”，自觉保卫“食物主权”。在厌农、弃农已成风潮的背景下，“粮心”是“良心”的反映，“粮心”缺失，就会“凉心”。你可以不吃中药，你可以不吃西药，但你很难不吃农药；你可以不吃有毒的食物，你可以不喝有毒的水，但你必须呼吸有毒的空气。中国人在物质生活富足，“物质成熟”的同时，理应进入“精神成熟”期。

党中央、国务院把“三农”工作放在全党、全国和全部工作“重中之重”的位置。“重中之重”，一个在汉语词汇里已达极点的程度表述，旨在警世，意在醒世！“三农”问题的根本就是对农业文明的继承和发展问题。全社会都应树立一个理念，只有农业文明才是人类赖以生存的基本文明，没有农业文明，任何人类文明都将毫无意义。失去农业文明的“文明”，是可怕的“文明”，很可能也是灾难性的“文明”。在强势文明视农业文明为拦路虎，以泰山压顶之势挤兑它、摧残它、吞噬它之时，“重中之重”更显得越来越重！

一、从当今世界格局看：粮食武器化，种子殖民化，竞争农业化

基辛格于上个世纪70年代就曾预言：谁控制了石油，谁就控制了所有国家；谁控制了货币，谁就控制了世界；谁控制了粮食，谁就控制了地球上所有的人。实际上，当今世界粮食已经被“武器化”了，农产品也相应被“武器化”了。基辛格的粮食控制论应该是“粮食武器化”最经典的表述。自古以来，粮食等主要农产品都是商人囤积居奇的投机品。垄断粮食等农产品，既可以牟取暴利，也可以控制人或者伤害人。二战以后，西方国家正是根据基辛格“谁控制了粮食，谁就控制了所有的人”的战略思想，制定了“粮食武器化”战略，在多个方面做了充分准备。发展中国家谁不听话，就不给你饭吃，以此巩固世界霸权地位。美国过去有1亿多吨玉米出口，2008年以来大上乙醇加工企业，玉米一粒不出口，导致墨西哥等国家粮食供应链顷刻断裂，举国恐慌。2009年美

国生产了 4.16 亿吨谷物，其中 1.19 亿吨用于乙醇燃料生产，这些谷物足以供 3.5 亿人生活一年。2010 年，美国用于生产乙醇燃料的玉米增长到 1.4 亿吨。目前世界粮食需求增长令人震惊。1990～2005 年，年均需求增长量为 2100 万吨，而 2005 年至 2010 年的五年里年均增长到 4100 万吨，几乎翻了一番。世界 220 多个国家和地区，粮食能够自给的不足一半。世界年产谷物 21 亿到 22 亿吨，贸易量仅 2.5 亿吨。2011 年 1 月 5 日，联合国粮农组织宣布粮价指数已达到人类有史以来最高水平。美国对中国的农产品战略布局已进入到中国最核心的粮仓部位，美国农业部已分别在北京、上海、广州、成都、沈阳等地设立多个农业贸易处，并可能还将继续扩大。这是从国家层面加强占领中国农产品市场的兵力布局。孟山都、杜邦等一些经营农产品的跨国公司也在加紧步伐攻城掠地，抢占中国农产品市场。中国三大肉产品加工集团中，雨润、双汇已被高盛全部买下，宝迪正在谈判，并且他们还步步为营，大量收购猪、鸡等大型养殖场。农产品已经成为美国像美元一样控制其他国家的重要手段，他们已拥有诸多优势，他们是最大的粮食出口国，有着百年历史的世界 ABCD 四大粮商前三大在美国，最先进的以转基因技术为代表的生物技术也在美国。目前，世界粮食贸易量的 80% 被四大粮商控制，他们凭借雄厚的资本和百年经验，已经完成对上游原料、期货，中游生产加工及品牌，下游渠道供应的绝对控制权。2010 年，国际粮油巨头丰益国际已与黑龙江省政府签下了 65 亿元的投资协议，强化东北的粮食加工。如此下去，中国人当“粮奴”的时候已经为期不远。房奴、孩奴、病奴、卡奴、车奴，中国人已经又到了“起来，不愿做奴隶的人们”的时候了。作为最原始、最传统的农产品，一旦被“武器化”，它将成为最先进的现代武器，攻无不克。没有哪种武器比粮食更具杀伤力。

当今世界的竞争主要是新能源技术、信息技术和生物技术三大前沿科技的竞争，而中美竞争的焦点主要集中在生物技术上，生物技术在今天最广泛最直接的应用就是农业领域。特别是转基因技术已成为生物技术角逐的主战场。美国从 1962 年开始搞转基因研究，到 2001 年已有 130 多个农作物品种实现转基因化，今天会更多。西方强国利用转基因等技术进行的种子革命，不仅仅是为了增加农作物的产量，更重要的是为控制他国自有的种子资源，并形成对其商品种子的永久性依赖。一旦一国的种子依赖他国或被他国控制，粮食等农产品安全、甚至食物主权便无从谈起。在这方面，美国深谋远虑。我国加入 WTO 以来，大豆及其产业基本美国化了。世界大豆年产量 2.5 亿吨，参加国际贸易的不足 1 亿吨，而 60% 以上都让中国购买了。我国每年进口大豆不断攀升，2009 年 4255.2 万吨，近几年已突破 6000 万吨。而我们如果自己种植这些大豆，得需要拿出 4 亿多亩耕地才能有这么多的产出，且质量也跟不上。中国是大豆的原产地、大豆的故乡，但目前中国有 4000 多万大豆种植者面临失业和生存危机，主产区的大豆加工企业全面瘫痪。玉米种子正在加速美国化和转基因化，玉米种子也正在沦陷，被美国占领。棉花种子约 20% 左右的份额也被美国种子占领，且每年以 10% 的速度扩大，同时还在向水稻、小麦、土豆等品种延伸。中国最大的蔬菜基地山东寿光的蔬菜种子 90% 以上为外企控制。中国种业正在一步一步被殖民化，一旦种业被全面殖民化，人家让你吃什么品质的东西，你只能吃什么品质的。给你多少吃，你只能吃多少。这可能比 1840 年鸦片输入中国的速度不知快多少倍，容易多少倍，也不知危险多少倍！有专家预言，在本世纪第二个十年，农业将成为中国和美国进行国际竞争的最终竞技场。不难看出，人类社会的竞争，最终又回到了农业这个维持基本生存的原点。一些国家已经把“粮食安全”战略上升为“粮食主权”战略，防止世界“种子帝国”的操控。“粮食主权”可以说实质上就是最大的国家主权。有些国家的农民正在采取多种方式要求“种子民主”，反对“种子帝国”的强行推广，争取“种子”选择的自由。印度已经出台政策，要求限时实现种子国产化。日本为确保大米国产化，不惜重金给农民补贴，支持农民种水稻，国家不进口一粒大米。澳大利亚对农产品的进口历来严加管制。连美国这个“种子帝国”也对自己的农产品安全高度警惕，“9.11”之后即出台了轰动世界的“生物国防法”，防止别国利用生物技术搞“农业恐怖主义”，威胁美国的国家安全。中国的种业必须迅速上升为国家战略、国家理念、国家意志的层面加快建设步伐。未来社会，说种业是关系到一个国家、一个民族生死存亡的大事，并非危言耸听。中国科学院研究报告认为，中国农业已落后美国 108 年，落后英国 150 年，落后法国、日本也在百年以上，比巴西还落后。如果不加快建设农业现代化，“四化同步”只能是一个美梦。在全球化的今天，全世界资产阶级都富得一个样，全世界的无产阶级都穷得不一样；全世界资产阶级无国界发财，全世界无产阶级有国界打工。全世界无产者联合起来的可能性已经不大，发达国家的工人则容易组织起来对抗发展中国家的工人，反对廉价劳动力和低价产品对他们的冲击。全球打破了马克思时代的世界格局，国家民族不强大，亡国灭种不是枪炮，而是在看不见的基因战线，在一日三餐里灭掉你，这是物质上；精神上，西方国家正在争夺“制脑权”，他们已经在“制空权”、“制海权”上做足了文章，现在正通过信息操纵，影响公众的思维、判断和认知。有一本书《统治世界》（何新著），向世人揭示有一个叫共济会的组织在控制着世界，它 400 多年前在英国成立，现在发达国家的领导差不多都是其成员，各国财团、跨国公司的老板包括比尔·盖茨等都是其成员，其战略目标就是消灭被他们认为占总人口 80% 的垃圾人口，由精英控制世界。他们认为地球的理想人口为 5 亿左右。为此，他们一直致力于生物技术研究，如转基因、各种疫苗等，以此控制所谓的垃圾人口的增长。发达国家研制的各种疫苗都有抑制生育的功能，转基因农作物更是从食物上控制欠发达国家的生存问题。

二、从中国农业现状看：要素流失，环境恶化，能力疲软

当今世界，有五分之一的国家缺粮，六分之一的人喊饿，11 亿人吃不饱饭，1 亿多中国人营养不良。就中国而言，农产品产量仍然不稳，由于投入不足，工程措施滞后，旱涝保收面积不足一半，总体上“靠天收”的局面没有发生根本改变，一遇灾年，农产品减产的可能性随时都

会发生。目前，我国人均粮食占有量只有700多斤，专家根据史料记载测算，早在1000多年前的唐朝天宝年间人均占有粮食就已达到这个水平。而当时只有人吃粮，动物吃草不吃粮。今天不仅人要吃粮，动物要吃粮，机器也要吃粮。而且过去种粮的变成吃粮的（2.6亿农民工），过去吃粮的（城里人）变成吃肉的，而肉蛋奶都需要粮食转化。一面是粮食无限需求，一面却是耕地奇缺。我国耕地总面积居世界第四位，但人均耕地面积仅1.4亩，世界排名126位以后，不到世界人均耕地面积的一半，只是美国的1/13、加拿大的1/18，连人多地少的印度人均耕地也是我国的1.2倍。地少且流失过快，改革开放以来，全国耕地锐减了近3亿亩。为此，中央一再敲响警钟，要确保18亿亩耕地红线。而这18亿亩红线已经是退到不能再退的红线，专家原设定三条红线，分别是23亿亩、21亿亩和18亿亩。但是，“钟照敲，线照闯”的现象十分普遍。耕地锐减，且减的都是好地。为应对国家占补平衡政策，所谓开发出的新耕地，大都在交通闭塞、气候水土条件很差的地方，即便面积补上了，但农产品产出率也会大受影响。城市急剧扩张，全国183个城市宣布要建国际化大都市，这是圈占耕地的强烈信号，今后不知还会有多少好地被圈占。全国城市蔬菜自给率已下降到不足30%。北京郊区菜地已由17万亩减少到几千亩，蔬菜自给率已不足10%。杭州种菜面积每年都以10%的速度在递减。人们要吃粮，也要吃菜。今天不少人对粮肉菜的需求结构已由过去的8∶1∶1变为4∶3∶3。在生活水平不断提高的时代，菜比粮显得更不可或缺，更具敏感性。中国目前每年农作物播种面积大体在23亿~25亿亩，其中粮食16.5亿亩，蔬菜3亿亩，其余是各种农作物。中国粮食和食油进口不断增加，生产与需求的矛盾越来越突出，根据目前需求，中国需要30亿~35亿亩播种面积，还有7亿~10亿亩的缺口无法平衡。我国粮食已经“九连增”，从2003年的43070万吨增长到2012年的58950万吨，粮食年产量增长36.8万吨，但同期进口量增长却高达217%，2012年粮食进口总量超过7200万吨，相当于每个中国人进口107斤粮食。我国粮食自给率已经跌破原定90%的底线，跌倒88%。我国每年进口世界大豆贸易量的60%多。但我国人均消费植物油仅18公斤，还赶不上世界人均20公斤的水平。

城市的扩张，工业的发展，已经使中国打破了几千年来南粮北运的格局，今天是反过来北粮南运，广东现有一亿零七百万人口，粮食自给率已不足30%，福建、浙江的自给率也不足40%，过去的鱼米之乡吃的都是东北大米。北粮南运格局的改变带来的最大问题是资源配置的错位如何改变。这可是一项很难扭转的浩大工程。中国农业的格局包括生产方式因气候条件、自然环境等因素在隋唐之前即已定型，直到改革开放前的一千多年里基本没有多少改变，今天要重新调整南北格局，重新配置南北资源，绝非易事。

在“金融为王”的当今时代，支撑农业发展的资金奇缺，农村大量的闲散资金被工、农、建、中、邮五大国有金融机构抽走用于城市和工业发展，三农贷款问题一直悬在半空，国有金融机构只在全国几万个乡镇中搞六百多个乡村银行做做样子，农业嗷嗷待哺的资金饥渴症丝毫没有缓解。

农业科技仍然比较落后，我国科技贡献率仅为50%～60%，发达国家都在70%～80%以上。2009年，我国投入农业的科研经费约为21亿元人民币，而美国孟山都一家公司投入的科研经费就高达8亿多美元。中国和美国在农业科研方面巨大的投入差距由此可见一斑。

现在农村的人口结构是“两头在乡”，老的和小的，即所谓的“386199”部队。劳动力大量流失，而且是单向道地流向城市、流向发达地区。传统的中国社会，从乡村走出去的人，无论当官还是经商，大都叶落归根，衣锦还乡、告老还乡，在乡村定居，不同程度上促进了农村的发展。包括上世纪六七十年代的“上山下乡”运动，2000多万知青也给农村发展带来了外部文明。这些从城市流向乡村的精英，塑造着乡村的主流话语，导引着乡村的道德走向，提振着乡村的人文精神，维系着乡村文明的薪火相传。今天，农村成了人才的“播种机”，而城市成了人才的“收割机”。不论是从政从商，还是就学务工，出去了就再也不愿回来。人才资源极度匮乏，有些地方几近枯竭。我们经常津津乐道于30多年来的人口红利，殊不知2亿多农村精壮劳动力默默在城市工作，人口红利大多被城市掠取。外出打工的农民工工资少得可怜。有专家测算，公元1000年时，北宋都城汴京一个民工一年的收入可购买的大米数量，如果按照2009年的粮价折算相当于3200美元，正好等于2008年我们人均GDP。历史前进了1008年，农民工的收入不升反而下降了许多倍。同时，巨大的城乡居民收入差距和工农产品价格剪刀差，使农民无心务农。

我国现在有超过2000万公顷的耕地受到污染，约占总耕地面积的20%以上。1996年到2006年间，中国氮肥和磷肥施用量同比增幅为40%和60%，农药使用量则同比上涨了80%。水污染更为严重。据调查，我国只有3%的城市水源基本清洁，97%的城市水源受到污染，其中严重污染的占64%。有专家研究，有效治理深层污染需要上千年的时间。乡村田野流淌的大小河沟，污染程度更是触目惊心，臭气熏天、鱼虾绝迹的现象为数不少。用这样的水质灌溉农田，生产出的农产品可想而知。有关研究认为，我国目前废水排放量已成世界之最，每天废水排放量比美国、俄罗斯、德国、印尼、泰国、法国、乌克兰、越南和意大利九个国家的总和还多。中国60万个行政村每年生产90亿吨污水、2.8亿吨垃圾，基本处于“污水靠蒸发，垃圾靠风化”状态。全国每公顷农田使用化肥318公斤，是全球平均水平的2.5倍。中国化肥有效率只占35%，其余65%流失，污染环境。澳大利亚国立大学微生物学教授弗兰克·芬纳2010年曾预言，地球将无法承受人类的“人口大爆炸”和“无节制的浪费”等行为，人类将在100年后灭绝，这似乎是耸人听闻，但如果我们如此放任下去，后果必将由我们自己承担。有关调查显示，“癌症村”数量已达247个，遍布27个省，而且数量还在逐年增加。有外国人讽刺中国说，中国人死了，拍扁了就是一张完整的化学元素周期表，吃的、喝的、呼吸的什么元素都有，一样不缺。

水危机是世界性的难题，地球表面水体面积约占72%，但97.5%的水是咸水，只有2.5%的水是淡水，这么少的淡水有70%都冻在南极和北极，其余都埋在土壤中和深层地下，不能直接供人类使用。可供人类直接使用的淡水只占地球水体的0.007%。现在世界上有12亿人面临中度到高度缺水，80多个国家水源不足，20亿人饮水得不到保证，专家预测20年后将有30亿以上的人口缺水。世行预测，未来五年“水将像石油一样在全世界运转”。中国水资源短缺，是世界上13个贫水国之一，且时空分布不均，长江以南水资源占全国的81%，而耕地面积只占36%；降雨时间在许多地方大都集中于很短的一个时段。洪涝、干旱经常发生。国家近年治理大江大河成效显著，但由于缺乏投入，中小农田水利基础设施不仅没有发展，很多处于病险状态，在中小农田基础设施建设上，我们现在基本上还在吃上个世纪六七十年代的老本。2011年，中央为水利建设专门发了一号文件，确立“三不三性六安全”的战略地位：“水利是现代农业不可或缺的首要条件，是经济社会发展不可替代的重要支撑，是生态环境改善不可分割的保障体系。具有很强的公益性、基础性、战略性。加快水利改革发展，不仅事关农业农村发展，而且事关经济社会发展全局；不仅关系到防洪安全、供水安全、粮食安全，而且关系到经济安全、生态安全、国家安全。”从这“三不三性六安全”中可以看出水利在国家经济社会发展中已经重要到什么程度。当前，极端异常气候发生次数越来越多，程度越来越深。或违反时令，突如其来；或大涝大旱，登峰造极；或集于一点，摧毁万物。有专家调查，全国类似舟曲易发泥石流的地方有1.6万个，2010年地质灾害比过去扩大了十几倍。加之不可预测的怪现象，如没来由突然发生的病虫害等。凡此种种，大自然都在向人类发出警告，不保护环境，农业发展将陷入困境。陶醉在工业文明、城市文明之中的人类，不要觉得现在衣食无忧，大家随时可能没饭吃！一个最直接最现实最具体的问题是生产一斤小麦需要一千斤水，生产一斤水稻需要一千五百斤水，这是必须的。把农民逼急了，首先没粮吃的不是农民。在国家设定的七大优势农产品主产区及23个产业带的800多个产粮大县中，农田基础设施必须彻底建好。国家要粮食安全，就必须把安全的基础打牢，安全不是农民的事，农民要的是能挣钱。

从基层政府的管理看，制度异化现象比较突出：功能上公司化、工作上运动化、权威上碎片化。

不少人只以经济效益的眼光，从农业仅占 GDP10% 左右的角度看问题，把农业置于脑后。美国学校有一道考试题，问美国是一个什么大国？选择项有科技、军事、旅游、农业、航天。标准答案竟是农业。美国农业占 GDP 不足 2%，日本农业占 GDP 不足 5%，人家同样把农业放在重要位置。对于中国这样一个人口大国，农业哪怕只占 1% 的份额，也马虎不得，懈怠不得，小视不得。简言之，不论农业在一国 GDP 中占多大份额，它在发展的天平上永远都应处于分量最重的那一侧。

三、从人们的日常生活看：城市多疾病，食品不安全

美国农业部长迈克·约翰在接受中国《环球时报》记者采访时说："你要吃饭吗？那么农业就很重要。"迄今为止，世界上什么人都有，就是没有不需要吃饭的人。阳光、空气、水用之不竭，但粮食必须生产，人人每天都少不了，可以说人人每天都在与农业打交道。在中国城市化发展的今天，任何一座大中城市，如果没有农民工，这座城市就会立即瘫痪。他们只要一天不工作，就会交通中断、垃圾满街、臭气熏天。城市化不是城里人的城市化，而是农民的城市化，是把农民"化"入城市的过程。所有的城里人，向前查三代，差不多都是农民。安徽合肥建国时只是一个 5 万人的小县城，而今天已是一座拥有近 300 万人的大城市。

农村在整个生态环境中起到很大的调节作用，如果都是城市水泥森林，人们将无法生存。"农家乐"给城里人带来了欢乐，几乎所有的城里人没有谁没去"农家乐"体验过，"农家乐"已成为人们旅游观光最便捷、最经济、最实惠、也最受欢迎的活动。农村与人们的生活也越来越紧密。发达国家已经出现了逆流现象，不少人已经厌倦了喧嚣繁华，不愿住在城里，自愿移居农村生活。德国在农村居住的人口已达 40% 多，英国在伦敦奥运会时调查，人口正回流农村，农村人口已占 28.9%。交通拥堵、空气污染、噪音充耳，让很多城里人患上城市病，尤其人到暮年，年老体衰，克服城市病，只有去农村。在生活方式上，

很多人正在追求节奏舒缓、顺其自然的“慢生活”。

近几年，“豆”你玩、“蒜”你狠、“辣”翻天、“姜”你军、“苹”什么、“糖”高宗、“药”死人、“盐”王爷等等戏谑俚语不绝于耳，但这些都是生活的调料品，不是主食。如果主食涨了十几倍，大米涨到几十上百块一斤，不难想象，社会将是一种什么状态。我们跑不过刘翔，但我们必须跑过“CPI”。“量”的不安全很直接，“质”的不安全却十分隐蔽，地沟油、三聚氰胺、苏丹红等等层出不穷，防不胜防。过去人们吃的是采自天然的“自然之物”叫“食物”，今天人们吃的是经过加工的“生产之物”叫“食品”。今天的“食品”在加工过程中天然营养已遭破坏，但厂商为表示营养丰富，又添加许多所谓各类营养素，现在食品中添加的各类营养素已到了泛滥成灾的地步。这些通过化工手段合成的营养素对人体有多大危害，没有谁能说得清楚。有专家称，一个瓜果从小到大用十几种激素，没有一个水果是干净的。美国今天看一个人穷富主要看你吃什么，是吃自种自养原生态的，还是吃工业化生产的。中国现在有 50 万家食品加工企业，其中五分之四雇佣人员在十人以下，这使得监管困难。而且监管力量严重不足，每万名常住人口只拥有一名食品安全监管员。几年前，全国有 72 个地级区域，1305 个县级区域未设立监管机构。管理体制不顺也是重要原因，有八个部门管食品安全，瘦肉精的泛滥被社会讽刺为“八个部门十年没管好一头猪”。其实，瘦肉精在美国是允许使用的，只是严格要求用量，并规定在出栏前多少天要停用。1986 年，中国某大学教授因介绍瘦肉精的使用论文还曾获国家科技进步奖。今天泛滥到这种程度，不是瘦肉精的错。我们的法律规定猪肉不能含有瘦肉精，因此，严禁进口美国猪肉，美国人对此就很不理解，我们允许用不出问题，你们不准用反倒出问题。这是企业的道德和个体农民的水平出的问题，不是瘦肉精有问题。台湾“塑化剂”和德国“毒黄瓜”已经把食品安全问题扩展到国际范围。今天人们不再期待食品的天然美味营养绿色，只要没毒或毒性不大就可以了；进城务工的农民工不再期待待遇公平，只要不拖欠工资就可以了；外出旅游不再期待不被挨宰，只要少坑点就可以了；小孩子上学不再期待不要接送，只要不被人贩子拐走就可以了。前两年，有网友描述中国人的一天：早起，买两根地沟油油条，切个苏丹红咸蛋，冲杯三聚氰氨奶。中午，瘦肉精猪肉炒农药韭菜，再来一份人造鸡蛋卤注胶牛肉，加一碗石蜡翻新陈米饭，泡壶香精茶叶。下班，买条避孕药鱼，尿素豆芽，膨大西红柿，石膏豆腐，开瓶甲醇勾兑酒，吃个增白剂加硫磺馒头。饭后，抽根高汞烟。这些虽然不可能在同一天发生在同一个人身上，但拆开看，每个现象都存在。中国大地上的食品领域，已经成了一个彻彻底底的“潘家园”。假冒伪劣，泛滥成灾。中国社会已经形成“互伤链”，你在我牛奶里加三聚氰胺，我在你餐桌上放地沟油，大家在互伤中都挣到了想挣的钱，都挺高兴。殊不知被伤害的、失去的东西多么重要！更为可怕的是，在这场食品安全保卫战中人人都在后撤，成为事不关己的观望者。

我们吃东西，本身是一顿饭的事，现在变成了一辈子的事，吃不对，一眨眼功夫，这辈子可能就过去了。

四、从中国农村现实看：绝对贫困现象尚未彻底消除

随着贫困人口的大幅减少和农村低保制度的建立，不少人认为中国的贫困现象基本消除，可以忽略不计。

事实上，中国的绝对贫困现象还未彻底消除，扶贫开发任重道远。一是城市的光鲜亮丽掩盖了农村的贫穷落后，农村成为“灯下黑”；二是主流社会的强音淹没了农民群体的弱音；三是少数人的富裕掩盖了多数人的贫穷，“张村有个张千万，九个邻居穷光蛋，平均起来算一算，家家都是张百万”。“纸上得来终觉浅，绝知此事要躬行”，如果是用双脚去丈量农村，是以下蹲的姿势去对话农民，就会发现，当城里的孩子不知道吃啥好，一些农村的孩子喝牛奶还是奢侈品；当城里人开着轿车上下班的时候，一些深山里的农民到镇里买件衣服还得走上十几个小时；当城里人过上了绝对富足的生活，农村地区，绝对贫困却依然存在。中国青年政治学院的一位老师梁鸿，利用两年的假期，回到自己的故乡梁

庄居住了5个月，通过与村庄里的人一起吃饭聊天，对村里进行了类似于社会学和人类学的调查，写下了《中国在梁庄》，真实再现了当代中国农村的图景。通过娓娓道来的讲述质疑、修正了关于农村的种种通行定见；还有一位叫爱新觉罗·蔚然的人，立志用25年时间走遍全国贫困村，帮助贫困家庭走上健康良好的发展之路。目前，他骑车数万里，走访上千户，拍下近万张记录照片，记下了近百万字的考察日记，在日记的基础上，写了一本书叫《粮民》，以近百个真实感人的故事，对当下中国的贫困现状做了一个全景式的生存实录，对当下农民进行了深度剖析。

30多年来，中国在反贫困问题上为世界作出了巨大贡献，世界减贫人口的90%都是由中国完成的，这是世界公认的壮举。在巨大的成就面前，一些人要么认为经济增长可以自动消除贫困，不必搞扶贫了；要么认为绝对贫困现象基本消失，不用搞扶贫了；要么认为贫困是穷人自身的原因，不愿搞扶贫了。这些社会偏见必须纠正。全社会都应认识到，只要国家不消亡，人类扶贫就是一个永恒的主题，当下，中国的贫困问题仍然十分严重，扶贫工作任重道远，不可忽视。

首先，贫困标准低。扶贫的前提要确定贫困人口，找出贫困人口得首先确定贫困线。不同的国家有不同的确定方法，目前国际上通行的是，根据满足最低营养标准——每天2100大卡热量的食品组合，计算出购买这些食品的花费，再加上一定比例的非食物消费，即得出贫困线。中国贫困线过低的奥妙在于，在计算方法中，非食物消费的比例太低，仅占三分之一左右，而美国却达到了三分之二。按这样的计算结果，中国的“贫困线”只能算是“生存线”。比如，2010年的贫困线是人均1274元，摊在每个月上差不多只有100元。这100元，最多只能买25公斤大米，在城里，也就差不多是一包烟的价钱。当前，贫困标准虽然提高到了2300元，但跟国际比较，还是很低。美国四口之家的年收入如果低于22050美元，即被纳入穷人的范畴，折换成人民币，大约是中国的近20倍。中国的穷人，叫活着，而美国的穷人，叫生活。有调查表明，在他们的家庭中，46%已购买并拥有自己的房子，平均每家有三室一厅、一个半浴室、一个车库；73%的穷人家庭拥有汽车，其中近三分之一有两台或两台以上的汽车。事实上，世界上大部分国家贫困发生率都在10%以上，美国13%，拉丁美洲及加勒比地区达到了32.1%，欧盟区有些富裕国家也超过了18%，而中国按2010年的贫困人口发生率只占2.8%。2012年，按2300元标准贫困发生率也仅为10.2%，不到世界的平均水平。另外，中国扶贫标准提高的速度过慢。1985年，中国将人均年纯收入206元确定为贫困线，2012年为2300元，27年来增长约11倍；而在此期间，中国GDP由7780亿元增至52万亿元，增长了67倍。后者相当于胡子生长的速度，前者只相当于眉毛生长的速度。

其二，贫困人口多。2012年，官方公布的数字，按2300元的标准，中国还有贫困人口9899万人。但是按世界银行在《从贫困地区到贫困人群：中国扶贫历程的演进》的报告中指出，中国政府的扶贫标准和投资计划依然难以达到国际标准。按2005年美元购买力平价计算，中国仍然有2.54亿人口每天的花费少于国际最新贫困线，这一贫困人口数字远高于中国官方公布的贫困人口，相当于日本总人口的两倍。

其三，返贫现象频发。贫困地区之所以贫困，就是因为基础差、底子薄，刚刚脱贫的人口，就像一个大病刚愈的患者，羸弱体虚，一点点的风吹草动，对别人毫无影响，对他们往往是致命一击。一是因灾返贫。有关资料显示，贫困地区自然灾害发生率是其他地区的5倍。“吃不慌，穿不慌，一场大雨就泡汤”是贫困地区农民普遍担忧的现实。2008年的雨雪冰冻灾害和汶川地震主要影响中西部贫困地区，不仅造成大量人员返贫，而且使多年建设和扶贫成果毁于一旦，恢复重建任务异常艰巨；二是因病返贫。病不起，在贫困地区表现尤甚，“小病拖。慢病扛，一场大病见阎王”；“辛辛苦苦十几年，一病回到改革前”；“救护车一响，一头猪白养”；“住上一次院，一年活白干”。这是贫困地区因病返贫的真实写照。在富可敌国的广东省，有一个村叫黄华村，2010年，村里96户贫困户中因病返贫的52户，因病返贫率达五成多。三是因学返贫。非义务阶段高昂的学费，贫困农民难以负担，子女大多读了初中就外出打工，如果考上了大学，更难以承受每年过万的学费，往往一张大学录取通知书就是一个贫困家庭的判决书。四是因生活成本增加返贫。现代穷人与传统穷人的最大区别在于，传统穷人可以自食其力，现代穷人则必须支付必要的生活成本。传统穷人在过去几近封闭的乡村熟人社会里，公共生活空间很小，通过自身努力就能过上自给自足的生活，必要的公共开支接近于零。喝水可以挖井，烧饭可以捡柴，交通可以步行，住房可以自建，信息交流可以口口相传；而现代穷人不但衣食住用行等生活必需品需要购买，而且教育、医疗、交通等基本公共服务，也要付费，微薄的收入难以承受生活之重。现代穷人获取信息必须通过购买手机、报纸、电视、收音机等付费方式；“交通靠走”渐成历史，公路、高速路、铁路越修越多，但免费的道路越来越少，交通费用越来越高。不断上涨的物价压得他们喘不过气来。

第四，脱贫致富难。贫困是人类三大顽症之一，随着边际效益的递减，脱贫致富之路越走越难，尤其是集中连片的特困地区，有些本来就不适合人居，但那里的人们又世代生息繁衍在那片土地上，想让他们脱贫致富，几近天方夜谭。

第五，三次分配都有缺陷，都不利于穷人脱贫。在第一次靠市场分配中，不是劳动主导，而是资本主导，而穷人只有劳动，没有资本。有的企业劳动成本只占百分之十几，国际上一般占 40% 以上；在第二次政府分配中，有两个问题，一方面是税收不公，中国 20% 的富人交税只占国家税收的 10% 左右，美国 10% 的富人交税占 80%。2011 年，美国又试图推行 2% 计划，即只有占总人口 2% 的富人纳税，98% 的人都不要交税。而中国明税暗税加起来，人人都纳税。另一方面，是资源配置不公，实行的是一条反福利制度，城市条件好，福利反而高，农村条件差，福利反而低；在第三次分配中，社会捐赠，慈善事业又严重滞后。有调查显示，全国注册的工商企业超过 1500 万家，有过捐赠记录的不超过 13 万家，即 99% 的企业没有过捐赠记录。2009 年中国社科院公布的 100 强企业社会责任总体水平，其中 94 家平均分值为 31.7 分。

我们常说民生问题，扶贫是最大的民生问题。而解决民生问题的根本不在给钱多少的问题，而在于必须通过民主的办法讨论如何收钱，如何管钱，如何花钱的问题，国家财政的钱不是政府的，更不是部门的，那是老百姓的钱，老百姓的钱分两块，一块放在自己的口袋里自己花，一块通过税收交给政府，让政府帮助自己花，这笔钱怎么收，怎么管，怎么花理应由老百姓民主讨论决定。世界上还没有不通过民主的方式解决好民生问题的先例。

自然科学中有一个能量守恒定律，其实，财富也是守恒的，有富就有穷，只要世界上有国家存在，扶贫将是一个永恒的主题。因此，对于中国而言，在相当长的一个历史阶段，随着国力的增强，财力的提高，扶贫标准的调整，贫困人口规模不是越来越小，而是越来越大；扶贫对象不是越来越少，而是越来越多；扶贫任务不是越来越轻，而是越来越重；扶贫工作不应越来越弱，而应越来越强。按照“贫困恶性循环论”和“低水平均衡陷阱论”的观点，贫困是一个稳定的均衡系统，这个均衡系统仅靠自身和市场的力量是打不破的，必须聚全民之力，攻扶贫之坚。

五、从纵向历史看：战争年代，农村包围城市；建设年代，农业支援工业；改革年代，农民服务市民

纵观近百年以来历史发展轨迹，从自然经济、计划经济到市场经济，从农耕文明到工业文明、城市文明，中国社会所经历的急剧而深刻的历史性嬗变，都与农业、农村和农民问题紧密相连。“三农”在不同历史阶段的突出贡献可以用三句话概括：战争年代，农村包围城市；建设年代，农业支援工业；改革年代，农民服务市民。

战争年代农村包围城市。大革命失败后，中国共产党从血的教训中认识到武装斗争的重要性，先后领导了南昌起义、秋收起义、广州起义。但城市起义和对城市的进攻却连连受挫，在这种形势下，党及时把工作重心由城市转移到农村，开始了中国革命道路的新探索。到1930年初，全国10多个省300多个县已建立起中央、湘鄂西、鄂豫皖、赣东北、左

右江等十几块农村革命根据地。并总结出以土地革命为基本内容，以武装斗争为主要形式，以农村根据地为战略阵地，以农村为中心，开展游击战争，进行土地革命，发展红色政权，逐步夺取城市直到全国政权的中国革命道路理论。在以后的革命斗争中，数千万农民为之奋斗，付出了宝贵的生命代价，最后夺取了中国革命胜利。境外军史研究者戏称：“中国人民解放军”更像是“中国农民解放军”，军队成员绝大多数来自于农民。

建设年代农业支援工业。新中国成立之初，压倒一切的任务是尽快建立起一个以重工业为支柱的完整工业体系。完成这一任务，重要的前提条件是要提供工业化的资本积累。而在当时的历史条件下，既不能靠自身依然弱小的轻工业，又不能完全靠国际援助，更不能像帝国主义那样靠侵略和掠夺，唯一的办法是靠农业、农村和农民来实现积累。据专家分析计算，1952～1989 年，国家通过工农产品价格“剪刀差”和税收，从农村中汲取资金 7000 多亿元（扣除国家支农资金），约占农业新创造价值的五分之一，超过当时国有工业固定资产原值。虽然学界公认 90 年代初国家工业化资本原始积累阶段已告结束并已进入中期发展阶段，但是国家从农村中汲取发展资本的政策并未改变，1990～1998 年，国家通过财政渠道、工农产品价格“剪刀差”和金融渠道，又从农村汲取资金 1.9 万亿元。另据有人估计，从 1950 年到 1996 年，我国农民为国家工业化和城市发展提供资金积累（农村资金净流出）超过 2 万亿元，大约相当于我国社会资本存量的三分之二。

改革年代农民服务市民。改革开放以来，一亿多农民背井离乡进城务工，起早贪黑干着城里人不愿做而又必须有人做的苦活、脏活、累活和险活，拿着时常被拖欠的最微薄的工资，默默地为市民服务，为城市的发展和中国经济的腾飞做出了极大的贡献。同时，深刻影响了世界经济的格局，加快推进了中国社会转型。据 2007 年中国社科院调查，近 30 年劳动力流动对 GDP 贡献率达 21%。农民工已占第二产业就业人口的 57.6%，商业和餐饮业的 52.6%，加工制造业的 68.2%，建筑业的 79.8%。我国城市化率 2012 年底已达 52.6%，但有城市户籍的只占

35%。如果没有农民工，超过一半的饭店要停业，近七成的生产厂家要关门，近八成的大楼建不起来。然而，农民工始终没有得到城市社会的真正接纳、认可、尊重和回报。城市对农民工基本是“经济上吸纳，社会上排斥”，愿意共患难，却不能共甘荣。

改革开放以来，中国农民为推动经济社会的发展至少作出了五次里程碑式的创造性贡献。一是打破了大锅饭，创造了承包制，解决了吃饭问题；二是发展乡镇企业，推动国企改革，确立了市场经济；三是进城务工，以廉价的报酬，推进工业化，使“中国制造”横扫全球；四是奉献土地，繁荣房地产，快速推进城市扩张和开发区建设；五是在内需不足、出口受阻时，农民工返乡、大量购买外供转内销的家电汽车等产品，为企业减压，使中国经济在全球普遍下滑的情势下稳步增长，且总量跃居世界第二。

城乡统筹旨在逐步消除二元结构，变成一元结构。今天不仅二元没变成一元，反而又生出农民工这个第三元。老子说，一生二，二生三，三生万物，多元社会的矛盾会更复杂、更难解。

六、从世界农业发展的趋势看，中国差距过大

中国目前农业的有效灌溉面积刚刚达到50%，旱涝保收面积还十分有限，70%以上还处于中低产田状态。而耕作方式上可以说是刀耕火种的原始农业尚未绝迹，传统农业的影子还随处可见。一些发达国家的农业在已经做足地面文章的同时，正向海洋和太空发展，进入一个过去只有幻想和梦境才会出现的高科技时代，总体上呈现出六大趋势。

一是“平面式”向“立体式”发展。即利用各种农作物在生育过程中的“时间差”和“空间差”进行合理组装，构建各种类型的多层次的高优生产系统。“立体农业”已经崭露头角，小型的立体种养在我国广大农村如养蘑菇、养家禽等较为普遍，但现代化的“垂直农场”我们还闻所未闻，在发达国家已经开始酝酿。所谓“垂直农场”即在大城市建

立农业摩天大楼，采用现代高科技手段在里面从事种养业，科学家构想，一座30层高的摩天大楼即可为5万人提供必要的水果、蔬菜、各种肉制品等。作物种类可达100多种。按照专家测算，大约150座摩天大楼式垂直农场即可解决纽约市一年的食物供应。这种垂直农场一年365天可以不间断地种植、收获。目前美国、法国、以色列都已经有了这种垂直农场的雏形。中国目前已经建成和在建的摩天大厦有1300多座，世界第一，但没有一座是从农业上面考虑的。

二是“自然式”向“设施式”发展。农业专家经过精心设计，今天农场式的农业生产都将变成集种植养殖、绿化环境、旅游观光为一体的农业公园，在城市也建造若干个像农业公园一样的微缩型市民农园，使农业劳动变成一种愉快的体验享受。日本的市民农园已经超过3000家，仅东京市就有几百个。我们的城市里，只要有一点空隙，就要盖上楼房卖钱。“田园组团”和“建筑组团”错落有致是发达国家城市发展的新理念。在城市田园中，设施农业将大出风头。我国自然式农业尚处于不完善阶段，设施式农业的发展还属于点式探索的初期。

三是“机械化”向“电脑自控化”发展。电子计算机智能化管理模块系统已经被用于农业生产。未来的垂直农场，一座农业摩天大楼，只要一个电子计算机智能管理模块就可自动管控整个大楼的农业生产。从种到收，该施肥施肥，该供水供水，该收获收获，一切自动搞定，无需人工操作，更省去了面向黄土背朝天的艰苦劳动。这项技术应用对于中国来说还有很长的路要走。

四是“化学化”向“生物化”发展。现代农业的最大劣根性就是化肥、农药、除草剂和植物激素的使用，增加产量的同时，更带来严重的难以治愈的环境污染公害。发达国家正把农业带入一个崭新的“生物化”时代。当下世界的高科技竞争，主要表现在三大前沿领域。一是新能源技术。二是信息技术、三就是生物技术。以基因工程、细胞工程、酶工程、发酵工程和蛋白质工程为代表的现代生物技术发展迅猛。生物技术也称生物工程，它包括十大方面，①重组DNA技术。②细胞和原生质体融合技术。③酶和细胞的固定化技术。④植物脱毒和快速繁殖技术。

⑤动植物细胞的大量培养技术。⑥动物胚胎工程技术。⑦现代微生物发酵技术。⑧现代生物反映工程和分离工程技术。⑨蛋白质工程技术。⑩海洋生物技术。生物技术就是按人的意志，将活的生物体、生命体系或生命过程产业化的过程。它的最大特征就是可以突破物种界限，对上万年才能形成的生态平衡造成意想不到的作用。目前，生物技术正在向更新的领域深入，即生物芯片技术。利用DNA芯片技术可以预知一个人未来可能患什么病，什么时间患这种病，从而及早预防。生物技术生产药物蛋白也是一种全新的药物生产模式，国际上正培养奶汁中含有药物成分的牛和羊，已获成功。从效益上估算，一头转基因母山羊可以抵上一座投资一亿美元的制药厂。同时，转基因动物还能提供人体器官移植所需的器官，生物技术还正在强力攻关，以破译人类生命密码为目标，完成人类对自然界认识的一次升华。中国在生物技术方面虽然有一些老祖宗发明的传统技艺，如发酵技术、动植物杂交育种技术，由鲤鱼转基因生成的金鱼技术等，但利用现代化高科技方面与发达国家比还有很大差距。

五是“陆地化”向“海洋化”发展。地球表面积为5.1亿平方千米，而陆地面积只有1.5亿平方千米，约占总面积的29%，这其中有89%的陆地面积不能适宜农业生产。中国人均耕地面积只有世界平均水平的四分之一，草地面积人均只有世界平均水平的二分之一，而人均林地面积只有世界平均水平的八分之一。陆地生存是世界更是中国的危机。向海洋要生存，已经成为人类的共同命题。“海水农业”、“蓝色革命计划”应运而生。海洋文明已经被赋予新的内涵，改造海洋环境，开发海洋牧场，使海洋水产生产农牧化，在大洋中建造人工“绿洲”。同时发展直接利用海水灌溉的“海水农业”，利用生物技术培育耐海水新的陆生植物，让陆生植物认祖归宗，重返海洋。这一海洋革命，不仅可提供更多的鱼虾等水产食物，还将成为人类巨大的“粮仓”。前景更为可观的是美国已经成功地从海藻中提炼出油料替代柴油等燃料。海藻的产油量非常可观，按目前的技术，一亩海藻至少可提炼2~3吨油，是一亩玉米提取燃料的十多倍。从石油到玉米提取的燃料乙醇再到海藻油，被称为第三代燃料革命。海藻的生长速度惊人，从生长到产油，只需要两周时间，其潜力之大可见一斑。当年，由于航海技术的发展，人类创造了以流通贸易为核心的“海洋文明”，今天，人们将赋予“海洋文明”新的内涵，它是以海洋生产为核心的新文明，可以说，这是海洋文明的第二次浪潮。这项技术中国还需要加大攻关力度。

六是“地球化”向“太空化”发展。地球空间已不足以养活急剧暴涨的人口。专家测算，到 2050 年全球人口将高达 95 亿，随着人们胃口越来越高的无限欲望，资源高消耗可想而知。人们向陆地要资源的潜力已经有限，又做海洋的文章，同时又把目光投向宇宙空间，想让浩瀚的宇宙成为未来人们育种的基地、耕耘的农场，这可能是农业领域最尖端的科学技术。它主要有两项内容，一是空间诱变育种技术。即把种子带入太空，使它产生有益变异。1987 年 8 月 5 日，我国首次将水稻、青椒等种子带入太空。大蒜种子发生突变后，竟长出 150 克的蒜头。至今我国已利用 15 颗返回式卫星和 7 艘神州飞船，搭载上千种作物种子、试管苗、生物菌种和材料，诱变育成一系列新品种，通过国家和省级鉴定的已超过 70 个。我国是除美国和俄罗斯外的第三个掌握返回式卫星技术的国家，农业科学家正抓住这一机遇大做文章。二是利用卫星和空间站在太空直接种植农作物。俄罗斯已于 1997 年成功种出了“月球生菜”、“宇宙胡萝卜”、“外太空番茄”和“太空小麦”等。美国、日本联合攻关，将甘薯种在航天器里，这不仅补充仓内氧气，还能让宇航员吃到自己种的新鲜食品。目前，美国、俄罗斯两国在空间站和模拟太空实验室里已培育出 100 多种太空植物。未来时代，太空及附近的星球将成为人类无菌化生产农产品的主要基地。太空中成千上万个“漂移农场”的诞生，让人类重新进入“游牧时代”。新时代的“游牧”不是骑在马背上，而是利用宇航器传输，把农产品从太空“漂移农场”中送到地球。这项技术中国还处于刚刚起步探索阶段。

现代高新技术在农业领域的应用已经产生巨大影响的目前主要有以下七个方面。一是生物技术。二是转基因技术。从 1983 年世界上第一批转基因植物烟草、土豆被培植出来后，至今世界各国试种的转基因植物已达4500种，其中，批准商业化种植的90种。三是克隆技术，孙悟空拔根猴毛变成无数个孙悟空的神话已经实现。1997年，英国科学家伊恩·威尔马特在经历276次失败后，成功克隆出世界第一只绵羊。科学家经过9000次失败，也成功克隆出小牛。这种无性繁殖技术自20世纪50年代即开始实施，目前我国已掌握猪、牛、羊、兔、鼠、鱼等多种动物克隆技术。四是杂交育种技术。大家都知道水稻育种专家袁隆平，北方还有一个玉米育种专家李登海，并称南袁北李。还有一位小麦育种专家李振生，是两院院士。动物杂交育种早在2000多年前我国劳动人民就首创了用马和驴交配培育出体力大、耐力强的骡子。五是航天技术。六是核辐射技术。二战时，美国投向日本广岛的原子弹，令世人至今“谈核色变”。其实，人类无时无处不生活在放射环境中，它来自三个方面，一是宇宙射线，二是地面和建筑物射线，三是人体自身的放射性。我国利用辐射技术育种始于1958年，目前，已育成新品种625个，占世界的25%，这项技术我国是领先的。七是遥感技术。最早的遥感技术是从1608年汉斯·李波尔赛制造的世界第一架望远镜开始的，1957年苏联第一颗卫星上天人类进入太空时代。最早运用遥感技术估算农业产量的是美国。1974年首开先河，建立的小麦估产模型精准度高达90%。遥感技术目前在作物估产、农业气象、国土资源调查、灾情监测、生态环境变迁等领域已广泛应用。中国目前利用遥感技术估产精准度已达95%以上。利用遥感技术监控土地管理，使一些违法占地现象受到严格约束。

农业的高新技术时代已经到来。世界发展中国家追赶发达国家主要表现在三个层面。一是经济追赶，这是量的追赶；二是技术追赶，这是质的追赶；三是科学追赶，这是思想、方向的追赶。中国第一层面的追赶已经大见成效，成了第二大经济体，但第二层面的追赶还有很大差距。2013年确定的国家在七个领域的技术攻关，全是落在美国后面的技术。日本已经完成了技术追赶，但在科学追赶上正陷入迷茫困顿，不知该向哪个方向走，我国技术追赶尚需假以时日，在科学追赶上更缺乏成型的方向、目标和思想。科学创新的思想，科学发展的方向美国一直是一马领先的，当我们还为旱涝保收大伤脑筋的时候，发达国家的农业已经把陆地上的文章做完了，正向海洋、向太空发展。中国农业如何追赶，这个差距怎样缩小，值得我们高度关注。

今天，愿意读一读文学作品的人越来越少了。其实，文学艺术是科学的先祖，有了文学艺术天马行空的想象，才有了科学家通过缜密求证、无数次试错后的成功发现。古代文学创作中千里眼顺风耳是一种想象，今天的遥感技术、网络技术就把它变成了现实；古代文学作品的飞天梦，今天不光有飞机，宇航员更可以飞出天外；古代文学作品中的隐身术，今天的隐形技术不光人可以隐身，飞机都可以隐形；古代文学作品中的分身术，今天的克隆技术就是由此产生的。总之，没有文学艺术的想象，人类的生活就会变得乏味枯燥，就不可能有科学的发现发明。人类只有展开文学艺术的双翅，遨游于想象的空间，才能使我们的生活丰富多彩，才能为科学发展播下种子。

科学发展需要科学精神，科学精神的第一要义就是质疑，只有不断提出问题才能不断解决问题。科学知识不等于科学精神。文学是形象思维，科学是逻辑思维，只有二者的有机结合，才能使人精骛八极、心游万仞、思维自由，从而激活人们的创新潜能，推进科学发展。

改革开放以来的中国正在进行着一场四大转型同时推进的社会变革，即计划经济向市场经济转型、农业社会向工业社会转型、封闭社会向开放社会转型、人治社会向法制社会转型。这四大转型在一个国家同时推进，是人类历史上史无前例、世无先例的。在这样背景下的中国“三农”问题尤其重大。纵观改革开放以来每次解决“三农”问题的答案，无一不是来自基层、来自民间、来自草根社会的创造。但今天由于农业文明在不少地方、不少人心目中被视为经济社会发展的“异类”，把“重中之重”变成“轻中之轻”，导致民间的创新空间严重受限，即便有了创新，也很少有人愿意去发现、去认可、去总结、去推广。可以肯定地说，三十年来农村改革最成功的基本经验就是把分散蕴藏在基层的创造合法化、完善化、普及化的过程。今天，重温“重中之重”，重新认识“三农”，已经成为摆在全社会面前一个紧迫而又严峻的课题。

第二章

必须走出“离农越远，离现代化越近”的认识误区

农业是“生命工程”，它的生产对象是活的生命体，消费对象也主要是活的生命体，一日三餐，人人需要，这是铁律。坊间戏言：今天能左右地球的只有两个人，一个是国家领导人，一个是节目主持人。没有舆论的支撑，农业现代化恐怕只能是“神话”。农需更“浓”，业当大业，是农业文明支撑着中华五千年文明薪火相传历久不衰。在工业文明、城市文明时代，理应走出“离农越远，离现代化越近”的认识误区；让农民不再贫苦，让农村不再穷困，让农业不再危险，理应成为社会公共道德的底线。

一、重塑农业文明的现代尊严

农业文明、工业文明和城市文明是人类文明发展的轨迹，也是人类文明的三大基本载体。三大文明各自在不同历史阶段承载着不同的文明内涵，它们还具有继起性的特征，后一种文明都是在前一种文明基础上成长发育起来的升级版，但它们又在新的历史时段共生共荣、不可或缺，而不是非此即彼、你死我活的矛盾对立关系。然而在大力推进工业化、城市化的今天，不少地方受 GDP 崇拜和不正确的政绩观等因素影响，认为只有工业文明、城市文明才是现代文明的代表，才是人类文明的标志，农业文明则是与自给自足的自然经济相对应的最落后、最腐朽、最该抛弃的文明。在这种风潮的裹挟下，社会思想观念发生严重偏斜，一股谈“农”色变、厌农弃农之风深入人心，左右世情。曾几何时，被人们引以为豪的“鱼米之乡”，成了偏僻落后闭塞的代名词，在从省到市县乡村各级宣传推介活动中，再也无人提及，“鱼米之乡”已“破帽遮颜过闹市”，全面隐退。全国 40 多所农业院校带农的专业大都面临生源危机，农业中职和中学更是路断人稀。以河北省为例，上世纪有农业中专和中学 75 所，到 2008 年已锐减到只有 7 所，全省 100 多万名在校职业中专学生中，学农的只有几千人。

面对这种情势，中央高瞻远瞩，提出工业化、信息化、城镇化和农业现代化“四化同步”的战略思维，这是对人类三大文明的继承发展和在新的历史条件下的具体实践，同时也是对城乡统筹、城乡一体化理念的深化、细化、具体化，不仅是一次重大的理念创新、理论创新，更是国家发展战略的一次重大调整，内涵丰富、定位清楚、指向明确。这一论断警醒社会，告诫世人：农业文明是与工业文明、城市文明并行不悖的一种文明形态，是人类文明的母体文明。只有农业文明才是人类赖以生存的基本文明，其他一切文明都是建立在农业文明基础之上的文明，没有农业文明的文明是残缺的文明，没有农业文明的经济是断裂的经济，没有农业文明的社会是危险的社会，没有农业文明的政治是可怕的政治，没有农业文明的发展是不可持续的发展。

转变发展方式是当前和今后一个相当长的历史时期中国面临的最艰巨、最严峻的课题。而要转变发展方式，首先必须摆正工业化、城镇化和农业现代化“三化”之间的关系，把工业化、信息化、城镇化和农业现代化“四化同步”的战略思想贯彻好落实好。要做到这一点，当前必须下大功夫克服全社会尤其是不少领导干部对三农的偏见与傲慢，还三农以地位，给三农以公正，重塑农业文明的现代尊严。而现代尊严的重塑，首先需要农业自身做出努力，即农业必须在发展演进过程中重新认识自身、重新解释自身、重新谋划自身。

1. 重新认识自身

人贵有自知之明，“业”也同样贵在自明。在新的时代背景下，农业身处何处，价值几何，应予廓清。

一是基础性。农耕文明是人类文明的起点。伴随着农业文明的薪火相传，人类得以从远古走到今天。农业文明是根，今天的工业文明也好城市文明也好，都是在农业文明这个根系上发出的文明之芽，在农业文明这根藤蔓上结出的文明之果。毫无疑问，农业文明既是所有文明的基础，更是所有文明的灵魂。“合抱之木生于毫末，九层之台起于累土”，没有农业文明这个基础，工业文明、城市文明都是空中楼阁。世界上四大文明古国包括其他民族都曾有过一段短暂的文明，在历史上都曾辉煌过，但是所有的都中断了，只有中华民族五千年文明史没有中断，根本原因就是有着生生不息的农业文明作柱础和载体。

由于对农业基础地位的忽视和放弃，古今中外有过不少惨痛的教训。英国在成为“世界工厂”以后，开始轻视农业，一厢情愿地实行“英国工业、其他国家农业”的国际分工，在食品供应方面严重依赖于世界市场。在第二次世界大战期间，由于德国潜艇击毁英国远洋商船，粮食进口运输受阻，国内粮食供应链出现断裂，一次交通事故就差点酿成毁灭性的灾难。事件发生后，英国政府赶快加强对农业的干预，采取许多重视农业的措施，逐渐扭转了农业衰退的局面。法国路易十四到路易十六时期，轻视农业，对农业不采取保护措施，导致社会混乱，最终引起法国大革命。2012 年 4 月 23 日法国《世界报》发表了长篇文章《农业的报复》，提醒整个社会，任何国家，任何时候都不能忘记农业的基础地位，否则就会付出沉重的代价。“历史赞美把人们引向死亡的战场，却不屑于讲述人们赖以生存的麦田。历史清楚地知道皇帝私生子的名字，却不愿意告诉人们麦子是从哪里来的。这正是人类的愚蠢之处。”这是法国著名科学家法布尔的一段名言，这种愚蠢再也不能延续下去，哪怕农业创造的 GDP 在一国的比例中微乎其微，也轻视不得，漠视不得，更忽视不得。粮食是“1”，其他财富都是后面的“0”，没有前面那个“1”，一切都将归“0”。在衣食俱安的今天，人们已经被眼前的景象所陶醉，一些人在大动干戈挖基蛀础，这是需要十分警惕的。

二是准公共性。农业是人类的“生命工程”。世界上没有哪一种产品能像农产品一样，每个人每天都必不可少，除了空气、阳光、水这些自然之物，粮食首当其冲，连人类养殖的动物也加入了这个需求队伍。农产品的社会属性遍及所有人及人们养殖的动物。显而易见，它具有极强的准公共性。而农业的生产对象又是活的生命体，它有不可搬移性、不可中断性、不可反向性的特征，它们无法像工业品那样可以任人摆布，它们遵循自然规律的生命周期无法打破，因而在激烈的市场竞争中，农业要改变自身弱质产业的位置，走出自身弱势地位的困境，十分不易。

世界上没有哪一个国家不对农业进行补贴的，越是发达国家补贴就越高。2011 年美国农民人均获得政府的投入相当于 2.5 万元人民币，约是中国的三十倍，美国的农民收入来自政府的直接补贴高达 47%。这种不计成本的补贴目的就在于确保农产品的公共需求，它是社会最敏感的神经。世界上什么人都有，就是没有不需要吃饭的人。

农业在市场经济的大背景下，必须认清自身承担着无可替代的公共责任，一面参与市场竞争，一面还需要不惜代价地完成社会责任。同时，还应清醒地看到自身弱质、弱势的天然位置，明了自身弱质、弱势的根源所在。

基于此，农业在与工业文明、城市文明并驾齐驱共同担负起推进人类文明前进的历史使命进程中，必须调动一切可以调动的力量，采取一切可以采取的措施，唤起全社会的高度关注，赢得全社会的普遍支持，获取全社会的广泛帮助，让公共性真正姓“公”，从而改变从“重中之重”到“轻中之轻”的巨大落差。

三是引领性。中央已经把农业摆在了引领的位置。中国历朝历代都高度重视农业，最早的重农思想比法国重农学派产生要早2000多年。先秦就提出“农事害乃饥之本”，西汉则指出“富民者以农桑为本”，唐代已明确“农者天下为本”。但是，都只是停留在强调农业的基础性位置。新中国建立以后，虽然同样高度重视农业，但事实上在重视程度上总是摆在工业化和城市化之后。进入新世纪，中央开始把农业的基础地位提升到了引领高度。2003年，胡锦涛同志提出要把三农工作作为全党工作的重中之重、吴邦国同志提出要把三农工作作为全国工作的重中之重、温家宝同志提出要把三农工作作为政府全部工作的重中之重。“重中之重”，一个在汉语词汇里已达极点的程度表述，足以说明农业在顶层心目中的位置。2011年中央进一步提出“三化同步”，继而在党的十八大上又提出工业化、信息化、城市化、农业现代化“四化同步”，强调工业化、城市化和农业现代化必须同时发展、同步发展、同样发展。

中外大量实践证明，用现代化的技术和手段改造提升传统农业，农业在一个地方经济社会发展中完全可以起到引领的作用。例如，凡是农产品加工业比较发达的地方，那里的经济社会发展就比较繁荣，二产、三产就比较发达，农民的非农就业率就高；凡是农业现代科技、现代设施、现代管理深入推广的地方，那里的农业产出率就高，综合效益就好；凡是农民专业合作组织数量多体量大的地方，那里的农民组织化程度就高，合作意识就强，民主氛围就浓；凡是农业社会化服务体系比较健全的地方，那里的社会化分工就细，专业化程度就高，劳动生产率就高，市场化程度就高。许多实例表明，一个地方的农业一旦站到引领的位置上，那里的城市化推进就快，农民收入就高，城乡差距就小，社会和谐度就高。荷兰是世界著名低地国家，人均耕地面积仅一亩多，农业条件相对较差，但其花卉产业却成为领引全国的主导产业。20 世纪 90 年代以来，每年以花卉为主的农产品净出口值一直保持在 130 多亿美元左右，约占世界农产品贸易市场份额的 10%，居世界第 3 位。整个花卉业提供了 57000 个全日工作岗位，同时还为供应公司制造了 15000 个全日工作岗位。我国山东的寿光，自上世纪 80 年代以来，选准蔬菜作为带动农民增收的主导产业常抓不懈，目前年产蔬菜 400 万吨，拥有全国最大的农产品物流园，产品除销往全国各地外，还出口至日、韩、香港等数十个国家和地区，成为国家级“出口食品农产品质量安全示范区”，是著名的“中国蔬菜之乡”。2011 年，实现财政总收入 69. 2 亿元，其中地方财政收入 41. 6 亿元，农民人均纯收入保守估算达一万多元。这样的例子在全国各地比比皆是，玉米之于吉林、棉花之于新疆、双汇之于河南，都已成为引领当地的主导产业。

在现实生活中，一些人对农业的“引领性”认识不足，很大程度上源自厌农情绪的发酵，在一些人的观念中，并不认为农业现代化是现代化的重要组成部分，而是觉得离农越远离现代化就越近，只有去掉“农”字，才能显出现代性。招商引资，认为只有那些与农不沾边的项目才算工业，以农产品为原料的加工业似乎不算工业；发展三产，认为只有那些为城市为工业服务的服务业才算服务业，为农业、农村、农民服务的服务业似乎就不算服务业。社会必须走出这一误区，重新审视现代农业的内涵及其与二、三产业的关系。

2. 重新解释自身

在工业化、城市化背景下，今日之农业早已不是昔日之农业，其战略地位更高，与经济社会的关联度更强，多功能性更加凸显。

首先，粮食是一个国家的战略武器。古今中外莫不如是。今日控制世界有“三金说”，即货币是黄金，石油是黑金，粮食是白金。美国已经用美元控制了世界货币，正在用粮食控制地球人。把粮食作为战略性武器，历史上早有教训。先秦时代，齐国为了消灭鲁国，一面自己种粮，一面抬高丝绸价格，引导鲁国人种桑养蚕，等到鲁国大植桑园而不再种粮时，齐国一举灭鲁。吴越争霸期间，越王句践把种子煮熟了，贡给吴国。吴国种上越国的假种子后，第二年颗粒无收。军粮供给无望。在那个兵马未动粮草先行的冷兵器时代，战争未起败局已定。在人要吃粮食、动物要吃粮食、机器也要吃粮食的今天，粮食已不是一种普通的商品，它已成为一种最具杀伤力的武器。

世界220多个国家和地区，粮食能够自给的不足一半，大部分发展中国家都需要从国外进口粮食。美国作为农业大国，是世界上最大的粮食出口国，发展中国家谁不听话，就不给他饭吃，以此巩固世界霸权地位。现在，美国对中国的农产品战略布局已进入到中国最核心的粮仓部位，如果我们还不警醒，依然奉行亲工业远农业，亲市民远农民，亲城市远农村的思路，中国人当“粮奴”的时间可能为期不远。

其次，中国农业的现状不容乐观。我国现有18.2亿亩耕地，要满足目前全社会对农产品的消费，需要30亿~35亿亩农作物播种面积，而我们加上复种面积只有23亿~25亿亩，每年需要进口相当于7亿~10亿亩土地生产的农产品，中国粮食九连增，中国粮食进口也是九连增。世行测算，中国的粮食自给率应保持在95%以上，而2011年已跌破90%，进口量占10.8%。著名杂交水稻专家马融融认为，“基本口粮如有10%的不足，社会可能会出现动乱，如果有30%的不足，那社会完全乱掉了”。目前的现实是，两大资源约束使中国粮食总产短期内很难有大的增长。一是耕地趋紧。随着城市化的扩张，耕地正加速减少。改革开放以来，全国耕地锐减3亿亩，差不多一年减少一千万亩。近年来，虽然有占补平衡政策，但实际耕地还在减少是不争的事实。如此下去，18亿亩红线的溃败指日可待；二是水资源奇缺。我国是世界上13个贫水国之一，人均淡水资源仅为世界平均水平的27%，与此同时，我国农业用水的有效利用率仅为40%左右，远低于欧洲发达国家70%~80%的水平。有效灌溉面积刚过50%。另外，水资源和耕地的时空分布也是呈严重错位状态：有水的地方往往地少，有地的地方往往水少，长江以南水资源占81%，但耕地只占36%。而且，从宋代开始，中国就是南粮北运，近十几年却来个大反转，北粮南运。全国吃粮靠缺水的北方供给，南方水多不种粮。目前，全国每年的农业用水量约占全社会总用水量的60%~70%，华北平原每年的农业用水约占地下水开采量的70%。超采地下水，导致地下水位迅速下降，华北平原已成为世界上最大的地下水“漏斗区”。

在财富的创造已经由“土地时代”、“设施时代”跃进到“科技时代”的今天，正像舒尔茨在《改造传统农业》一书的开篇所言：一个像其祖辈那样耕作的人，无论土地多么肥沃或如何辛勤劳动，也无法生产出大量食物。从科技上看，我国2011年农业科技进步对农业增长的贡献率只有53.5%，发达国家都在70%~80%以上，农业耕种收综合机械化水平2011年我国为54.5%，发达国家几乎达到百分之百。

中国是一个农业大国，但还远远不是农业强国。中科院发布的《中国现代化报告2012：农业现代化研究》指出，农业劳动生产率，美国是中国的90多倍，日本和法国是中国的100多倍，巴西都比中国高。

再次，现代农业具有多种功能。农业不仅能够保障粮食供给，提供多种农副产品，促进农民就业增收，而且还具有推进工业化进程、缓解能源危机、推动以生物质产业为主导的产业革命、保护生态环境、传承历史文化等多种功能。一是日益强化的食物保障功能。解决好吃饭问题始终是农业最重要、最基本的任务。随着人口增加和生活改善，对食物数量的需求持续增长，对品种的要求不断增多，对质量的追求日益提高，既要吃饱又要吃好，更要吃出营养和健康，农业的食物保障功能日益强化。二是前景广阔的原料供给功能。从目前来看，世界粮食总量供给人吃的还不到一半，大部分用于了动物饲料和工业原料，尤其是能源。汽车加满一箱燃料乙醇，需要200公斤玉米才能生产出来，差不多是一个人一年的口粮。今天的生产生活用具，小到牙具、板凳，大到汽车、飞机零部件，都可以用粮食生产。三是不断拓展的就业收入功能。在新的发展阶段，农业产业链条正从一产向二、三产业延伸，就业空间大大拓展，农民收入大大增加；科技、资本、土地等要素投入的集约化，使农业收入增长方式转变、可持续性增强；农业产业体系逐步健全，农业就业收入的渠道不断拓展；城乡、工农之间交融联动发展，为农业就业和收入增长增添新的动力。四是修复环境的生态保育功能。农业是自然再生产和经济再生产相互交织的产业，这是农业区别于其他产业的本质特征。而二、三产业对环境破坏显而易见，只有作为第一产业的农业才具有对被破坏的环境予以修复和对尚未破坏的环境予以保育的独特功能。五是正在崛起的旅游休闲功能。随着人们消费水平的提高、消费观念的改变，导致需求层次逐渐升级，促进农业旅游休闲功能凸显；随着城市化的负面影响加剧，城市居民普遍追求“返璞归真”、“体验自然”，推动农业旅游休闲功能凸显；随着现代农业的迅猛发展，使得社会生产效率快速提高，人们的闲暇时间大量增多，支撑农业旅游休闲观光功能凸显。六是承先启后的文化传承功能。中华民族有着灿烂辉煌的文明史，源远流长的农业文化是其重要基础和内核。包括作物文化的传承、农业技术的传承、经营模式的传承、农业哲学的传承、农业制度的传承、重农思想的传承、村落家族文化的传承、民俗文化的传承、田园文学的传承、中医药文化的传承。现代农业对于高科技等的传承更胜于传统农业。

3. 重新谋划自身

“农虽旧业，其命维新”，彰显农业文明的现代尊严，农业自身既要立足于基础地位，又要站在“引领”的高度上重新谋划自身。只有“苟日新，日日新，又日新”，才能脱胎换骨，在创新中领先，与工业文明、城市文明并辔而行，三驾马车各司其职，各领风骚，共同拉起经济社会的发展。

一要不断吸纳工业文明的理念。传统农业只在一产上做文章，现代农业早已打破了一产的桎梏，实现了“接二连三”的华丽转身。现代农业是一个一、二、三产联动，上中下游一体，产供销加互促的完整产业体系，在一产的基础上融入了二产、三产，建构一条包含一、二、三产的完整产业链。也就是说，既要用现代技术、现代管理、现代设备改造提升传统农业，又要发展以农产品为原料的加工业，更要发展为农业服务的服务业，构建成新的产业体系。比如很多地方利用农业农村的资源，发展旅游、休闲、观光、体验农业，像东莞的“绿色世界”、杨凌的农科园、深圳的光明农场等。当前我国尤其需要着力开发农产品精深加工和农业服务业。以农产品为原料的加工业前景广阔，农业的高附加值都蕴含在后续的精深加工之中，且不说供应人们食用的产品需要精深加工，而以粮食为原料的工业产品开发更是没有止境，美国已经研发出用玉米可生产2000多种产品的新技术。为农业服务的服务业发展前景更是惊人，美国农民只占总人口的2%左右，而为农业服务的服务业却占总人口的17%~20%。可见我国在这两大产业中蕴藏的潜力巨大。

二要理清三农之间的关系。农民是农业的主体，农村是农业的载体。也就是说，谁来建设现代农业？必须是农民；在哪儿建？只能在农村。农业要按照现代产业体系谋划自身，必须解决好两个问题：一是培育现代农民，二是建设现代农村。农业现代化与现代农业含义是大不一样的。农业现代化不光要建成现代农业，还要实现它的主体的现代化和载体的现代化，即要实现农民的现代化和农村的现代化。首先，要培育现代农民，这是农业现代化的主体力量。目前全国农村有5亿多劳动力，平均受教育时间只有7年多，还有1亿多初中生不能上高中就直接走向社会。九年义务教育难以满足农业现代化的需要，现代农民没有高中以上的水平很难适应。同时，全国调查只有7%的农民工有回乡种地的想法，百分之九十几都不想回去，因此，培养出一支稳定的职业化农民队伍，才是中国未来农业发展的根本出路。当务之急，应引导农民在职业的选择上做出理性判断，一是让农民不当农民，从一产走入二产、三产，从田间走向车间，从田头走向码头，从乡村走进城市，如果他们能在城里有稳定职业、稳定收入，是最理想的选择。二是让农民当好农民，不能在城市立足的，就回来种好地，把务农作为终生的职业追求，当个职业化的农民，这应是当前很多农民的现实选择。且不论其他条件限制，一套住房少则几十万，多则几百万，他们何时能挣到一套房钱？三是让农民兼当农民，一些地少且有一技之长的农民可以在家一边种地一边搞副业，或者在家乡就近打工。其次要建设现代农村，这是农业现代化的载体平台。中央已经为社会主义新农村会绘就了“生产发展、生活宽裕、乡风文明、村容整洁、管理民主”五句话的总体蓝图，农业现代化必须在这样的载体平台上才能建成。农村应向社区化、城镇化发展，农村的基础设施、公共服务、社会管理等许多方面都应学习城市的现代理念，建设具有现代意识的新农村。但推进农村现代化不等于农村城市化，不是像有些人想象的，把农村都变成和城市一样。城市和农村就像夫妻关系，有男有女，性别有分工，如果建得完全一样就成了“同性恋”。农村和城市各自有各自的功能，农村只不过是学习借鉴城市的先进管理方式、配套公共服务和良好基础设施。现代化的农村也还是农村，农村的生态、生产、生活都有自己的特点。一旦失去“乡土味”，农业现代化就没了载体。

总之，没有农民的现代化和农村的现代化就没有农业的现代化。

三要千方百计拉长产业链，努力构建从生产起点到消费终端的产业链条。正如马克思提出的那样，农业一定要变成有价值的代换，农业发展不仅仅停留在高产、高效，重要的还要高值。这就要求尽可能多地延长农业产业链。一个完整的产业链通常包括制造、产品设计、原材料采购、订单规划、商品运输、产品零售等诸多环节。其中制造环节附加值最低。中国作为“世界工厂”主要从事的是产业链最低端的制造业，生产8亿条裤子才能换回一架空客380飞机。农业产业链条也同样包含这些环节。要获得更高的农业效益，除了生产种植，更要获取设计、包装、加工、仓储、运输、销售等后续产业链条中的高附加值，这样才能把“黄豆做成肉价”。山西省五寨县是一个传统农业大县，该县围绕马铃薯种植，在延长产业链上做文章，通过龙头企业带动，年加工马铃薯量达10万吨，并催生了县域内良种应用、植保、农机、服务、运输等相关产业的发展，使五寨变“大粮仓”为“大厨房”。上海崇明岛前卫村，只有五千亩地，以生态农业为核心，综合打造种植业、养殖业、农产品加工业、新能源及乡村旅游等产业，构建起完整的产业链条，村民人均年收入达到16万元之巨。

由于GDP至上，财政收入至上、城市化至上等因素的影响，中央“重中之重”的战略部署在一些人那里成了轻中之轻，何谈有尊严！农业被搞得灰头灰脸，其源盖出于此。农业文明现代尊严的重塑，固然需要农业在开拓创新中提升自身，但更需要的是全社会方方面面尤其是各级领导干部的关注关心和关爱。

二、公器倾斜，难以为重

2003年中央做出把“三农”工作作为全党工作的重中之重的重大战略决策，近年来出台了很多强有力的支农惠农政策，但目前的落实情况和重农氛围还不能尽如人意。导致这种局面的原因固然很多，这其中一个重要原因就是作为社会“公器”的媒体还存在着深刻的亲城市、远农村，亲强势、远弱势的现象。“重中之重”的重大“战略”在一些媒体那儿成了“略占”一点点位置，而绝大多数媒体连“略占”的位置都没有给出。“三农”工作事关国计民生，全党共赴，全国共赴，“战略”成“略占”，何重之有？

首先，媒体资源配置不公。全国有上千家各级各类电视台，为“三农”开设专栏的微乎其微，300多家注册的省级各类电视媒介专门开设为“三农”服务专栏的不多，八九亿农民拥有的专业电视台只有半个，即中央七频道。全国9000多家期刊，只有187种是为“三农”服务的；2000多种报纸，只有80多家是为“三农”服务的专业报纸，其中近几年因“讳农”而改名的有30多家，余下的50多家有20家是农垦机关报或生产建设兵团的机关报，真正为农的只有30家左右，就是这30家也是惨淡经营，一年的广告收入抵不上一家都市晚报的广告收入。

其次，媒体关注重心倾斜。媒体不能够平等地对待分布于不同社会维度上的群体，特别是作为强势媒体的电视、广播、报纸、网络等，其注意力、着眼点向四个方面严重偏斜：一是向掌握资本的群体倾斜，有关数据显示，房地产广告通常是都市类报纸的主要收入来源，房地产商养活着他们；二是向掌握管理的群体倾斜，管理层主导着媒体的话语权；三是向掌握知识的群体倾斜，各类讲坛，群英荟萃；四是向掌握时尚的群体倾斜，时尚流行成为主打节目。作为占我国社会成员绝大多数的农民成为媒体的“缺席者”、“失语者”，成为信息资讯的“穷人”。媒体关注对象的倾斜造成八九亿农民获取信息的渠道不畅、手段缺乏、能力低下。信息的不对称，为他们自身发展的严重障碍。

再次，媒体导向失范。一些媒体唯商业利益“是瞻”，不同程度地存在低俗、媚俗、庸俗现象。虚假、有偿、“星腥性”的报道泛滥，一些脱离现实的消费时尚常常以商业炒作的方式向受众狂轰滥炸，时尚、流行、财富成了一些媒体追捧关注的主流。奢侈消费理念在这种强刺激下不合时宜的大行其道，而对与广大百姓生产生活密切相关，需要传播引导的东西不感兴趣，弱势群体的所虑所思所愿所盼和基本诉求更是被忽略。

当今美国有一种说法，50 岁左右的美国人都是媒体养大的，10 个美国人中就有 6 个说：电视是他们获得有关选举、政府和当前大事的信息的主要来源。对中国来说，30 岁左右的中国人也可以说都是媒体养大的。时下街巷有议：现在世界上只有两个人能转动地球，一个是国家领导人，另一个就是媒体节目主持人。中国正在急速向信息社会转型，作为左右社会舆论的媒体，其导向对转型期社会的稳定和谐尤其具有重要意义。它能够在很大程度上促进国家的善治，化冲突为更高层次的平衡。马克思早就指出，舆论在社会中是一种“普遍的、隐蔽的和强制的力量”。可见，媒体的作用如影随形，无处不在，对社会的影响力、左右力是任何力量不可比拟的。媒体的特性决定了它不一定是实现社会和谐、发展、进步的决定力量，但却一定是不可或缺的推进力量。特别是在媒体已由新闻时代、分析时代进入洞察时代的今天，这种推进力量尤为巨大。

纵观人类历史，19 世纪以来人类信息传递技术的迅猛发展，有力地推动着人类文明的进步，使人类社会日益成为一个互相影响、互相依存的信息社会。1844 年人类发明了电报，实现信息传递的第一次革命。

1875 年人类发明了电话。1956 年，人类成功铺设海底电缆。1960 年人类发射了第一颗通讯卫星。1977 年人类建立了光纤通讯体系。这几年又建立起发达的网络系统。现在的信息传递技术的发展已经将人类带到了一个全新的时代。信息越来越成为现代社会集体和个体决策的依据和前提。

现代政府都是根据信息来决策，并根据信息来实施决策。特别是中国，政治系统庞大而复杂，政府层级多，这样使地方和部门拥有很大的权力空间。中央政府虽然拥有很多内部的信息流通渠道，但地方和部门往往是有选择地公布于己有利的信息，不利或无益的信息则不向社会公开，从而使地方和部门常常超出中央政府的控制范围，造成一些信息的阻塞和不实不全，使得一些政策贯彻落实受阻。尤其在“诸侯经济”和“王府经济”两个现象纵横交错的情势下，“上有政策，下有对策”、“跑部进京，跑省进厅”，始终是中国治政问题上一个难解的“结”。

作为生活在市场经济环境下的个体，信息与每个人的利益同样休戚相关。信息已变得比物资、能源更为重要，信息对权力和财富的作用日趋明显。人们接触信息的广度、频度以及理解力的差异，获取信息的能力和手段的差异，是造成新的贫富分化的重要根源，进一步导致社会政治的不平等。每个人都要根据信息来作出判断，没有足够的信息获取，就不可能作出正确的理性选择。

在这样的历史背景下，保障信息资源客观、公正、合理地流动，是现代政府决策的客观要求，也是促进社会和谐良性发展的必要条件。媒体应当按照以人为本理念的要求，校正方位、调整视角，客观公正地体现利益主体间的平衡，不能只向所谓“主流人群”倾斜，甚至为了一些经济利益而与某些利益集团“绑”在一起，而应当以服务于社会主体成员为己任，适当向弱势群体倾斜。经济学有一个“终端为王”理论，即任何产品必须以最大化的终端消费群体为对象，才能常盛不衰。媒体产品最大的终端消费群体当然是上十亿的工人农民，而不是媒体一厢情愿频送秋波的所谓“主流人群”。

报纸、广播、电视等是现代国家权力最为重要的资源，尤其是中央权力的重要资源。要矫正作为社会公器的媒体重构理念，以人为本，向农民群体合理配置资源，有赖于媒体生态环境的改善，但关键是政府应发挥主导作用。

第一，政府应利用自己的管理权，对媒体进行干预，规定其应做什么，不应做什么。党和政府应充分行使宪法赋予的权利，大力组织和引导新闻、出版、广播、电视、广告、网络等各种媒体资源，体现公平，坚决扭转舆论不公的现状。比如，在“三农”问题上，现在农村很少像过去那样经常开会，广播、电视虽然覆盖到了但没有相应的节目，起不到宣传政策的功能。政府应利用手中的管理权力，规定所有非专业性电视、电台、报纸都要开辟为“三农”服务栏目，建立健全上情下达、下情上达的互动渠道、网络。一方面，大力宣传中央的各项支农惠农政策，使中央的好政策通过媒体随时公之于社会，让基层民众能迅速、及时、全面、准确地了解和把握；另一方面，可以通过媒体，为基层民众反映诉求搭建一个平台，让基层民意反映上来，使政府得以整合民意后作出正确决策。同时，对一些典型经验，基层可以通过媒体实现横向交流。只有这样，才能凸现媒体的桥梁作用，构筑起公平正义的媒体体系，并在此基础上推动社会和谐的进程。

第二，对为“三农”服务的专业报刊、专业电台、电视台及网站给予扶持。新闻管理部门应在传媒资源上有意识地向农民群体倾斜，实行“信息扶贫”。如由政府投资办一些为农民、农民工服务的带公益性的报（刊）、电台、电视频道等，免费或低价提供信息服务，使他们充分享有与其他社会成员一样的媒介接近权、知情权和话语权。再如对为农服务的专业报刊，其职责和任务具有社会公益性，政府应考虑给予必要的财政和政策扶持，可给予一些优惠政策，比如广告免税政策，也可以从中央新农村建设经费中，单列出一块费用予以扶持。对于这些报刊队伍建设，可以由财政出资招募人员进行充实等。

第三，大力推动农村信息现代化建设，鼓励媒体开展信息支农公益活动。近些年，有线电视、互联网开始向农村延伸，农民获取信息的手段、方式有所改善。但是，全国还有一些行政村不通电、不通电话，全国几亿网民中，农民占的比例很小。农村信息化滞后，使农民远离城市生活，远离世界，跟不上时代的步伐。印度比我们穷，但国家已经作出决定，计划在短期内向所有公民免费提供宽带服务。我国在新农村建设中，应把农村信息化工程作为重点项目，加速推进信息资源的共享和利用，缩小农村与城市间的数字鸿沟，为农民提供平等发展的机会。作为媒体，既要利用好信息载体市场性的一面，又要充分发挥好其公益性的一面，大力开展支农公益活动，为那些看不起报、买不起书、看不到电视、上不了网的农民送上精神食粮，这应该是媒体和新闻工作者义不容辞的责任。

前些年，媒体上有条信息炒得很热。四川省委党校副校长郭伟到美国考察，在一所学校见到一道考题：美国是一个什么大国？备选答案有科技、军事、旅游、农业、航天，正确答案是农业。美国是农业大国的答案恐怕会令绝大多数人不可思议。但为了强化农业的基础地位，美国人就是从学生开始大造舆论。

可见，重农，必得先从舆论做起！落实“重中之重”，媒体必须担负起应有的责任！

第三章

三体共化：重启农业现代化议程

农业现代化，农业是本体，农民是主体，农村是载体。农业现代化要解决的关键问题就是“化什么”、“谁来化”、“在哪儿化”的问题。它不光要“化”本体，还要“化”主体，也要“化”载体。“三体共化”是农业现代化体系的基本架构。

一、农业现代化“三体论”

农业现代化，农业是本体，农民是主体，农村是载体。建设农业现代化需要解决“化什么”、“谁来化”、“在哪化”的问题。“化什么”是作为本体的农业需要解决的问题，“谁来化”是作为主体的农民需要解决的问题，“在哪化”是作为载体的农村需要解决的问题。农业现代化必须处理好“本体、主体、载体”三者之间的关系，实现“三体共化”。本体是核心，主体是关键，载体是基础。没有本体的现代化，主体就无用武之地，载体也发挥不了作用。没有主体的现代化，本体和载体都只能成为摆设。没有载体的现代化，主体和本体也会事倍功半，效率大减。因此，实现农业现代化既要发展现代农业，实现本体的现代化；又要培育现代农民，实现主体的现代化；还要建设现代农村，实现载体的现代化，三者同步，缺一不可。

农业现代化与现代农业是两个不同的概念，二者虽然都体现了现代性，但一个“化”字使其内涵更丰富，意义更深广。就追求目标而言，现代农业主要在于提高经济效益，农业现代化不单单追求经济目标，还要实现承担的政治、社会、文化和生态建设“五位一体”的战略目标，是多领域、多因素、多目标的集成综合。

现代化起始于二战以后，是指不发达社会成为发达社会的过程和目标。作为过程，首要标志是采用先进科学技术发展生产力，生产和消费水平不断提高，社会结构及政治意识形态也随之演进（其主要标志为政治民主、理性主义和科学精神、社会流动和现代化人格）。作为目标，是指以当代发达社会为参照系的先进科技水平、先进生产力水平及消费水平。农业现代化就是要使农业完成上述现代化的过程，实现上述现代化的目标。而农业要完成这一过程、实现这一目标的根本，就在于必须坚持“三体共化”。

1. 本体现代性：提升传统农业，发展农产品加工，培植农业服务业，着力构建一二三产联动的现代农业产业体系

人类农业大体经历了三个阶段，即原始农业、传统农业和现代农业。原始农业是在原始自然条件下，采用简陋的石器、棍棒等生产工具和粗放的刀耕火种等耕作方法，实行以简单协作为主，从事简单农事活动的集体劳动。传统农业是指农业脱离了刀耕火种的原始农业之后，以人畜为主要动力，以人畜粪便为主要肥料的一个封闭型内循环模式的自给自足农业。传统农业只在自身实现物质的流动和能量的转换。如生产的粮食和秸秆通过人吃和牲畜食用，再以人畜粪便还田，为作物增加新的养分进行再生产，循环往复地进行。传统农业投入少、产出低、产品交换量小，适宜于自给自足的农业社会。

现代农业是相对于传统农业提出的概念，可分为前现代农业和后现代农业两个阶段。前现代农业即石油农业阶段，也叫化学农业、无机农业或工业式农业，其突出特点是打破传统农业封闭的内循环模式，注入外力，实行机械化、化学化来推进农业发展。这是一种高投入高产出的农业现代化模式，因为它大量使用以石油产品为动力的机械和以石油制品为原料的化肥、农药，所以称它为石油农业，主要体现在两个方面：一是耕种收等由畜力、人力改为机械；二是改变农作物通过秸秆还田和人畜粪便施肥的自循环模式，使用化肥农药和新技术提高产量和经济效益。中国“石油农业”的开山鼻祖是长达1300年科举制度选出的750名文状元中最后倒数第五个状元张謇，上个世纪初他在南通创办通海垦牧公司，首次使用化肥、农药，成为我国现代农业之父。后现代农业即农工商一体化的农业，不只在一产上做文章，还要在二产、三产上做文章，既用现代设施、现代技术、现代管理改造提升传统农业，又发展以农产品为原料的加工业，还发展为农业服务的服务业，形成一个一二三产联动、上中下游一体、产供销加互促的完整的产业体系。前现代农业和后

现代农业的最大区别就是前现代农业主要还在一产中做文章，后现代农业拉长了产业链，同时在一二三产业中做文章，形成农工商一体化的产业格局。今天，我们需要建设的现代农业就是后现代农业。

现代农业与传统农业的区别还在于现代农业具有多功能性。传统农业主要是为了解决吃饭问题，而现代农业具有六大功能，即日益强化的食物保障功能、前景广阔的原料供给功能、不断拓展的就业收入功能、修复环境的生态保育功能、正在崛起的旅游休闲功能和承先启后的文化传承功能。世界上目前现代农业的模式主要有两大类：一类是美国、加拿大、澳大利亚等国的人少地多模式；一类是日本、韩国、我国的台湾等亚洲一些国家和地区的人多地少模式。中国建设现代农业，既要借鉴其他国家的经验，又要立足于“大国小农”的基本国情农情，改造和提升传统农业，发展农产品加工，培植为农服务的服务业，着力构建横跨三次产业的现代农业产业体系。

农产品加工是现代农业的关键环节，贯穿一二三产业，衔接农业的产前、产中、产后，具有“转化器”和“放大器”的作用，可以有效联接农业生产、加工、销售等各个过程，实现种养加、产供销、贸工农一体化生产。近几年，我国农产品加工取得长足发展，产业竞争力不断提升，但整体发展水平相对较低：一是结构不合理，产加销一体化的产业链条和利益共享、风险共担的利益联结机制尚未完全形成；二是带动能力强的大型产业化龙头企业太少，农产品加工增值和综合利用水平低；三是加工技术和设备水平较低，技术储备不足，与之相配套的研究开发和生产设备落后；四是管理体系不完备，标准体系和质量控制体系不完善。大力发展农产品加工，应切实加强“四大建设”。一是农业产业链建设。借鉴工业的理念和思维方式，拉长农业产业链，在打牢生产环节基础的同时，相应做足设计、加工、包装、贮藏、运输、销售六篇大文章。二是产业化龙头企业建设。扶持一批农产品加工企业做大做强，发挥带动和引领作用；建立健全企业与农户之间的利益联结机制，使农民参与各个环节的收益分配。三是科技创新服务建设。加快农业科技创新，形成一批具有自主知识产权的关键技术；加快农业科技推广，促进科技成果进村入户；鼓励和支持加工企业引进新设备，采用新工艺，提高技术装备水平。四是农产品质量安全建设。抓生产源头，支持农产品质量安全提升；树立品牌意识，实行农产品市场准入制度；建立诚信体系，强化质量检测，推行农产品质量安全追溯制度；按照“统一监管、分类监测、专业服务、综合执法”的框架，完善监管体制，规范监管程序。

农业服务业是伴随农业生产力的发展与农业市场化程度的提高而衍生和发育的，其服务能力和水平是衡量一个国家农业现代化程度的重要标志。可以说，没有发达的农业服务业，就谈不上建成现代农业。美国的农民占全国总人口的2%左右，但从事农业服务业的人员占总人口的比例却高达17%～20%，即一个农民后面有十来个人为他服务。我国农民组织化程度不高，大量农村劳动力外出就业，家庭经营愈加需要多元化的农业服务。因此，应把为农业服务的服务业作为建设现代农业的重要切入点，构建涵盖产前、产中、产后的服务体系，大力培植和发展农业服务业：一是强化基层公益性农技推广服务。这是农业的基础性、弱质性和公共性决定的。应改革现有基层农技推广服务体系，完善用人制度，解决好基层农技推广人员的待遇问题，稳定基层队伍；建立以业绩为主要内容的考核体系，鼓励农技人员深入一线开展推广服务，提高服务水平。二是发展市场化服务。培育社会化服务组织，引导和鼓励大公司、大企业、各类社会组织或农民，组建服务中介组织、专业协会和作业服务队，建设专业化的农业服务网络，开展跨村跨乡跨区服务，提高组织化水平。合肥天禾种业摸索出“四代一管”的服务模式，为几十万亩农田提供秧苗供给、栽插、管护等，服务范围达十几个县，农户和企业都取得很好的效益。还应引导市场发展信息传输、市场营销、现代物流、生态旅游、农业保险等新型服务业，推行电子商务、连锁经营、特许加盟、营销代理等经营模式。三是培植自助型服务。着力支持帮助发展各类农民自办的自我服务组织，应像扶持公益性组织那样扶持自助型组织的发展。

2. 主体现代性：培养“农才”，发展“农会”，引导“农民工”，建设一支稳定的、高素质的职业化农民队伍

农民是建设现代农业和现代化农村的主导力量，推进农业现代化需要一支稳定的、高素质的职业化农民队伍，应切实抓好三件大事：一是“农才”，即培养和积累农村人才；二是“农会”，即培育和壮大农民组织；三是“农民工”，即引导农民工理性择业，找准自己的职业定位。

首先是培养和积累农村人才。现代农业不是依靠土地、劳动力和资本的数量增加，更重要的是取决于劳动力素质。我国农村经济经历了一个快速增长期之后，发展速度逐步减缓并与城市之间的差距越拉越大，其中一个重要原因就是农村人才严重匮乏。一是农村劳动力素质难以提升。优质教育资源高度向城市集中，农村教育投入严重不足，教学条件差，教师待遇低，基础教育发展迟缓。撤点并校后，全国十省抽样调查显示，平均小学生离学校的距离 10.83 里，初中生 34.93 里，上学难成为农村孩子受教育的新障碍。全国 5 亿多农村劳动力的平均受教育年限只有 7 年多，1 亿多农村孩子不能上高中而直接走向社会。农村职业教育市场化难以适应经济社会发展和产业转型升级的需要，一些“农”字号学校纷纷关门或者改牌子。据统计，全国目前涉农专业的中职在校生占全部中职在校生的比例不到 5%，大多数农村孩子宁肯进城打工，也不愿上农校。二是农村人才“空心化”现象严重。不断扩大的城乡差距，阻碍了人力资源的合理化配置，使人才在城乡之间双向流动的推拉力失衡、机制失效，呈现出从农村向城市的单向流动特征。农村劳动力日益呈现出老年化和女性化倾向。农业现代化需要充足的人力资本，应大力实施农村教育优先发展战略，统筹人才资源配置：一应强化农村基础教育。改善农村基础教育的办学条件，提高农村教师待遇，建立健全多元化的办学模式，大力推进优质教育资源的城乡互动。加大九年义务教育普及力度，合理布局网点，逐步延长义务教育期限，在农村率先实现 12 年义务教育。二应加大职业教育投入。政府应像抓义务教育一样抓农村职业教育，增加公共财政投入，按照“面向农村、面向农民、面向

农业”的原则，多形式、多途径、多体制地发展农村职业教育。三应实现城乡人才双向流动。通过制度建设和政策引导，开通城乡人才双向流通渠道，使农村以优惠政策聚集人才，以优美环境吸引人才，以优惠待遇留住人才。

其次是培育和壮大农民组织。市场经济的深入发展，使一家一户的分散经营难以抵御来自自然、市场、国际、政策等诸多方面的风险，各类农民组织应运而生，并得到了一定程度的发展，但目前仍处于数量太少、体量太小、质量不高，且生而不长、存而不活、发展不足、作用有限的尴尬状态。要引导农民合作起来，必须真正实现从“组织农民”向“农民组织”这一质的飞跃：一是放手发展。各级政府应克服害怕农民合作、难于管理的心理，坚持“引导不领导、推动不强迫、扶持不干预”的原则，积极培育和发展农民组织。二是消除制度性障碍。出台相关法律和政策，明确各类农民组织的地位，保障农民组织的权利。三是加大扶持力度。对农民组织发展农村经济、增强农业生产能力、兴办服务设施等项目给予支持，提高市场竞争能力和服务水平；通过财政贴息、政策性信贷、保险等金融手段，解决农民组织启动资金、收购环节资金投入不足、发展风险等问题；制定并落实税收、用地用电和农产品运输等优惠政策。四是强化服务。通过政府网和互联网平台以及新闻媒体等途径提供信息支持和服务；在组织建设上做好帮扶工作，帮助农民组织建立健全规章制度，规范组织运作，促其健康发展。

社会先于国家出现，许多社会矛盾和问题主要靠社会组织自行解决，这是人类社会的成功经验。我们是社会主义国家，不能只有“国家”而没有“社会”，也不能只有“主义”而没有“社会”。当前必须杜绝一些基层干部不想解决人们提出的问题、只想解决提出问题的人们的不良倾向。政府应努力构建与市场、社会各司其职、互相配合、相互制衡的多元治理结构。

再次是引导农民理性流动，找准自己的职业定位。从上世纪80代末开始，农民开始进城务工，进而形成蔚为壮观的“民工潮”。长期处于生活最底层的农民，受眼前经济效益的诱惑、强大舆论的裹挟和行政力量的推动，已经失去了生活的理性判断，不论能力高下、条件如何，纷纷跳出“农门”，以逃离农村进入城市为荣，即使在城市干着最苦最脏最累收入最低的活，也不愿意在家从事农业生产，认为“丢不起这个脸”。依据我国当前国情，城市的容纳能力很难马上解决好大规模进城农民的生存和生活问题，必须有一个长期发展过程。而且农民的“一亩三分地”在农村，农民的地缘、人缘、情缘都与农村血肉相连，农民的根和生活天地在农村。在相当长的一个历史时期，中国根深蒂固的

“村落文化”是农民的无形资产，它所派生出的“家园红利”是世代农民取之不尽用之不竭的宝贵财富，只要城市吸纳劳动力的能力不能满足农民的需求，“家园红利”将继续为农民提供庇护，受农民青睐。如果一味极力鼓吹农民进城，让农民认为城里遍地流金，进而一窝蜂地涌入城市，就会造成误城误乡、误工误农、误人误己的严重后果。因此，在相当长的一个历史阶段，应充分运用政策的调控手段，正确把握舆论导向，引导农民根据自身素质和实际需求，理性地流动，找准自己的职业定位，按照人尽其才的原则，“让农民不当农民——扎根城市当市民”，“让农民当好农民——专心做好职业化农民”，“让农民兼当农民——边种地边就近务工”，帮助他们在职业分化中做出当农民还是当工人的理性选择，引导他们在城乡定位中做出当“市民”还是当“村民”的正确判断，支持那些不可能成为市民的农民工返乡创业、扎根农村，逐步把一些经多见广、眼界开阔的农民工培养成为懂技术、会经营、善管理的新型职业化农民。

主体的现代化是农业现代化的关键。经济学诺贝尔奖得主舒尔茨认为，传统农业的要素配置已是最佳状态，迄今为止，还没有谁发现传统农业要素配置出了什么毛病。但为什么高效率会产生低效益，根本在于传统农业各要素没有注入现代元素，而诸要素中首先是劳动力的现代意识缺乏。农民有了现代意识，就有了现代需求；有了现代需求，就会拉动市场提供现代供给；有了现代供给，农民就有了现代能力；有了现代能力，就会产生现代效益，从而实现现代目标。在农业生产诸要素中，只有作为主体的人现代化了，其他要素才能在人的作用下注入现代元素；

人不现代化，其他要素就现代不起来，即便现代了，也发挥不了现代作用，产生不了现代效益。

3. 载体现代性：着力解决“农水”、“农路”、“农金”、“农地”、“农价”、“农场”、“农境”等“七农”问题，加快推进农村现代化

农村现代化不等于农村城市化，它是实现农业生产产业化、农民生活城镇化、农村管理科学化、乡村风尚文明化、城乡社会一体化的全方位的进步过程。只有农村的经济发展、基础设施、文化建设以及农民意识等都实现了现代化，才能说整个农村实现了现代化。当前农村现代化应着力解决好“七农”问题。

——加强农田水利基础设施建设，解决“农水”问题。水利是农业的命脉，对粮食生产的贡献率在40%以上。由于长期投入不足，我国农田水利基础设施建设严重滞后，尤其是中小型农田水利建设没有发展，基本上还在吃上个世纪六七十年代的老本，很多处于超期服役、带病运行的状态，全国只有50%有效灌溉面积，还有70%的中低产田。近些年，极端异常气候发生次数越来越多、程度越来越深，大自然的威力，对农田水利基础设施的要求越来越高。“旱涝保收”是传统农业追求的目标，现代农业首先也必须做到这一点，否则就谈不上现代。应加大水利建设资金投入，加快重大水利工程项目建设，实施重点涝区治理，狠抓中小型农田水利建设，完善灌排体系建设，提高农业供水保证率，增强防灾抗灾能力，努力做到“旱涝保收”，从根本上改变“靠天收”的局面。尤其对粮食主产区和800多个产粮大县必须集中财力集中时间下大功夫建好基础设施。

还有一个不容忽视的现实是，我们投资几千亿正在大上“南水北调”工程，而北方靠开采地下水获得粮食丰收供应南方，这是变相的“北水南调”。这一自一千多年以来就形成的“南粮北调”格局的大反转，为中国农田水利建设提出了严峻的新挑战。如何应对新挑战必须从战略高度重新谋划。

——完善乡村路网，解决“农路”问题。农村道路属于典型的农村公共品，是改善农村生产生活条件、提高农业生产效率、促进农村经济社会发展的前提和基础。近年来，国家投入大量财力在农村实施“村村通”工程，极大地提高了乡村的通行能力，有效缓解了农村出行难的问题。但是，农村道路设计标准低，功能不完善，抵御自然灾害能力弱，后期管理养护机制没有建立，特别是农村道路网络并未形成，不仅断头路多，而且深入到田间地头的生产道路没有兴修，严重影响了农作物生产和农产品加工及为农业服务。适应现代农业需要，应进一步加大对农村道路的投入，按照“通达、通畅、联网”的总体目标，从“村村通”向“组组通”、“路路通”延伸，在生活道路基本通畅的基础上，下大力气抓好生产道路建设：在资金筹集上，可以实行政府投入、受益村民投工投劳与社会融资相结合；在建设方式上，可以推行村民自建，通过“一事一议”，由村民自主建设、管理和监督；在管理模式上，可以实行“小项目、大管理”，规范建设程序，保证工程质量，并因地制宜建立健全后续管理机制，发挥长远效益。

——重构农村金融体系，解决“农金”问题。这是农业现代化的能源动力。在“非农化”、“城市化”的理念支配下，金融机构逐步从农村退缩，支农功能严重退化，农村金融体系深陷生而不长、存而不活、逐步退化的尴尬境地，资金成为农村最稀缺的资源。解决农村资金短缺难题，应着力重构农村金融体系，把培育农村金融的本土力量作为基础性、战略性的系统工程摆上重要位置，精心组织，着力扶持，发育出成熟的本土金融力量，为农村未来发展提供最具竞争力的核心产品。一是调整思路，放手发展草根化的低端金融市场，为农村社会和广大农户做好服务，为农村创业搭建起一个发育的温床。二是做好两个对接，即大金融机构与小金融组织对接，财政惠农资金与金融机构支持三农信贷对接。三是在中西部农村地区，着力培育村一级的资金互助合作组织，同时，充分挖掘农村几千年形成的熟人社会的诚信资源，全面建立简便、快捷、高效的农户授信体系。四是对资金合作社、小额信贷担保公司和村镇银行等，放宽准入、降低门槛，加强指导、帮助和支持，促其发展壮大。

五是加快出台《放贷人条例》，让民间借贷阳光化、合法化，克服民间借贷的灰色身份和无法监管的现象，使民间借贷健康发展。

——不断完善土地制度，解决“农地”问题。改革开放以来，受土地财政影响，农村“圈地”愈演愈烈，全国耕地锐减三亿多亩，目前我国人均耕地面积1.38亩，只有世界平均水平的40%。一些地方片面理解现代农业化就是土地规模化，盲目引进大企业大公司成为“大业主”，这种方式只产生挤出效应，不是“带动”农民而是“代替”农民。同时，由于缺乏有效的载体和平台，农村土地流转处于自发状态，土地规模经营趋向“两极”：或是过于分散和零碎，或是贪大求洋，盲目追求规模化。就中国目前而言，土地经营只能适度规模，且以家庭经营为主体，北方以300亩为宜，南方以200亩为宜，花卉等以30~50亩为宜。加快农村发展，应切实理顺农民与土地的关系，进一步完善农村土地制度：一是实行最严格的耕地保护制度。划定基本农田，严格控制非农建设用地规模，防止各种形式的“圈地”，杜绝土地财政；严格执行基本农田保护条例，健全国家土地督察机制，坚决查处土地违规违法行为，确保18亿亩耕地的红线不被突破。二是改革土地征用制度。实行农村土地征用市场化，建立城乡统一的用地市场，农村土地按照政府计划直接进入市场，农民以转让经营权的方式实现农地转用，真正成为土地交易的一方直接参与和自主决定。三是加快农业经营体制机制创新。依法推进农村土地承包经营权流转，搭建土地流转的市场平台，培育和发展多种形式适度规模经营的市场环境，促进规模和集约化经营，提高土地产出效率。四是建立农地经营的准入与退出制度。

——提高农业效益，解决“农价”问题。工业化进程中形成的工农业产品价格“剪刀差”始终在延续，农业效益特别是种粮效益一直偏低，有时甚至种粮亏本。同时，在农业生产过程中还存在种粮与打工的比较效益差、种粮与种植经济作物的产出效益差、粮食限价与农资价格飞涨的“剪刀差”。这种“剪刀差”，严重挫伤了基层政府和农民的种粮积极性，前者因为无收入无政绩，后者因为收入低不赚钱。粮食价格高了有呼声，低了有哭声，呼声集中、响亮，容易达到决策层；哭声分散、零碎，很难达到决策层。缩小并逐步消除“剪刀差”，应以激发“种粮者”和粮食产区基层干部的内生动力为突破口，既做“加法”又做“减法”：一是完善财政支农结构和方式。完善农业“四补贴”和粮食最低保护价收购政策，增加粮食补贴标准和规模，加大对种粮农民的直接补贴；完善农业政策性投资和保险，提高粮食生产的投入收益和比较效益。二是建立符合市场化要求、适合国情的粮食价格支持保护体系。建立农产品市场价格保护机制，逐步理顺主产区与主销区的利益关系，通过直接和间接两种方式实行国家保护，稳步提升粮食价格。三是健全机制，降低生产成本。完善农资供应体系，打破行业垄断；加强市场监管，维护正常的市场秩序，改善农村消费环境；建立农村信息咨询服务组织，培育农民信息经纪人，发展农村市场主体，健全农产品运销体系，实行多层次组织农产品流通。四是对粮食主产区的干部考核，严禁以 GDP 和财政论英雄，主要应以农业的生产效率和效益分高下。五是加强农民负担监管，着力消除各种不合理负担。

——坚持家庭经营，解决“农场”问题。家庭经营能够实现效益最大化，是农业的产业特征决定的，也是古今中外农业发展的基本规律和唯一成功的路子。以家庭作为农业的基本经营单位，劳动者具有很大的主动性、积极性和灵活性，不仅能够对农业生产全过程共同负责，而且可以对各种难以预料的变化做出灵活的反应，这正适合了农业作为生物再生产过程的特点。坚持家庭经营，大力推行“家庭农场”模式，既与我国以家庭承包为主体的基本经营制度相吻合，也是世界农业的基本格局和成熟经验。目前，欧美等国以家庭农场为主要经营形式的比例是荷兰 75%，英国 69%，法国 88%，德国 77%，欧盟 15 国平均为 88%，美国为 86%。日本农业是世界上公认的高度现代化农业，绝大多数也是一家一户的家庭农场经营。家庭农场的基本条件有二：劳动力的使用主要依靠家庭成员；收入来源主要是农业。当前乃至今后一个历史阶段，坚持家庭经营为主体，推进“家庭农场”建设，走“大基地、小业主”的路子，是符合中国现实的好途径。

——建设高效生态农业，解决“农境”问题。农业生产环境恶化，污染严重问题由来已久，论争不断。自19世纪德国农业化学家李比希的化肥理论一出，就产生了对石油农业污染问题的论争。另一位德国农业家朱利叶斯·海塞尔发现，植物补给氮磷钾快速生长，就像人吃了垃圾食品和激素一样容易得病，得病就要使用农药造成污染。他同时发现花岗石粉是植物最完美的肥料，并著有《面包来自石头》一书，但其观点遭到李比希和化肥厂商的大肆攻击，其理论和实践被全盘否定而淹没于历史的喧嚣之中。我国人多地少，土地资源开发接近极限，大量使用农药化肥和农膜，在提高土地产出的同时，也带来了严重的水土污染。农业面源污染已超过生活源和工业源，成为水体的主要污染源，并从点到面、从城市到农村、从大江大河到小溪扩散。昔日人类化解饥饿的利器，今日却成了影响健康的隐形杀手。农业生态日趋恶化，土地沙漠化现象严重，连江南水乡的江西省也出现了约占总面积7%的沙漠化现象。防治农业污染，应以高效生态农业为目标：一是推进农业综合开发和基本农田整治，加快中低产田改造，优化耕地利用结构，调整土地利用布局，改进耕作方式，发展保护性耕作。二是坚持“高效、生态、环保”的原则，优化农业产业结构，发展循环农业和生态农业，推广使用有机肥料、生物肥料、生物农药、可降解农膜，实行无害化生产。三是建立农业面源污染环境影响评价体系，整治农村生产生活环境，严格控制面源污染，保护和改善水土资源。

刘易斯“外延式”扩张带动农村的路子，已经导致城乡两极严重分化。在我们这样一个有着世界上独一无二、历史悠久的农业文明传统的农民大国、农业大国、农村大国，重走舒尔茨“内涵式”发展的路子，坚持外延扩张与内涵发展并重的两条腿走路的方针，才是中国“四化同步”的正确选择。对于农村而言，外延扩张靠的是输血生存，只有内涵发展，才能培养出自身的造血功能，从而培育内生性的物质基础。简而言之，农村需要以“财”（外部输血）生财，更需要以“材”（基础建设）生财，尤其需要以“才”（培育人才）生财。

纵观近百年来历史发展轨迹，从自然经济、计划经济到市场经济，从农耕文明到工业文明、城市文明，中国社会所经历的急剧而深刻的历史性嬗变，都与农业、农民和农村紧密相连。我国“三农”问题依然严峻，农业现代化进程任重道远，只有坚定不移地坚持“三体共化”，推进“十农并进”，切实解决好农业、农民和农村问题，才能真正实现“四化同步”的宏伟目标，才能真正实现“全体中国人，共圆一个梦”的伟大理想。

二、农村改革再出发：实现人的回归、业的重构、场的再造

党中央提出“四化同步”的新理念，这是对“三农”工作的重新定位，是一个重大的理论创新，也是一次牵动全局的战略性结构调整，更是一次影响深远的战略部署。“四化同步”的核心是加快推进农业现代化，让农业现代化和工业化、信息化、城市化同步发展、同样发展、同时发展。农民是农业现代化的主体，农村是农业现代化的载体，三者互为依存，是一个有机的统一体。因此，推进农业现代化，当务之急就是重新寻找、发现、建构农村改革的动力源。

1. 农民不能成为农村改革的旁观者，要成为推动者

没有谁比农民更了解自己，没有谁比农民更关心自己，也没有谁比农民对自己更负责任，农村改革的主体、主力必须是农民。但是近年来农民对改革的热情逐渐消退，成了改革的旁观者。

（1）有些改革行为让农民利益受损，农民无心参与。农村改革以来，农民确实得到了很多的实惠，但算总账恐怕只及“圈地、圈钱、圈人”三圈的N分之一。一是圈地。30多年来，近3亿亩土地被廉价征收。国外修高速公路的征地成本占百分之四五十，我国修高速公路征地成本只占百分之几。2010年，全国土地出让金高达2.7万亿，而多年来农民从征地中获得的补偿有专家测算不到百分之十。征地拆迁事件大量发生，国外征地都是政府告农民，中国全是农民告政府。《新世纪周刊》

2011年28期报道，郑州郸城县城关镇胡庄36位农民状告县、市、省政府，四告四胜，但土地依然被征。二是圈钱。国有四大商业银行加上邮政储蓄都是从农村像抽水机一样吸储资金，而鲜有为农民贷款。股票市场上，股民的数万亿资本在短短的20年里不翼而飞。美国在近50年里，股民从股市每年平均获利都在10%左右。近十年来，金砖四国中，印度、巴西的股市都涨了3倍多，俄罗斯涨了12倍，只有中国股市不升反降。三是圈人。2亿多农民转移到第二、第三产业，是农民工改写了世界经济版图，使中国成为第二大经济体，我们引以为豪的人口红利基本被城市掠走，农民在城里干的是又苦又累又脏又险的工作，报酬最低，还得不到市民权利。我们消费着廉价商品，实际上我们消费的是农民工用生命价值换来的廉价。社会指责商人有原罪，其实每个城里人都应有原罪感，都应以负罪的心态善待农民工。如今，“三圈”的力度依然未减。毫不夸张地说，“三圈”格局不破，“三农”问题无解。

（2）精英流失，农民无力参与。农村收入低、待遇差、机会少，留不住人才。中国八九亿农民不乏各式各样的人才，但有2.6亿外出打工，其中1亿多人选择进城谋求发展。纵览中华历史，无论是做官的，还是经商的，都讲究“叶落归根”、“衣锦还乡”。连当了皇帝的刘邦、朱元璋也不例外。反观今日，从农村走出来的社会精英但凡进了城，都不愿再回去，即使在城里过得不好，也会坚持留在城市。农村大学生毕业后，宁可留在城里做些与专业毫不相干的工作，也不愿回到农村。正在全国开展的大学生村官工程难以达到预期效果，绝大多数大学生村官只是以此为跳板，到农村仅仅是一次锻炼和一个过渡，而不愿意扎根农村。一方面是新农村建设急需人才，另一方面是农村人才单向流入城市。当官的不回乡养老，经商的不返乡创业，学业有成的不回乡报效。在不久的将来，即使中国城市化率达到70%，仍有四五亿农村人口，这个数字相当于我们建国时的总人口。我们搞了几十年的工业化、城市化，农村人口不见减少，反而增多。一个以老弱病残妇幼为主要群体的农村人口结构，自身尚且难保，更何谈改革与发展。如何以“人”的发展，解决“口”的问题，是农村改革面临的严峻课题。实现城乡人才的互动，是推进农村改革的关键，农村人到城里寻找简单劳动、大学生到农村发展现代农业，如何建立这样一个良性循环机制是需要深入研究的大问题。

（3）政府角色转换不到位，农民无法参与。从革命党向执政党过渡，首先需要完成的是思维方式的角色转换。这一角色转换已历经60多年，至今还未到位。一些基层干部由于长期受到革命传统的熏陶，加上老一代的言传身教，对于执政时期与革命年代的角色定位、工作方法等方面的区别没有进行深入思考，还不明晰，思维方式和行为方式都带有较深的革命年代的印痕，以致用革命年代的方式处理和平时期的问题时有发生。在各种文件、讲话中，军事化的用语常常充斥其间；在具体工作的思路、措施、方法上，也实现军事化的套路。一些人惯用军事观察的眼光看待社会，以“社会恐惧症”的心态树立“假想敌”。在政府的各项工作如征地拆迁等，明显透露出军事化行为的影子，摧枯拉朽的阵势，整齐划一的模式，疾风暴雨的方式，谋划行动的统一性，主观推进的强制性等等，都充分体现了军事化的思维方式和行为方式。不少乡村两级的基层干部只管两个“不”：一是“不乱”，二是“不生”，把改革与发展则摆到次要位置。农民在这种强势行政面前，想参与改革而不能。深化改革，就是要构建一个政府、市场、社会三驾马车各司其职、互相配合、相互制衡的多元治理结构，把政府不该管、管不了、也管不好的事情，该市场的给市场，该社会的给社会，政府不能包打天下，负无限责任，让权力没有边界。必须把权力装进笼子。

（4）社会建设滞后，农民无处参与。美国非营利慈善组织100多万个，中国只有100多家，美国基金会12.2万个，中国只有2000多个。排在前500强的中国民营企业的利润还不及中移动和中石油两家国企的多。社会主义不能只有“主义”没有“社会”。从历史发展的轨迹看，先有社会后有国家，我国改革前是国家膨胀、社会萎缩，改革后国家在收缩，社会在发育，但社会的发育远远滞后于发展的需要。国家与社会必须在权界上分清楚，凡属权力的归国家，凡属权利的归社会。我国农村经营方式已经经历了“合”（即从互助组、初级社、高级社到人民公社的高度集中的大集体生产）与“分”（即实行分田到户的家庭联产承包责任制）的两次飞跃，今天亟待实现第三次飞跃，即农民自主合作。第三次飞跃的特点就是在坚持基本经营制度不变的基础上，实现以农民为主导的自愿合作。在“合”的问题，我们已经经历了两种形式，一是在计划经济时代由政府主导的合，如信用、供销等合作；二是在市场经济时代由企业主导的合，如基地加农户的经营模式。由农民主导的第三种合作形式像一个刚刚生出翅膀的雄鹰，尚未能展翅高翔，呈现出三个显著特点：一是无组织化。许多乡村因缺少领头人没有成立组织，绝大多数农民没有参加任何组织，全国九亿农民只有各类合作组织60多万个；二是弱组织化。大多数农民组织合作基础薄弱，利益联系不紧密，内部组织结构不明晰，管理运作不规范，自我服务能力不强；三是被组织化。许多农民组织被基层行政组织、企业、能人大户或其他各种外部力量控制，由乡村干部、企业负责人、离任干部等主事，没有真正成为“农民自己的组织”，难以实现自我组织、自我管理、自我服务、自我受益的合作目的。实现农村经营方式第三次飞跃的关键就是必须实现从“组织农民”向“农民组织”的跨越，引导农民自己为自己搭建自我管理、自我服务的平台，让八九亿农民、二亿多个家庭，根据自己的意愿分门别类，各自找到归属感。中国共产党自成立以来，都是通过组织农民的方式开展工作，靠组织农民夺取政权，靠组织农民建设国家。在以分散决策为基本特征的市场经济条件下，组织农民已经不能完全适应时代的要求，必须让农民由被动者变成主动者，由被组织变成自组织，成为组织的主人、主导和主体。组织农民固然可以按照下级服从上级的行政管理模式，有效地把农民组织和集中起来办大事，但它在本质上否定了平等的合作精神，模糊了个体与群体的权益界限，忽视了农民的自主权和产权，使个体利益极易遭受侵害，个体的积极性严重受挫。而农民自己起来组织自己，则克服了上述弊端，在改革发展中有了一个能够自由参与的平台和自己主导的空间。由“组织农民”向“农民组织”的跨越，不仅仅是词序的颠倒，而是一次质的变革和飞跃。

2. 农业不能成为“386199部队”的练兵场，要成为精英人才的用武地

在工业化、城市化的喧嚣中，农业已经到了“谈农色变”的地步，推进农村改革缺乏产业的依托，改革将无的放矢。

（1）农业比较效益低，农民不愿从事农业。农业的投资回报率长期低于社会平均利润，而且还存在着工农产品价格的剪刀差、种粮与打工的比较效益差、种粮与种植经济作物产出效益差、粮食限价与农资价格飞涨的剪刀差。农业税取消后，工农业产品价格剪刀差却一直延续至今，农产品价格虽有一定幅度的上升，但跟不上农业生产资料的上涨幅度。改革开放以来，农资涨价25倍，公务员工资涨40~50倍，粮食涨价仅有5~6倍。欧洲农民生产5千斤蔬菜或水果就能换回一辆轿车，中国农民生产5万斤蔬菜或水果还难以换回一辆轿车，也就是说中国农民生产的价值在工业品面前还不及欧洲农民的十分之一。这种限制粮价做法，实际是让农民补贴市民。财政每年大约支出600亿补给农民，如果放开粮价，把600亿补给城里穷人，一人300元可补两亿人。2010年底，城市低保人口只有2300多万人，一人补1000元，也只需230多亿元，政府还可以节约很大一笔开支。现在花600亿补农民，中间还要付出补贴运行成本，且带来种粮与租地等各种矛盾。

（2）主体流失，农民无力经营农业。从上世纪80代末开始，农民开始进城务工，促进了城市化率的快速增长；随后各级政府极力主导和推动，进而形成蔚为壮观的“民工潮”。长期处于生活最底层的农民，受强大舆论的裹挟和行政力量的推动，便失去理性判断，不论能力高下、条件如何，纷纷跳出“农门”，以逃离农村进入城镇为荣，即使在城镇“哭泣”，也不愿回到农村“微笑”。农业成了“老人农业”，农业部调查，目前从事农业的劳动力平均年龄在五十多岁。如何运用政策的调控手段和媒体的导向，引导农民找准自己的职业定位，帮助他们在职业分化中做出当农民还是当工人的理性选择，是农村基层工作必须面对的一个紧迫而又艰巨的任务。

（3）龙头企业代替经营，农民被动从事农业。在市场经济发展过程中，农业产业化等新的生产经营方式应运而生，“企业+基地+农户”等组织形式不断涌现，逐步引导着分散的小农户生产向社会化大生产转变，在一些方面解决了生产与市场脱节的矛盾，促进了各种生产要素的合理流动和组合，农业向着集约化和专业化方向发展。但存在的一个深层问题是，企业代替农民生产经营，农民只是农产品基地这个“大生产车间”的“工人”。农民长期只是被动地听从企业安排从事单项或单一环节的生产，经营管理知识只能是一片盲区，长此以往，便成为农业经营管理的局外人。面对千变万化的大市场和日新月异的新科技，将如坠雾中，无所适从。再说，农业是一个活的产业，必须遵循自然再生产过程，无法像工业生产那样可以分段分层管理，农业具有不可间断的连续性，从种到收一条龙，哪个环节都无法单独体现成效，无法单独监管，种好管好收好必须一竿子插到底。农业的主体必须是农民，任何人从事农业生产经营都不能取得效益最大化，政府不行（如人民公社、生产队），企业也不例外。只有农民自己才能做到这一点。我国当前发展现代农业，普遍排斥小农合作制而大力推进大资本下乡。大资本下乡兼并土地后却不会持续在土地上种粮食，农民失地后进城，进城后失业再返乡。进城、返乡、再进城、再返乡将是一个漫长的历史过程。不稳定的农民队伍将是中国农业未来最大的危机。“农业资本主义化”的道路是中国必须警惕的。

（4）发展现代农业的理念不清，农民盲目从事农业。全社会包括农民对什么是现代农业概念不清、认识模糊，一说现代农业认为就是推行土地集中、生产规模化和机械化等形式，这只是传统农业的提升，并非真正意义上的现代农业。真正意义上的现代农业，必须重构产业，按现代农业的产业体系谋划，就是既要大力发展一产，改造提升传统农业，又要发展以农产品为原料的加工业，同时更要发展为农业服务的服务业，构建成一二三产联动、上中下游一体、产供销加互促的完整产业链。建设现代农业，首先应向社会普及现代农业的基本常识，不能片面理解、片面实践。规模化是现代农业的重要特点，但面对人多地少的国情，土地只能适度规模，中国的规模化必须在组织的规模化、产业布局的规模化、产业链条的规模化和服务的规模化上下功夫，即做好产业布局总体规划、建立涵盖一二三产的完整产业链、大力发育各类农民专业合作组织、大力发展规模化服务。各地引导大资本大企业下乡，不应只想到农村圈地，在土地规模化上做文章，而应大力发展农村各类服务业，形成规模化的服务。

3. 农村不能只是城市工业的消费场，也应是新兴产业的发展地

近几年，家电下乡、汽车下乡、建材下乡，证券也跃跃欲试。农村成了假冒伪劣、质次价高产品的倾销地，企业都想到农村掘金，把农村当成一个巨大的消费市场。农村的确是一个巨大的内需市场，但刚刚进入小康的农民，还没有从生活必需品阶段过渡到耐用消费品阶段，还有太多的后顾之忧，最需要的不是用上“奢侈”的电器产品，最渴盼的也不是住上“高档”的住房，而是基础设施下乡、资金下乡、公共服务下乡、社会保障下乡、权利下乡。家电下乡、汽车下乡、建材下乡等等，这些举措表面上是拉动内需，但实质上还是牺牲农民利益、拯救危机中的城市工业。

进入21世纪，乡村的发展不能用20世纪的思维方式去谋划去实践，必须站在21世纪的新平台上重新审视乡村的功能定位，应抛弃乡村只能发展一产的惯性思维，找准乡村的产业优势，大力发展乡村新兴产业，为新农村建设和城镇化发展提供可持续性的物质基础，这也是城乡差距缩小的内生性物质基础。农村不走自强之路，打牢内生性物质基础，仅靠城市输血，永远都摆脱不了落后的阴影。

回望历史，如果没有80年代村村点火户户冒烟的乡企发展，就没有今天的城市繁荣，是乡企的实践推进了国企改革，从而确立了我国市场经济的地位。乡镇企业是我国市场经济的开拓者。环顾世界，是便利的交通带来了现代工业的发展，欧洲靠火车拉来了现代工业，美国靠高速公路和飞机拉来了现代工业。我国农村已具备良好的交通通讯条件，作

为主动脉的高速公路已达8万多公里，作为毛细血管的村村通公路基本覆盖到了近60万个行政村，农村在信息获取上也几乎与城市同步，发展新兴产业的条件已经具备。同时，现代农业已不是传统意义上简单的“吃饭产业”，还具有推进工业化进程，推动以生物质产业为主导的产业革命，缓解能源危机、保护生态环境等多种功能。更何况，农业现代化没有作为主体的现代农民和作为载体的现代农村是无法实现的。

因此，应重新审视农村不可替代的功能定位，大力发展新兴产业，为现代农村建设源源不断地培育出内生性物质基础：一是特色农产品加工业。许多农产品加工应就地就近放在农村，不适于长途外运加工，这样既可节省成本，又可省时间，使产品保鲜保质。二是乡村旅游业。随着人们消费水平的提高、消费观念的改变，需求层次逐渐升级，促进了乡村旅游休闲功能的凸现；城市化的负面影响加剧，城市居民普遍追求“返璞归真”、“体验自然”，推动了乡村旅游休闲功能的凸显；现代农业的迅猛发展使社会生产效率快速提高，人们闲暇时间的增多、收入的增加及生活方式的改变，使乡村旅游休闲观光成为热门产业，城市越大，人们追求“农味”的兴趣越高。应借鉴意大利绿色假期、法国农庄旅游、美国农业旅游、澳大利亚牧场旅游、新加坡农业科技园旅游、欧洲一些国家的古村落旅游的经验，大力发展乡村旅游业。三是农村服务业。这是一个潜力巨大、亟待开发的产业。一些发达国家为农业服务的从业人员达到农民人数的10倍左右。四是新兴能源产业。充分利用乡村的资源优势，大力发展风能、太阳能、沼气等新兴清洁能源。

发展这些新兴产业，也是实现农业现代化的题中之意、必修功课。没有这些新兴产业的发达，就没有农村的发达。没有农村这个载体的发达，农业现代化就“现代”不起来，更难以“化”成。

只有实现人的回归（即农民积极参与）、业的重构（即现代农业勃兴）、场的再造（即发展环境优化），让农民有激情投身改革，有平台实践改革，有条件创新改革，在改革中得实惠，才能有重新启动改革的动力。纵观30多年的农村改革历程，所有经验都是草根阶层的创造，小岗村的承包，鲁冠球的小农机厂，步鑫生的裁缝铺，马胜利的管理法，这些创造只是需要我们去发现、去认可、去总结、去升华、去推广，然后合法化。如果只靠政府一厢情愿的设计改革，改革缺乏动力源，更形不成合力，改革难以推进，更不可能深化。人们常比喻社会对改革不满是“端起碗吃肉、放下筷子骂娘”。“骂娘”说明社会毕竟还认这个“娘”，一旦失去信心，不认这个“娘”了，就会无所顾忌，那才是最危险的。面对骂声，我们各级干部都应有一个平和的心态，认真审视自身，闻过则喜，用行动把骂声变成赞声。20世纪是流血的世纪，为了夺取政权，我们牺牲了2000多万烈士；为了征收农业税，也时有恶性案件发生。21世纪只能是流汗的世纪，千万不能再流血。新一轮农村改革，必须顺应农民不断变化的新诉求、不断发展的新期待，重新激活农民的改革热情，让生动的改革实践之火在中华大地上再燃燎原之势。

第四章

不能让农业现代化在土地问题上打转转

中国农地的核心问题，主要在于“城与乡”的二元制，而不在于“公与私”的所有制。土地制度的变革历来是理论界争论的焦点，众说纷纭。实践者也是一头雾水，各行其是。但“怎样种地，谁来种地”这个核心问题必须搞清楚，把准方向、遵循规律是关键，别让农业现代化在这里打转转。

一、农地问题：在“城”与“乡”的二元制，不在“公”与“私”的所有制

党的十八届三中全会提出，要建立城乡统一的建设用地市场，这一新制度的设计直指农村土地问题的关键。一个时期以来，我国工业化、城镇化加速推进，建设用地的刚性需求与日俱增，农地问题更加凸显。农民的财产权等诸多合法权益得不到保障，农民增收困难，土地流转的市场平台难以建立，乱圈乱占耕地现象不断发生，征地强拆引发的群体性事件逐年增多，土地资源浪费严重等一系列社会矛盾和问题频发。据此，不少人把问题归结为土地的公有制所致，认为只要推行农地私有化，一切问题就会迎刃而解。这显然是高昂着头颅叫卖西方的教条，却没能低下头来看一看脚下的土地。中国农村土地制度，问题不在“公”与“私”的所有制，而在“城”与“乡”的二元制。

1. 所有制不是解决农地问题的灵丹妙药

纵观中国历史上的土地制度和当今世界各国土地制度可以看出，那种认为只有私有制才能解决农地问题的观点是一种认识误区。

在中国历史上，多种土地所有制并存是历朝历代的共同特征。在同一时代，其土地所有制一般也是多元的。当然，私有制一直是我国历史上土地所有制的主要形式，而长达几千年的土地私有制并没有使农民过上好日子，国家也并没有实现快速发展。相反，土地私有制更易于豪强兼并，一旦土地被过度兼并，农民成为流民，这种制度即成了引发朝代更替的火药桶。

西周时期的井田制是一种以国有制为特征的多级贵族土地所有制，

从天子到领主再到耕种土地的农户，都具有部分的土地所有权，井田制下的土地一律不准买卖，只能由同姓依照嫡庶的宗法关系继承。

隋唐时期的“均田制”是中国历史上土地国有制的典型。除均田制之外，国家所有的土地也实行过“屯田制”、“占田制”等，都是国家将国有的土地按照各种方式分配给农户耕种，收取地租。到了宋、元、明、清各朝代，一般将国家所有的土地称为“官田”，官田虽属国家所有，但在耕作方式上与私田没有多大差别，国家也会将土地交由小农耕种，小农直接向国家交租，甚至官田的租税负担往往比私田征收的还要重。

中国各个朝代私田和官田比例有所不同，但始终并存。在历史上，私田主要有以下几种占有形态：一是土地归属于官僚、大地主所有。二是土地归属于宗族所有，被称为族田。相对于国家所有制来说，这种土地所有制是私有的，但在宗族内部，则是一种集体所有。三是土地占有形式是归属于自耕农所有，即小农自己所有土地，自己耕种，可以自由继承、买卖。

租佃制很早就成为中国历史上的土地制度。从唐朝起，无论是官田还是私田，都盛行租佃制度。这种状况一直持续到解放前。租佃制度的出现，标志着土地使用权从土地所有权中分离出来，土地所有者与使用者之间由身份依附关系转变为契约关系。土地使用权可以不断分割，排他性的权利界定是清楚的。使用权一直都是中国土地制度中一种很重要的权利，有时甚至比土地所有权更加重要。

从历史上看，官田和私田的比例是一个互有消长的过程，每个朝代开始的时候，国家力量比较强大，且经过改朝换代的战争，大量土地被抛荒，国家能够聚集大量官田，对土地的掌握力度也更强。每个朝代末期，伴随着经济的发展，私田面积就会不断扩大，国家对土地的掌控力也日渐减弱。但不论在何种情况下，土地所有权市场和土地使用权市场一直都比较活跃。

当今，世界上大多数国家土地所有制都不完全是私有制。美国是土地私有制的典型国家，但其土地并非全部私有，有 59% 为私人所有；39% 为公有，其中联邦政府所有的为 32%，州及地方政府所有的为 7%；

另有2%为印第安人保留地，即专门辟给原来美洲的土著居民的。

英国是典型的资本主义国家，但从英国法学理论角度上讲，英国的所有土地都属国家所有。虽然全英国90%左右的土地为私人所有，但土地所有者只对土地享有永久业权。

日本现行的土地制度也是私有制，但还有相当比例的公有土地。在全国土地中个人所有土地占57%，法人所有土地占8%，国家和地方公共团体所有的土地占35%。为了保护优良农地，日本对不论公私农地都作出了严格的用途管制。

越南土地改革后，则把土地全部收归国有，由县级政府代表国家统一向农民发包，承包期99年。

加拿大所有的土地在名义上属于女王所有，实际上大部分土地归私人所有，但联邦政府、省（北方地区）及市政府都拥有自己的土地，即为国家所有，各级政府对自己的土地也拥有处置权。同时，加拿大政府为了国家公共利益，拥有向私人收回土地的强制权力和严格的用途管制权。

古今中外土地制度大都具有多元性的特征，这种制度设置都是因地、因时、因势而为，不拘一格，而并非单一的私有制。即使在高度私有化的时代或国家，也不是因这种制度的实施就能使国家发达起来，使人民富裕起来。中国几千年的封建时代如此，当今世界绝大多数实行土地私有制的国家同样如此。同时，即便在高度私有化的国家，私人占有的土地财产权也是不完整的，一是国家要维护总体上的领土主权完整，私人不可将土地随意处置给非本国公民；二是私人拥有在自己土地上做什么的自由，但国家拥有不能做什么的用途管制权。

2. “城”与“乡”的二元制是中国农地问题产生的根源

上述土地所有制的实例表明，中国农地问题不在所有制。引发一系列社会经济问题的根本原因主要在于城乡二元结构的土地管理制度设计。

一是城乡两种土地公有制权利不平等。农村集体土地和城市国有土地都是公有制性质，但二者处于完全不平等的地位，国有土地享有比集体土地更多的权利，城乡土地市场被人为地隔离，形成国有土地市场和集体土地市场界限分明的两套市场体系。

二是政府垄断土地市场，土地的产权交易无法按经济规律进行。我国《土地管理法》规定："任何单位和个人进行建设，需要使用土地的，必须依法申请使用国有土地"，"农民集体所有的土地的使用权不得出让、转让或者出租用于非农业建设"，国有土地与集体土地的最大的权利差异表现在使用权上，集体土地想进入市场必须通过国家的征用方式转变为国有土地后，再由政府划拨、出让及招拍挂给用地单位，在此过程中，政府或以行政手段低进高出，或以公益性为名行经营之实，从中获取巨额差价收益，农村集体土地的非农化利用的产权交易难以按市场经济规律进行。

三是征地补偿标准低，农民土地财产权受到严重侵害。由于征地具有强制性，补偿标准由政府制定，征地补偿标准偏低且征地后的土地增值红利不予分享是普遍现象。在征地过程中，多数地方政府仅仅留给农民较低的实际补偿金额。据有关专家测算，农民的补偿金额仅占土地收益的5%～10%，村级集体占25%～30%，政府占60%～70%。政府在完全掌控着土地进入非农建设使用的进出阀门，低价征地，高价出让的土地差价，成为地方政府土地财政的主要来源。这种土地价格"剪刀差"对农村集体土地所有者的利益损害非常严重。

四是不完整的土地财产权限制了农民市民化。我国土地制度体现了国家和乡村集体之间的土地所有权分割，但却没有明确界定出集体和农户之间的权利边界，二者之间土地的财产权益边界处于模糊状态。例如农民一旦退出集体经济组织，就无法获取属于自身的那部分土地财产价值的权利。这种制度设计使得大批转移在外的农民既不愿放弃承包土地，也不能有效地处置住房和宅基地，往往形成劳务输出地区的耕地粗放经营，大量的住房空闲。有人形容这种现象为"两只老鼠"，农民把家里的房子留给老鼠住，到城里租住只有老鼠才住的房子。"两栖型"人口流动造成国家实际上要为之配置两套土地资源，因而形成对稀缺土地资源的浪费。

五是城乡社保的差异使农民难以完成角色转换。在农地征用过程中，一些农民失去了作为生存保障的土地，却又无法享受与城市居民同等的社会保障权利。这使得失地农民成为既有别于一般农民，又不同于城市居民的边缘群体。同时，由于目前对农民补偿方式简单，对失地农民技能培训和就业扶持不够，在从村民向市民的身份转换过程中，隔行如隔山，从务农到务工的职业转换难以完成，造成失地农民难以顺利就业创业。

六是土地市场化水平低，导致不法行为见缝就钻。政府对土地市场的垄断使我国土地市场化水平远远低于劳动力、资金、生产生活资料等生产要素市场化水平。集中体现为对农村集体建设用地中的乡镇村企业用地和农户宅基地的产权转移、流动、交易只加以种种限制，而缺乏合理的制度疏导，尤其是与信贷有关的抵押权。明规则缺失，潜规则便大行其道。例如尽管政府明令禁止城市居民购买“小产权房”，规定“小产权”房屋的买卖合同不受法律保护，但迄今仍屡禁不止，开发出售活动仍然普遍存在，甚至愈演愈烈。“以租代征”方式的农村集体耕地非农化使用现象，更是对这种“世界上最严格”的土地管理制度安排的挑战。

这些都说明，缺乏土地平等地位的城乡土地制度设计和相关政策运作机制已经失灵，启动统筹城乡一体化的土地制度改革势在必行。

3. 城乡“同地同权、同地同价”是解决农地问题的良方

借鉴国内外成功经验，着力深化农村土地制度改革，破除城乡二元体制，加快构建城乡平等的一体化土地制度，实现城乡“同地同权、同地同价”，是解决因农村土地引发的一系列社会经济问题的关键。

一是赋予城乡土地平等的权利。党的十八届三中全会明确指出，“让广大农民平等参与现代化进程、共同分享现代化成果”，城乡两种土地公有制应该是两种平等的土地所有权制度，应赋予和保证两种所有制的土地享有参与工业化、城镇化的同等机会和权利。为此，在着力做好确权登记颁证工作的同时，健全农村集体土地权能，赋予其完整的产权，

包括长久的占用权、使用权、收益权和处置权，还要逐步赋予发展权、典当权、地上权等土地权利，进而实现城乡“同地同权、同地同价”，构建城乡统一的土地产权结构。

二是建立农村集体土地使用权流转机制，使农地既能体现资源性，又能体现资产性和资本性。政府应按照十八届三中全会要求“建立城乡统一的建设用地市场”，集中力量做好土地集中利用的规划，实行严格的宏观调控和监管；引导各地建立区域性的统一、规范、公平的农地使用权流转市场；培育使用权交易过程中的中介服务机构；明确集体和农户之间的关系，确定使用权流转后的利益分配。以此提高农业现代化水平，促进农业增效、农民增收、农地增值。

三是将土地征用制度法制化。通过立法的方式严格控制征地范围，对于按照法律程序征收的土地要合理确定对被征地农民的补偿标准并妥善安置失地农民，切实保障被征地农民的合法权益。征地应予事前告知，征地价格、补偿条件及标准等都应通过协商议定。被征地人要求听证的，相关主管部门或征地部门应当组织听证，切实维护其知情权。

四是探索宅基地的家庭财产权利的实现形式。对有条件在城镇定居且有稳定收入的农户，通过与集体签订放弃承包地和宅基地的协议，取得由政府财政提供的法定劳动年龄结束后的养老金保障承诺，对宅基地价格进行测算，由政府以补贴方式支付给“农转非”家庭或发给“土地券”，用于城镇购房优惠。在政策上明确农户可用自己的宅基地进行抵押贷款，农转非户可将其宅基地及住房对原集体内的农户进行有偿转让。

五是积极探索在农地问题上“制度供给不足”的解决途径。比如“小产权”房的产生和发展实质上是农村集体土地产权所有者与国有土地产权所有者之间的经济利益博弈。从城乡统筹土地制度角度看是一种对二元结构的制度性挑战。凭什么农村的地变成城里的地就可以卖高价！从制度设置方面看，农村集体建设用地只可以农户或集体组织自用，不可以用于向社会公开出售的商品房开发。只有城市土地才具有这一功能。但就现实情况看，其土地来源只要不是违规、违法侵占耕地，而是通过土地开发整理转换集中或利用原有的乡镇企业用地等乡村建设用地，政府是否对已造成既成事实的“小产权”房，以征收土地占用税、房产交易税、对业主第二套住房征收物产税和限制买卖条件等方式予以认可。但是这种先斩后奏的方式必须遏制，且应立即刹住此风。

从法理上说，农地诸多问题的根源不在“公有”“私有”，而在“公权”“私权”。公权常常缺乏约束越过边界侵入私权。“公有”“私有”涉及的是经济体制特别是所有制问题，而“公权”“私权”涉及的则是行政和司法体制问题，二者是不同的两个范畴，不可混为一谈。农地问题的关键是公权力失控。一些人往往把公权滥用的问题统统归结为公有制上，把私权不受侵害的希望全部寄托于私有制上，这是认识上的误区。解决农地问题的根本不在于改变所有制，而在于规范公权力。公权是私权的让渡，私权是公权的源头。公民通过规范程序出让一部分权利形成公权用以管理社会、维持秩序、保障公平。不论公有、私有都是公权的保护对象。而私权的主体并非仅限私人个体，也可是私企、社会团体乃至国家（如国家不以公权身份参加民事活动的政府采购）。可见，“公有”“私有”都具有“私权”性质。私权以自由、平等、自治为准则，公权则以强制、服从为特征。要加强公权对私权的保护，一要以法制制约公权，二要用私权制衡公权。由此上溯到公权与私权的授予源头“公法”（宪法、刑法、行政法等）与“私法”（民法、商法等），都应作出相应的调整修订，打破城乡二元制度的思维模式，更具体更细化的把公权装进制度的笼子，使农民的各项土地权利得以真正落实。

二、农地规模经营何以为“规”

推进农地流转，实行规模经营，是长期以来理论界和基层干部普遍关注的问题，争议很大，众说纷纭。笔者认为：根据我国农村的现实状况，大范围、大面积地推进农地规模经营，必须搞清几个基本问题。

首先，是“官愿”还是“民愿”。当前，不少地方的土地规模经营，体现的不是农民的意愿而是县长、乡长的意见。调查表明，对于规模经营，农民有许多担心，归纳起来主要有三点：一是担心土地流转合同年限长，面对粮价上扬预期和国家粮补政策，以现金计量固定不变的年租金会吃亏。二是担心农地流转出去后，打破了地界，将来自己的地有变化。三是担心过几年进城打工的子女回来后没田可种。农民的这些担心不是没有道理。从经济学角度看，经营权让渡的前提，一是产权本身是清晰无争议的，二是产权的空间、时间边界也是清晰的，三是有比自身经营更好的预期，这就好比城里人买了门面房后再出租一样。因此，不解决农民的这些后顾之忧，想真正得到农民的支持岂不是痴人说梦。需要警醒的是，多年来，有些干部总以为自己比农民聪明，总想代替农民当家作主。类似行政强推土地规模经营这种形式，打着增加农民收入、为农民办好事的旗号，却产生损农、伤农、害农效果的现象屡见不鲜。受此影响，基层干部即便是想真正做些为农服务的好事，农民也往往不理睬、不信任，心存疑虑。那种只凭想当然的所谓“好心办坏事”，前人早有洞察，王夫之研究历史发现，对于那些不切实际的项目，当政者热情越高，推行的力度越大，老百姓受害越深。这就是著名的“王夫之定律”。我们在土地规模经营问题上，千万不能再掉入“王夫之定律”的陷阱。尊重农民意愿还是尊重官员意愿是土地规模经营首先要搞清楚的问题。

其次，是“看不见的手”主导还是“看得见的手”主导。市场经济的特征是公平和公正，交易双方以平等的地位交流和谈判，由此带动各类资源朝着有效益的方向汇集流动。市场在资源配置中起着基础和主导性的作用，如果一件事有利可图，市场那只“看不见的手”自然会依照经济运行法则暗中推进。以行政命令或准行政命令的方式去推动，必然会破坏市场经济规则和程序。从土地的规模经营看，地是农民的，他们想怎么种、愿意怎么种，就怎么种。如果土地集中起来搞规模经营比自己种合算，农民会自发地朝这方面走，一如当年的大包干一样，你想禁止都禁止不了。有基础和条件的地方，顺应市场规律，出现了规模经营大户，比如人少地多的地方或大棚蔬菜等特色种植，应该积极鼓励、示范和引导，连片发展。但整乡、整村大范围、大面积地靠行政力量推动规模经营，尤其是大田作物，应慎之又慎，把握尺度。农业部产业与政策法规司司长张红宇认为，土地经营的规模，北方300亩、南方200亩为宜。能不能搞，搞多大为宜，关键是要看农民意愿和市场需求，水到渠成，因势利导。引导土地规模经营，政府首先要做的是稳定完善土地承包关系和增强农户对承包土地的归属感，在此基础上进行制度建设，创造一个有利于土地向能人大户和农业产业化龙头集中，流转各方“双赢”甚至“多赢”的政策环境。要当裁判员而不是运动员，更多地发挥市场自身的作用。否则，没有市场的需求，没有承包经营权的稳定，没有农民的支持，规模经营就是无源之水、无本之木。从形式上看，应培育多元经营主体，规模经营既可以是一个经营主体加众多农户，也可以像大棚蔬菜种植那样众多农户都是经营主体。不管哪种形式，都需要通过合作的方式让农民组织起来，实现组织的规模化和合理的利益连接机制。

第三，是遵循客观条件还是主观盲动。人多地少是我国农业的基本国情，我们的各项政策措施都必须遵照和符合这一国情。现代农业在土地经营上有两种模式，一是西方式的大农场经营，二是东方式的小农户经营。土地规模经营从理论上看十分必要，好处很多，但国情决定了我们不可能走西方人少地多的大规模集中连片的经营路子。那只是一种理论上的推演和不切合中国实际的照搬，一如当年共产国际时期关于中国革命道路的争论一样，会带来“水土不服”。在一个相当长的历史阶段，中国面临的一个最现实的问题就是“100个人的地给1个人种，那99个人到哪里去？去干什么？”这不仅是一个经济问题，更是一个社会问题。当前，中国劳动力市场受到双重挤压，一些企业已经把低端劳动转向比中国劳动力更便宜的东南亚等国家；而美国的3D打印机的问世，省略了车钳刨铣等全部工序，智能制造业的突起使机器人正在代替人，由此引发一些生产高端产品的企业也纷纷撤离中国，中小企业的大失业和大型企业的大裁员已经形成风潮弥漫在中国大地，在这种情况下，农业再大量析出劳动力，无异于雪上加霜。根据全国人口普查推算，我国人口峰值可能出现于2050年前后，达到16亿人。即便那时城镇化率提高到

70%，也还有近5亿人口在农村，庞大的人口数量决定了我国农村不可能在短期内实现大规模的、西方式的规模经营，土地发挥基本的生活保障作用还将持续数十年甚至上百年。从微观方面看，实行土地规模经营也需要几个不可或缺的前提条件：一是必须有专业大户或农业产业化龙头企业。规模经营，除了种子、化肥、农药等农业生产资料的开支，还要支付土地租金和雇佣农民的工资等，一般农户没这个能力。二是必须有高于普通农民的科技水平。没有金刚钻，难揽瓷器活。三是必须有清醒的头脑、敏锐的市场意识和开拓能力，农产品市场的大起大落常常发生，总跟在别人屁股后面转，搞不长。四是必须有较好的管理水平和组织协调能力。产前、产中、产后，生产、流通、销售，管人、管钱、管物，方方面面都要想到、管好，不是一件容易的事。总之，在我国东北、西北一些人均耕地较多的地方可以推行土地大规模经营，比如黑龙江农场一万六千亩土地用激光水平仪平整，这是发达国家用来修飞机场的技术。农场农用飞机就有几十架，其规模化和现代化程度在世界也是首屈一指。但我国其他绝大多数农村地区条件不具备的情况下，不能盲目推进，更不能刮风，否则，到头来受害的还是广大农民。

第四，是遵从农业自身特点还是照搬工业模式。从现实情况看，那些一拥而上、农民“被规模”的地方，往往都是一些大的公司企业担当主角，农户成为这些公司的雇工，身份变成拿工资的农业工人。能够预想的是，这些农民在成为农业工人之初，由于即期收入增加，对于田间作业是尽心的，但天长日久，当他们感觉到自己是雇工、被剥削的时候，劳动积极性尤其是用心程度必然会大打折扣，消极怠工、偷懒耍滑会成为常态，一如过去计划经济时代一样，大呼隆和大锅饭必然带来低效益。农业生产不像工业生产那样能够完全标准化，生产过程可以分段切割，干得好、干得坏、合不合格，立竿见影马上见分晓，容易监督检测。农业生产的劳动对象是一个活的生命体，各个环节高度统一，无法分割检测，干好干坏必须等到收获以后才知道，就像老师教书、医生看病一样，是个“良心活”，用不用心效果大不一样。而要实施全过程监督不光成本高得吓人，也无法实行。因而农民的劳动生产率及工作质量无法衡量。

马克思认为，农业是自然再生产与经济再生产交织在一起的产业。因此，这种生产的特点决定了无法照搬工业生产那样的管理模式。古今中外的经验表明，家庭成员之间是利益共同体的最佳组合，家庭经营最适合农业生产的特点和规模，最能提高农业劳动生产率，欧美的农业生产虽然经营规模远高于我国，但他们的经营方式也是以家庭农场为主。从某种意义上说，今天我们推行的“公司＋农户”就是昨天“公社＋社员”的翻版，只不过“公社＋社员”是政府与农民打交道，而“公司＋农户”是企业与农民打交道而已。政府种不好地，开头红红火火，后来濒于崩溃，企业同样种不好地，种地的必须是把农业当成终身职业追求的农民，企业和政府只能提供服务。只有让“农民自己种地，种自己的地”，才能实现效益最大化。

第五，是严守土地制度还是先“规模”再说。土地是农民最基本的财产权益，土地制度是一个社会最基本的财产制度，涉及面广，敏感性强。改革开放以后，国家把家庭承包经营作为农村的基本经营制度，这一土地制度已经成为现行农村政策的基石，不能摇摆，更不能轻易变更。从历史上看，土地政策与革命和建设事业的成败息息相关。解放区的土地革命、双减双交、土地改革成为我党夺取政权的重要保证；新中国成立初期的“分田分地真忙”使农村生产力大大解放，农村经济空前发展；而人民公社时期土地归公的高度统一，使国民经济几近崩溃；30 多年前的大包干，又使农村经济起死回生，带来整个经济社会发生翻天覆地的变化。土地政策收放之间的巨大效应和高度敏感性提醒我们，任何变动都要慎之又慎。处置不当，将产生难以估量的影响。因此，对农村土地政策，中央历来强调的是稳定，反复重申土地承包关系长期不变，十七届三中全会进一步提出“长久不变”。由“长期不变”到“长久不变”，改动的不仅仅是这一个字，体现的是一国政府的执政理念，是稳定农地关系的决心。当前，各地农村正在进行稳定完善土地承包关系最重要的一项工作，那就是确权、登记、颁证，这是一项稳定民心、功在当代、利在千秋的大事，这件事做好了，亿万农民的心就彻底定了。但此项工作由于涉及面广、事务烦杂，各地进展不快，积极性不高，没有从更深远的角度看待它的价值和意义。历朝历代，官府最大的档案库就是土地“鱼鳞册”，这是实施管理土地最基础的工作、最基本的条件，舍此就没有任何法律依据。在确权、登记、颁证工作没有完成以前，把农民的地打乱集中起来进行规模经营，不仅给此项工作造成新的困难，而且为未来的土地管理埋下无尽的隐患。目前，土地二轮承包时的参与者都还健在，随着时间的推移，一旦参与者离去，地块边界谁都搞不清，今天打乱了地块搞规模经营，若干年后，一旦发生纠纷，找不到任何法律凭据，矛盾的解决将无从下手。

三、现代农业规模化力发何处

党的十八大明确提出，坚持和完善农村基本经营制度，发展多种形式规模经营，构建集约化、专业化、组织化、社会化相结合的新型农业经营体系。这为我国现代农业发展指明了方向。然而目前，我国一些地方在农业的规模化问题上从认识到实践都存在一些误区。一方面，盲目学习西方农业规模化经营做法，生搬硬套西方规模化发展模式，另一方面，从革命党向执政党角色转换尚不到位，军事化思维的惯性还在作祟。在这两种因素的共同作用下，认为现代农业规模化就是土地的规模化，土地的规模化就是土地集中度越高越好，土地集中度越高代表现代化程度就越高。以致形成不顾客观实际大面积推进土地规模化热潮。诚然，只有规模化才便于机械化、标准化、现代化，才能提高效率，但现代农业规模化内容丰富，涵盖面广，土地规模化仅仅是其中一个方面，也并非是必要条件。日本等一些人多地少的国家，小规模家庭经营，同样可以建成现代农业，实现农业现代化。因此，我国人多地少的基本国情，决定了现代农业在规模化问题上不能只在土地上动脑筋，土地只能适度规模，需要特别狠下功夫的应在如下五个方面。

一是产业布局的规模化。推进现代农业产业布局规模化，便于公益性、社会化服务，便于生产经营管理，有利于发展区域特色产业，有利于形成区域品牌，增强核心竞争力。当前，我国各地按照工业反哺农业、城市支持农村和多予少取放活方针，着力推进城乡产业规划一体化，根据当地的资源禀赋，科学合理配置空间布局，谋划一批现代农业示范园区。但一些地方产业布局缺乏科学谋划，发展的产业过多，重点不突出，散乱零碎，规模太小，形不成拳头。在园区的经营上，不少地方还采用“大园区、大业主”贪大求洋的惯性思维，这是一个误区，中国现代农业必须走“大园区、小业主”的发展路子，才是符合国情的好途径。上世纪六七十年代，我国一大二公的人民公社体制，实际上就是实行“大面积、大业主”的发展模式，农民没有自主经营权，生产积极性受到严重影响，形成农业生产的“大呼隆”，劳动生产率和土地产出率低下。目前，许多城市大公司大企业到农村盲目圈地建“大园区”、“大基地”，自己当大业主，极易导致四个后果。一是容易产生“挤出效应”，使绝大多数靠家庭经营的农民无力竞争，增收更难。二是在“带动”农民的同时，也“代替”了农民，农民成为雇工，使农民无法参与农业的经营管理，生产的积极性、主动性和创造性严重受阻。三是农业是弱质产业，比较效益较低，企业规模经营又要大量雇佣农业工人，进一步降低收益，大大增加企业的经营风险。四是一旦公司不干了，或出现风险，被流转了土地的农民收益没了，在公司打工的机会也没了，他们的后顾之忧难以解决。“公社＋社员”是政府在种地，“公司＋农户”是企业在种地，政府种不好地，企业同样种不好地，种地的必须是农民自己。因此，我国现代农业产业布局，应按照宜种植则种植、宜养殖则养殖、宜林则林、宜加工则加工、宜旅游则旅游等原则，谋划建设一批产业特色鲜明、带动农民增收、竞争力强的大园区，形成差异化布局，区域性优势的格局。在大园区中重点扶持新型职业化农民、专业大户、家庭农场、合作社等新型经营主体，大力支持帮助农户与农户发展多种形式的联合与合作，引导龙头企业与农户、合作社建立合理的利益联结机制，走出一条“大园区、小业主”的现代农业发展之路。

二是产业链条的规模化。发达国家已普遍进入后现代农业时代，如果还把农业局限于“一产”，农业就会钻入死胡同，必须用现代理念构建一个上中下游一体，一二三产融合，产供销加互促的多功能复合型产业链条。从更宏观层面上看，这一产业链条的打造，也是统筹城乡发展、逐步改变城乡二元经济结构，促进工业化、信息化、城镇化和农业现代化四化同步的必由之路。目前，我国各地农业产业链条过短，农产品生产的关键技术和加工的研发技术等十分滞后，产品销售还主要以“原”字号为主，农产品加工特别是精深加工严重不足，营销能力尤其落后，巨大的增值空间还没有打开。千方百计拉长产业链，努力构建从生产起点到消费终端的完整产业链条，应是我国现代农业未来发展的方向。就工业生产而言，一个完整的产业链通常包括生产制造、产品设计、原材料采购、订单规划、商品运输、产品零售等诸多环节。其中生产制造环节附加值最低。中国作为“世界工厂”主要从事的是产业链最低端的制造业，生产 8 亿条裤子才能换回一架空客 A380 飞机。农业的完整产业链条也同样包含这些环节。要获得更高的农业效益，除了生产种植，更要获取设计、包装、加工、仓储、运输、销售、研发等后续产业链条中的高附加值。上海崇明岛前卫村，只有五千亩地，以生态农业为核心，综合打造种植业、养殖业、农产品加工业、新能源及乡村旅游等产业，构建起完整的产业链条，村民人均年收入达到 16 万元之巨。未来，各地应加大招商引资力度，引导城市资金、技术、人才等生产要素向农村流动，重点鼓励城市工商企业到农村建立优质农产品生产加工基地，支持农产品精深加工关键技术研发，大力发展农产品精深加工业，同时，精心打造农产品从包装设计、储藏运输、订单处理、批发经营到终端零售等产业链条各个环节，努力构建完整的产业链条，从而不断提高农业生产力和劳动生产率，让农民更多地分享农产品增值收益。

三是组织的规模化。提高农民组织化程度，不仅可以降低农业的交易成本，提升农民在市场中的谈判地位，同时还能够增强农民抵御来自自然的、社会的、政策的、市场的等种种风险的能力。世界各国农业发展经验也表明，将农业生产者组织起来是建设现代农业必然选择。美国农业合作社对内为其社员提供物资与资金、组织经营管理等，对外帮助输出劳务和销售农副产品等，有效地够避免了市场风险、保护了农民利益。日本农协在政府财力物力支持下，通过其遍及全国的机构和广泛的业务活动，同农户建立了各种形式的经济联系，在产前、产中、产后诸环节上使小农户同大市场成功对接，在有效阻止商业资本对农民的盘剥、保护农民利益方面发挥了举足轻重的作用。连封建皇帝都十分重视让农民组织起来，1898 年，清朝光绪皇帝曾颁布上谕要求全国各州、府、县力推农会。近年来，我国农民专业合作组织，特别是合作社实现了快速发展。资本的力量来自钱的集合，钱多势众；组织的力量来自人的集合，人多自然也势众。当前，一些地方通过农民专业合作组织，实行“六统一分”把分散的种养殖农户组织起来，进行标准化生产，实现规模化经营的路子值得借鉴和大力推行。“六统一分”即：统一优良品种、统一投入品配送、统一疫病防控、统一机械化作业、统一技术标准、统一市场营销、分户适度规模种植养殖。这其中重要的一条就是政府要创造环境，切实搞好服务。但是，在发展农民组织的问题上应防止出现当年“公社 + 社员”的翻版，同时应避免“公司 + 农户”的弊端，走“农户 + 农户”的路子才是正途。

四是服务的规模化。构建覆盖全程、综合配套、便捷高效的多元新型的社会化服务体系，是发展现代农业的基本要求。社会化服务体系包括公益性、经营性和自助性三大方面，公益性的应由政府负责，经营性的由市场运作，自助性的由农民合作组织承担。我国农业公益性服务还很脆弱，经营性和自助性服务组织发育不足，多元化、多层次、多形式的社会化服务体系亟待建立健全。当前在城市化高潮的背景下，由于轻农、弃农、厌农思想蔓延，许多社会组织不愿为农服务，认为为农服务收益不高，前途不大。随着我国工业化、城镇化的快速推进，青壮年农民几乎都进入城市经商务工，农村务农只剩下“389961”部队，越来越多的农活急需社会提供服务。近些年在全国范围内公益性与经营性服务有效结合的成功范例就是农机跨区作业。国家不断加大购机补贴力度，全国各级农机部门收集发布天气、供求、交通等信息，协调保障柴油供应、落实免费通行政策，每年“三夏”，全国大约 50 万台农民自购的联合收割机便自发地南下北上跨区作业，就解决了全国 80% 以上的机械化收割问题，2012 年全国农业机械化服务经营收入达到 4800 亿元，实现了农民、机手和政府的多赢。国际经验表明，西方发达国家农业服务业人口比农业人口要多得多，一个农民身边围绕着好几个人甚至十几个人为他服务。为农服务的企业完全可以做大做强，从美国种业发展就可见一斑，全美涉及种子业务的企业有 700 多家，其中种子公司 500 多家，既有孟山都、杜邦先锋、先正达、陶氏等跨国公司，也有从事专业化经营的小公司或家庭企业，还有种子包衣、加工机械等关联产业企业 200 多家。2010 年，孟山都销售收入 105 亿美元，其中种子及生物技术专利业务 76 亿美元，除草剂业务 29 亿美元；杜邦先锋销售收入 315 亿美元，其中种子业务 53 亿美元；先正达销售收入 116 亿美元，其中种子业务销售收入 28 亿美元。可见我国为农业服务的服务业蕴藏着多么巨大的潜力。我们必须下大功夫挖掘这一潜力，开拓这一市场，千方百计引导大企业大公司下乡发展各类为农服务的服务业。未来我国应加快构建以公益性服务、经营性服务和自助性服务相结合、专项服务和综合服务相协调的新型农业社会化服务体系。

五是适合工厂化生产的种养业规模化。工厂化农业也称设施农业，它是利用现代工业技术装备农业，在可控环境条件下，采用工业化生产方式，实现集成高效及可持续发展的现代农业生产与管理体系。用工业化的生产方式代替传统小农生产方式，可以有效地利用现代工业技术和设施装备农业，使农业生产摆脱自然环境与条件的束缚，利用现代工业化的管理和生产手段从事农业生产，提高劳动生产率和土地产出率，使资源得到合理、高效利用，使农产品的市场占有率大大提高。目前，我国工厂化农业规模较小、科研和技术应用水平还较低、管理水平也亟待提高。世界上有一些工厂化农业比较发达的典型范例，比如荷兰温室园艺已形成一个具有相当规模的产业，利用有限的资源带来无限的财富令世人瞩目，值得我国学习。20 世纪 90 年代以来，荷兰每年以花卉为主的农产品净出口值一直保持在 130 多亿美元左右，约占世界农产品贸易市场份额的 10%。以色列的设施农业在世界上最负盛名，北欧一些国家的温室蔬菜也是后起之秀。我国山东的寿光，自上世纪 80 年代以来，选准设施蔬菜作为带动农民增收的主导产业常抓不懈，目前年产蔬菜400万吨，拥有全国最大的农产品物流园，产品除销往全国各地外，还出口至日、韩、中国香港等数十个国家和地区，成为国家级“出口食品农产品质量安全示范区”，是著名的“中国蔬菜之乡”。从现代农业发展趋势看，我国完全能够走出一条适合国情，具有中国特色的摆脱环境控制的工厂化农业发展之路。大力发展设施高效农业，加大农业物联网技术应用力度，着力扶持一批工厂化蔬菜、瓜果、花卉、畜产品、水产品等设施技术和产业建设的发展，应是我国现代农业的重要着力点。但对于畜产品、水产品等养殖业应充分考虑环境的承载力，发展适度规模的工厂化经营，不可超越当地环境的净化能力盲目扩容。

当前，中国畜牧业正陷入盲目求大的困境。自2008年“三聚氰胺毒奶粉”事件后，中国就开始了“万头大牧场”的建设运动，目前已有40多个一万头到二万头的大牧场，是世界第一多。中部某省有一个存栏设计4万头的大牧场，可能是世界第一大。在畜牧发达且地广人稀的美国、加拿大，大牧场仍然是实验性的，一般规模多在三千头左右，其他国家多为散养或在千头以下规模。美国大牧场每头牛产奶9.6吨，中国平均4.5吨，做得最好的大牧场也只有8吨。万头大牧场带来巨大的生态压力，一个万头大牧场需要周围三万亩农田消纳粪便。大牧场在国外不能发展的原因即在于此。在中国企业则不需要考虑污染问题，地不是自己的，周围居民反映有当地基层干部帮助弹压。这仅是权宜之计，带来的污染终归要从根本上解决。

四、家庭经营是新型农业经营体系的主体

2013年中央一号文件围绕现代农业建设，提出要充分发挥农村基本经营制度的优越性，着力构建集约化、专业化、组织化、社会化相结合的新型农业经营体系。构建新型农业经营体系不是对原有基本经营制度的否定，而是对原有制度的进一步完善，从而实现多元互动，多元互补，

聚力发展。这其中，家庭经营是基础，构建新型农业经营体系必须坚持家庭经营为主体、主力和主导。

1. 破除认识误区，正确看待家庭经营

当今社会对家庭经营存在一些认识上的误区，认为家庭经营无法实现规模化，把家庭经营等同于小农经济。在构建新型农村经营体系中，首先要破除这一认识误区。

（1）家庭经营不等于小农经济。根据上海辞书出版社和农业出版社1983年版《经济大辞典》的定义，“小农经济，亦称农民个体经济，一般指以家庭为单位，完全或主要依靠劳动者自己的劳动，独立经营小规模农业，以满足自身消费需要为主的经济。”其特点一是分散；二是生产力低下；三是劳动者是家庭内部成员；四是生产出来的产品都用来自己消费或绝大部分用来自己消费，而不是进行商品交换。由此可见小农经济是与农业经营规模较小和农业生产市场化程度不高以及机械化程度、技术水平较低密切相连的，属于传统农业经济范畴。在生产力极端落后，农业生产规模较小、经营市场化程度较低的情况下，家庭经营组织下的农业经济形式大都是小农经济。但是现代的家庭经营是开放的经济组织形式，其生产过程采用了先进的机械、电子和化肥农药等耕作技术，许多社会化服务已经渗透到生产过程的各个环节，家庭只是组织者、管理者，而非具体实施操作者，很多作业都是在社会化大分工和大协作下完成的；生产规模可以是几十亩，也可以是几百亩，几千亩，甚至几万亩，美国的家庭农场平均在3500亩以上；生产出来的产品也主要用于市场交换，因此现代家庭经营组织下的农业经济已经完全突破传统意义上的家庭经营概念，不再是小规模的、落后的、封闭的、自给自足的小农经济，而成为现代农业经济的重要组织形式。

（2）家庭经营可以实现规模化。一些人认为家庭经营使土地过于分散和零碎，难以实现农业规模经营。这种认识不但没有搞清楚农业规模化的概念，而且对农业家庭经营的运作缺乏深入思考。一是农业的规模化经营不仅仅意味着只是集中土地。现代农业的规模化也可以是产业布

局的规模化、产业链条的规模化、组织的规模化以及服务的规模化，如农业生产资料供给、农业技术服务、农产品销售加工、农业服务体系等，完全可以依靠农户专业合作的形式，通过分户生产，联合加工，实现某一产品在区域内形成专业化分工的社会化大协作和规模化大生产。二是家庭经营并不意味着一个家庭只可以经营自家土地。不愿意从事农业生产的农户可以把土地转租给只以农业为主的职业化农户，从而实现土地集中型的适度规模经营。在我国，随着人口流动的不断增加，这种形式的土地流转将按照市场化的规律持续推进，适度规模的家庭农场和专业大户是未来农业发展的趋势。可见，农业家庭经营与农业规模化经营之间并不矛盾，农业规模化经营是家庭承包经营的延伸和发展，其本质是为了进一步解放和发展农村生产力。三是家庭经营实现规模化的程度和速度取决于城市化吸纳劳动力的程度和速度。只有当城市化进程中真正按照市场规律而不是人为的扭曲市场需求，大量吸纳农村劳动力，使进城农民能够安居乐业，无后顾之忧时，他们才愿意退出农地经营，那些专门从事农业的农户才有可能扩大规模。目前，家庭经营在土地问题上实现规模化的障碍，不在家庭经营自身，而在于城镇化率还不够高，而且也存在着假城镇化的现象，一亿多农村劳动力进了城，但没有成为真正的市民，他们还有着太多的后顾之忧，无法退出农地，自断后路，那些职业化农民也就无法扩大土地的经营规模。

（3）家庭经营同样可以建成现代农业。一是家庭经营同样可以实现生产机械化。使用机器是现代农业的基本特征，一说到机器，有人就觉得很昂贵，不是一般家庭所消费得起的，其实，机械化可以是大规模型的，比如美国，可以是中等规模型的，比如欧洲，还可以是小规模型的，比如日本。日本农业的机械化早在上个世纪中期，就已经在家庭普及了，那时每100户农户拥有拖拉机112台、插秧机53台、联合收割机30台，我国上世纪七十年代出现的手扶拖拉机就是万里同志到日本访问从日本引进的。随着生活水平的提高和科技的进步，“买得起、用得好、有效益”的农机将越来越多地进入寻常百姓家。二是家庭经营同样可以实现产品标准化、商业化、高质量化。随着市场经济的发展，普通农户都明白一个道理，要想把农产品卖出去，卖得好价钱，必须首先知道种什么，怎么种。那些农产品经纪人也会自然要求农民种什么，教会农民怎么种。这种“订单农业”就确保了农产品的标准化、商业化和高质量化。三是家庭经营同样可以实现服务的社会化。随着各种服务体系的发育生长，一种农产品从播种到收割到加工到销售等各个环节，无需全部亲历亲为“闭门造车”，完全可以花钱买服务，坐在家里，一个电话一个网络邮件，就有人送上门来。这在发达国家早已成为定式，在我国也已屡见不鲜。

2. 坚持家庭经营为主体是家庭的社会经济属性决定的

（1）多因素维系的家庭成员关系决定了家庭是一个最紧密的有机整体。家庭既不是一个单纯的经济组织，也不是一个单纯的政治组织或文化组织，他有别于任何其他形式的组织，其维系成员关系的纽带具有多重性、复杂性和稳定性，既有经济因素，又有血缘、心理、情感、文化、伦理、社会、政治等多重因素。这些因素不仅难以把握、不可言传、无法量化，且相互交织、错综复杂。在诸多关系的调适中，宜浓则浓，宜淡则淡；宜多则多，宜少则少；远近亲疏，应时变化。自我生成，无需外力，是一个有机的统一体，其他力量很难打破。在此基础上形成的共识与合力，自然是最大化的，追求的利益与目标自然具有高度的一致性，每个成员都会在农业生产劳动过程中，心往一处想，劲往一处使，无需监督管理。

（2）家庭成员在性别、年龄、体力、技能上的差别有利于劳动分工和劳动力及劳动时间的最佳组合。农业生产作业项目，对劳动者体力和智力要求呈现多层次、多样化特点，而农户家庭成员在性别、年龄、体力、智力上的多层次、多样性正好与此相适应。平时一人为主，忙时全家上阵，必要时还可以少量雇工，农闲时除了照看人员外，其他人还可以外出兼业，这样，家庭就成为一个小而全的生产单位，家庭成员在时间上和劳动力上的利用都可能达到最佳组合。因此，以家庭为单位组织农业生产能够最充分地利用各种劳动力，最有效地配置闲置劳动时间，恰当地进行劳动分工，通过家庭成员相互默契的合作与协调，提高作业质量和效率。舒尔茨发表于1964年的学术专著《改造传统农业》一书中认为，传统农业在给定的条件下并不存在资源配置的效率低下问题，各种生产要素都得到了最佳配置，且充分发挥了自己应该发挥的作用。即使专门从事这方面研究的专家，也找不出资源配置出了什么问题。

（3）最佳利益共同体的特性决定了家庭经营的动力是内生性的，且创造力全部用于生产性的努力，而不用于分配性的努力。家庭成员之间组成的这个利益共同体，无论从哪个方面考量，都是无与伦比的最佳组合，其水乳交融的紧密关系是无可替代的。不论内部矛盾冲突多大，一遇外部矛盾都会搁置争议，共同向外。从这个意义上说，家是国的缩小，国是家的放大。在这种关系上形成的家庭经营组织形式，无需精密的劳动计量与劳动报酬相衔接来激发活力，每个成员都会自愿地把家庭的利益当成自己的利益，在生产劳动过程中，同心戮力，不讲价钱，不计报酬，拼命工作。这种自发性的自觉行为，更能激发出劳动者的主动性和创造力，从而实现管理成本最低，而管理成效最高的目标。其他非家庭性的利益共同体组织，总有一部分人把创造力用于非生产性努力，热衷于分配别人的财富而非自己创造财富，使创造力耗散导致效率衰减。

3. 坚持家庭经营为主体是农业生产的特点决定的

（1）农产品是一个活的生命体，这一自身属性决定了农产品不可能像工业产品一样统一、集中生产。农业生产过程是人们利用自然界的各种资源和养分对有生命的动植物进行产品生产的过程。这种生命的再生产不同于工业生产。一是其对环境所表现出来的选择性是主动的，一般不可搬移，而工业产品所表现出来的对环境的选择性则是被动的，可以随意改变；二是农产品的生产是一个具有时间顺序的连续过程，各个环节只有继起性，而工业产品则可以具有并列性；三是工业产品是无生命的，可以搬移、分割，可以按照人的意志来设计和生产，可以进行作业交叉，也可以进行多条流水线集中生产，而农产品的生产有其自身的周期性，生产的各个阶段有着明确的间隔和时间顺序，整个生产过程只能由一个阶段到另一个阶段依次而不间断地进行，无法集中资源一次性完成各个阶段的操作；四是农业生产具有严格的季节性和地域性，生产时间和劳动时间不一致。各种农产品都有他们最适宜的自然生长条件，不同自然条件下，生产农产品的人工投入以及最后得到的产品的产量和质量都会有所差异，因此其生产过程需要因地制宜，不能随意的更改生产时间、地点和环境。五是在农业生产的整个过程中，除了劳动时间外，动植物还需要一定的时间来完成自身的生产过程。人需要十月怀胎，而一个鸡蛋的生成时间必须 25.5 小时。舍此就无法产生一个完整的生命体，完成一个生命周期。因此，农业的劳动时间要比生产时间短，但是劳动却贯穿着生产的整个过程，而且需要随时关注，灵活把握。这些问题的解决，只有通过以家庭经营为主体的组织形式，才是最有效的途径。

（2）农产品生产过程的整体性决定了无法衡量某一单独时期内劳动的质与量。无论是农业生产还是工业生产，都需要解决效率问题，而要解决效率问题，首先必须解决激励问题，要解决激励问题就需要准确计量劳动者劳动的质和量，并与报酬挂钩。在农业生产中，劳动很少有中间产品，劳动者在生产过程中各环节的劳动支出状况只能在最终产品上表现出来，但是农业生产的自然条件迥异且具有不可控性，因此各个劳动者在某一时刻的劳动支出对最终产品的有效作用很难计量。这时，只有在以家庭为经营单位的条件下，才有可能较好地做到将农业生产者在生产过程中各项劳动的质与量与最终的劳动成果及其分配直接紧密联系起来。

（3）农业生产的特点决定了其生产作业大都须由同一劳动者连续完成。在农业生产的过程中，同一时期的作业比较单一，不同时期的不同作业多数必须由同一劳动者连续完成。农业生产更像教师教书和医生看病一样，是个良心活，用心和不用心大不一样。学生频繁更换老师，患者频繁更换医生，失去连续性，学生的学习和患者的医治都会大受影响。种庄稼也像养孩子，每时每刻都要不间断地关注他的冷暖饥渴，状态变化，一有闪失，后患难测。为了不误农时，在播种、收割、基础设施建设等生产活动也会出现协作，通过协作可以及时完成作业，但是这些协作多是简单的合作。就是这些简单的合作，大都也需要在同一劳动者具体组织管理下实施操作。除此之外的大部分作业很难施行严格的分工协作，因此大田农业生产不适合采用工厂化劳动，而更适合采取家庭经营方式。

4. 坚持家庭经营为主体是世界农业的发展经验

纵观世界农业发展的经验，无论是发达国家还是发展中国家，以家庭经营为主体，都是农业生产经营的最佳组织形式。

纵向上看，在各种人类社会制度下，农业家庭经营始终是农业生产的基础。在原始社会时期，人类就是以家庭或部落为单位，进行着采集和狩猎以及简单的农业生产。在奴隶制社会，以奴隶主家庭为单位组织奴隶进行农业生产。在封建社会，农业更是经历了几千年漫长的以家庭为单位的农业生产时期。到了资本主义阶段，尽管资本主义工业革命把家庭农业纳入了资本主义大生产的轨道，但是却没有把农业以家庭为基本生产经营单位的格局改变，农业顺应资本主义生产关系和生产力的发展而以一种新的面貌，即资本主义“家庭农场”的形式出现。多年的社会主义实践，苏联的集体农庄失败了，中国的人民公社失败了，中国改革开放以来家庭承包经营的成功经验，也充分证明家庭经营为主体是经济效益最大化的农业生产经营方式。美国、加拿大、澳大利亚、法国平均每个农业经济活动人口耕地面积分别是我国的326倍、660倍、487倍、145倍，而我国近些年粮食总产和肉类总产均居世界第一。我国耕地占世界的7.2%，而2010年稻谷、小麦、玉米分别占世界总产的30%、18%、21%，可见我国小规模的家庭经营效率之高、效益之大。

横向上看，发达国家的成功范例大都是家庭经营体制。英、法、美、德、日等国家，农业有80%以上属于家庭农场。英国是最早进入资本主义时代的国家，也是马克思主义经典作家用以考察资本主义制度发展演变规律的主要对象。在英国，随着19世纪英国谷物法的废除，自有自营的农场比例不断增加，英格兰和威尔士的自营农场，在英国农场总数中所占的比例不断加大，1914 年为 11.3%，1983 年跃升为 74.4%。与此同时，自营农场面积在农场总面积中所占的比例也在不断提高，1914 年为 10.9%，1983 年上升为 60.2%。如果把北爱尔兰的情况考虑在内，这一比例会更高。在美国，在其农场演变的半个多世纪里，虽然农场数目减少了，但是大多数商品化农场都是由家庭经营的，立足于全家人的劳动，不雇佣工人或在农忙季节少量雇工，而美国许多雇工大农场是依靠政府各种补贴才得以生存和发展。在德国，经过私有化土地所有制改革，至 1995 年成立了 3 万多个不同形式的农场，其中约有 90% 是家庭农场或合伙农场。在法国，家庭农场是基本经营单位，尽管在二次世界大战后，其农场规模经历了由小到大，数量由多到少的演变过程，但农场经营规模的扩大并没有改变家庭农场占主导地位的格局，公司制农场仅占农场总数的 10% 左右。在日本，由于人多地少和土改后分田到户，普遍采取一家一户的小规模经营，目前的专业农户仍然主要依靠家庭劳动力进行耕作。在原实行计划经济体制的国家里，除南斯拉夫和波兰外，在一段时期内实行了农业的集体化经营，但是经济效益普遍不佳，都逐渐恢复了以家庭经营为主的农业经营格局。

由此可见，坚持家庭经营为主体的农业生产经营方式是历史的必然，是大势所趋，是各时期，各国经验的总结，是人类在经历无数次尝试后得出的适合农业发展的正确选择。

5. 坚持家庭经营基础上的多元互补

家庭经营很好地解决了农业生产内部组织问题，但这种组织形式要更好发挥作用还必须具备一定外部条件。因此，构建新型农业经营体系，还需在坚持家庭经营的基础上实现多元互动、多元互补。具体来说，这一新型体系应包括以下六个方面：

一是新型职业化农民。培育有文化、懂技术、会经营、善管理的新型职业化农民是构建新型农业经营体系的关键。新型职业农民在身份上不一定是农民，但是其从事的是农业工作，由于新型职业化农民的综合素质和专业技能优势，他们可以带来更好的经济效益，他们将固定乃至终身从事农业，是农业的真正继承人。

二是农业专业大户。专业大户是土生土长的农民土专家，他们在家庭承包经营的框架内，通过投入要素的增加和组合的优化，使家庭经营的容量得到有效的扩充和提升，是对家庭内部开发致富领域的拓展。发展专业大户既符合农业结构升级转型的内在要求，又符合专业化的发展方向，更符合农村家庭的致富愿望。专业大户的培养，是我国构建新型农业经营体系不可或缺的一个重要组成部分。

三是家庭农场。家庭农场是以家庭成员为主要劳动力，从事农业规模化、集约化、商品化生产经营，并以农业收入为家庭主要收入来源的新型农业经营主体，类似于传统农业中的自耕农。中科院研究员党国英认为，我国农户平均经营规模应在60亩以上，种粮的多一些，种菜的少一些。现阶段，种粮规模百亩以上，土地利用率会提高10%，经济效益会提高25%。根据目前管理水平，技术装备，服务配套体系等多种因素，平原地区种粮农户不宜超过300亩，种菜不宜超过30亩。家庭农场应是我国农业未来的发展方向。

四是农业专业合作社。农民专业合作社是家庭承包经营基础上，同类农产品生产经营者或同类生产经营服务的提供者、利用者，它是建立在自愿联合、民主管理基础上的互助经济组织。它不但可以提高农民组织化程度，还可以连接小农户与大市场，提供社会化服务，承担起农民组织、产业延伸、市场中介、分散风险和社会化服务等多种功能。同时，农业专业合作社是以家庭经营为基础，入社自愿，退社自由的专业合作，这既体现了农业合作的一般特点，又反映了农业发展现实，真正做到了“生产在家，服务在社”。

五是带动效应明显的龙头企业。龙头企业集成利用资本、技术、人才等生产要素，带动农户发展专业化、标准化、规模化、集约化生产，是现阶段构建新型农业经营体系的有生力量。这里需要强调的是，对龙头企业的选择，最重要的一条就是对农民具有明显的带动效应而非挤出效应或“替代”效应。对那些只“代替”、不“带动”农户的大公司大企业，不仅不能支持，还应严格限制。

六是农业服务组织。新型农业社会化服务组织发展起来，可以有效地把各种现代生产要素注入家庭经营之中，能够把千家万户的分散生产经营变为千家万户相互联结、共同行动的合作生产、联合经营，实现小规模经营与大市场的有效对接，大幅度降低市场风险。

总之，家庭经营是我国农村的基本经营制度，坚持家庭经营为主是保证我国农业生产得以高效、顺利进行的基础保障，是农业进步和发展的基石。多元发展是对农村基本经营形式的拓展和补充，通过多元互动、多元互补可以让农业家庭经营得到延伸和发展，进而确保家庭经营这一最适于农业生产的基本制度的稳定。

五、应尽快建立农地经营的准入与退出制度

推进农地流转，发展农业适度规模经营，对于加速传统农业改造，发展现代农业，繁荣农村经济，增加农民收入都有着重要作用。然而目前一些地方在认识上存在一些误区，认为农地规模经营就是规模越大越好、土地流转期限越长越好，忽视我国人多地少的基本国情，忽视我国工业化、城镇化阶段性特征，不顾农村劳动力转移就业十分不稳定的现实，不顾土地流转需要遵循的市场化规律，用行政力量强行推动农地大规模流转经营。甚至把引导城市工商企业下乡大规模圈地作为招商引资政绩，且不论转入方有没有能力，有没有意愿，有没有条件经营农地，一律敞开大门，来者皆纳，不设资质，不限规模。此举堪忧。

农地流转是农村劳动力就业结构发生重大变化后，农业农村发展中出现的一种新的经济现象，最初表现为农户间的土地代耕代种和土地互换。随着专业大户、农民专业合作社、家庭农场等一些新型农业主体的出现，农地流转形式不断丰富，发展为转包、转让、互换、租赁、入股等多种类型，出现了今天农地流转活跃的格局，为促进适度规模经营的发展开辟了新路径。中央及时总结各地的探索实践，加强引导，初衷是

通过互换等形式解决承包地细碎化问题；通过专业大户、家庭农场及农民合作社解决适度规模问题，但不少地方的做法显然与中央的意图有悖。一是靠行政推动农地大规模经营，不符合人多地少的中国国情，容易产生“挤出效应”，挤占农民利益，尤其是挤占农民就业和发展空间。首先，使绝大多数靠家庭经营的农民无力竞争，增收更难。据农业部典型调查显示，工商企业直接经营农地，原承包农户的劳动力只有20%左右能够进入企业工作，“既收取流转费又赚打工钱”代表不了大多数农民的实际情况。其次，使无业农民剧增，一百个人的地给一个人种，其余99个人到哪里去，去干什么？在城市就业能力已经超负荷的状态下，无异于火上浇油。二是加剧土地流转“非粮化”和“非农化”倾向。一些企业过多的资金无处投放，盲目投向农业，既没能力也无愿望搞农业生产，仅仅为了圈占土地，造成圈占后的土地或粗放经营或大面积长时间荒芜，造成本来十分稀缺的土地资源的巨大浪费；一些企业为了赢利，仅搞象征性的农业开发项目，套取各项补贴，多数会搞“非粮化”生产，有的甚至进行“非农化”建设。据有关部门调查显示，在一些地区工商企业租地种粮食的只有6%。粮食播种面积如果大幅度减少，将直接影响到我国的粮食安全。三是一些企业圈占土地后，大搞掠夺式经营，破坏地力，污染环境，干几年换个地方，再如法炮制，给以后留下许多隐患。四是资本化经营应对风险能力差，影响国家粮食安全。承包大户普遍种植粮食，但其抵御灾害能力比较差，加上种植面积大且结构单一，一旦遇灾就会造成严重损失。大规模经营不具有小农经营的灵活性，后者可以根据土地的条件选择不同的品种，保证稳定的产量。五是一旦企业经营遭遇风险，作为土地转出方的农民利益首先受损，若无力兑现合约，容易诱发大规模群体性事件。六是导致农村社会治理结构发生不确定性变化。大规模的土地流转，切断了自发流转形成的农民群体之间的良性循环，消解了原来在农业生产和农村社会中的骨干力量，对乡村社会秩序造成巨大冲击。同时农民在城市务工经商还不够稳定，一旦经济形势严峻，他们被迫返回农村，将无地可种，甚至无处可住，在农村可能会出现无房无地或有房无地的农民。因此，当务之急应尽快建立农地流转经营的准入与退出制度，有效遏制不切实际的盲目推进规模化经营、掠夺式经营和粗放经营等不良现象，使有限的土地资源得到合理开发和高效利用。世界上许多国家都对农地流转建立了严格的准入与退出制度，如日本对土地流转对象规定了严格的资质认证条件、经营管理条件、项目实施条件等。

建立农地流转经营的准入与退出制度，可由国家出台宏观政策，各省再根据省情出台实施细则。

1. 建立严格的农地准入制度

农地（主要是耕地）经营实行许可证制度，按照粮食、油料、棉花、蔬菜、畜禽规模化养殖等种养业品种进行分类指导，实行国家、省、市、县、乡五级分级审核许可。

（1）准入领域。在坚持家庭承包经营制度的基础上，鼓励专业大户、家庭农场、农民合作社等新型农业经营主体流转土地，发展农业适度规模经营，鼓励种植粮食、油料、棉花、蔬菜和发展规模畜禽养殖；引导城市工商资本投入农业农村，采取公司加农户、公司加农民专业合作社和订单农业等方式，重点从事种养业产前、产中和产后服务（如农业生产资料供应服务、机械化耕种、收获、农业技术服务、农产品加工及贮藏、运输、销售等）、设施农业、畜禽规模化养殖，以及农村闲置土地、农村集体经济组织和农民自己没有能力开发的“四荒”等自然资源开发等适合企业化经营的产业，带动农户发展产业化经营；从制度层面推进企业与农户建立紧密型利益联结机制，采取保底收购、股份分红和利润返还等方式，让农民更多地分享加工销售等后续增值收益。

（2）经营主体。流转农户土地，发展农业适度规模经营的农民专业大户、家庭农场、农民合作社和涉农企业。

（3）资质审核。对专业大户、家庭农场、合作社和企业等经营主体流转使用农户承包地，进行资质审查，着重审查受让方信誉度、资金实力、技术力量、产业规划、管理能力、履约能力。

（4）流转面积。经营主体流转农户承包地进行粮食、油料、棉花、大田蔬菜种植。100～300 由乡镇政府审批，300～5000 亩由县政府审批，5000～10000 亩由市政府审批，10000 亩以上由省政府审批。（流转农地从事畜牧养殖的各省可另行制定标准）。

（5）流转期限。经营主体租赁农户承包地进行粮食、油料、棉花、大田蔬菜种植。5 年以下由乡镇政府审批，5～10 年由县政府审批，10～15 年由市政府审批，15 年以上由省政府审批。

（6）项目审查。项目是否符合国家法律法规、产业政策、环境保护、主体功能区规划要求，项目的预期效益及经营风险。

（7）建立土地流转风险防范机制。农村土地流转可能面临的风险大致有：农民失地又失业风险、社会融入风险、乡村债务风险、粮食安全风险、土地质量风险、生态环境风险等，一是建立农地流转风险评估机制，包括风险评估实施主体、评估责任主体、风险评估程序。二是构建农地流转纠纷的风险预警机制。提高农民对农地流转的风险识别和风险防范能力，提高基层干部依法行政素养，改进农地流转中的政府服务方式，维护农村土地流转中的自愿、公平、有序原则。采用先进技术搭建具备风险分析、监控预测、动态决策、综合协调、应急联动、风险评估等功能的社会风险预警平台，实现农地流转风险出现时的及时有效应对。完善农地流转中民间调解、行政裁决、司法诉讼等纠纷解决机制。三是建立土地流转风险保障金制度。通过推广使用土地流转示范合同，鼓励建立和完善土地租金预付制度。在土地流转面积较大地区，鼓励建立土地流转风险保障金制度，通过政府补助、流入方缴纳等方式，保障基金由企业、村集体和乡政府集体保管。一旦当企业出现经营不善时，可用此基金来化解风险，对农民予以补偿。

（8）成立农地经营准入审批委员会。由政府分管领导任组长，农业、林业、国土、发改、财政、科技、环保、工商、质监、商务、金融等部门参加的农地流转经营准入审批委员会，办公室设在农业或林业行政管理部门，具体负责工商企业、农业专业大户、较大的家庭农场、涉农企业等租赁农户承包地的准入审批，审批前置条件是充分与农民协商，达成一致。

（9）实行严格的监管制度。

一是加强农地经营权转移管理。村域范围内的农户间流转可自由进行，但须经村委会审核备案，变更手续。超越村域范围的农地经营权流转期限在一年以上的，流转双方应签订规范的流转合同，并到乡镇（街道）农村经营管理机构办理流转合同鉴证手续。没有承包方的书面委托，任何组织和个人无权以任何方式决定流转农户的承包土地。农村土地承包经营权流转合同及有关资料，按管理职责分别由乡镇（街道）农村经营管理机构进行归档，并建立流转情况登记册，及时记载和反映流转情况。农村土地承包经营权流转合同文本，由省人民政府农村经营管理部门进行规范。农村土地承包经营权发生流转后，农村经营管理机构应当及时将有关情况通报同级国土资源管理部门，建立部门联动协商机制，加强农村土地用途管制。

二是保障农村土地流转收益。土地流转双方应根据土地质量、产出水平和物价变动等因素，合理确定流转价格。流转期限超过5年的，应当建立价格调整机制，明确约定调整时限和幅度，分时段确定流转价格。流转双方应对各种政策性补贴、流转期满后地上物权属及补偿办法、土地征占应得补偿的归属等作出明确约定。确权确地到户后流转的，流转收益归承包农户所有；确权确利和确权确股流转给村集体，由村集体统一经营或流转给其他经营主体的，土地收益要单独建账、单独核算、专户储存，并严格履行民主程序，合理分配土地收益，确保及时、足额兑现到农户。

三是用途管制。农村土地流转不得改变土地集体所有性质、不得改变土地用途、不得损害农民土地承包权益。严格遵守农地农用原则，严禁从事非农建设，严禁破坏耕作层。强化土地流转用途监管。加大执法力度，切实纠正农村土地流转后的耕地“非粮化”、农地“非农化”经营问题。乡镇政府要强化对流转农用地和设施农用地的土地利用监管，将其纳入日常土地巡查范围，明确村级监管责任，对不符合规定要求、违法违规用地的，做到早发现、早报告、早制止、早查处，切实维护土地管理秩序。

四是处罚。国土部门应进一步加大土地执法监察巡查力度，发现经营者未经批准擅自占用土地、擅自改变基本农田、耕地、设施农用地用途及设施农用地到期不复耕等，不按规定使用土地行为的，应协调相关部门采取停电、停水、停办营业执照等有效措施，及时制止破坏耕地行为，并明确由镇政府负责拆除、复耕，向经营者收取复耕相关费用。涉及的有关责任单位、个人，要依法追究法律责任，占用耕地和基本农田的，要依法从重处罚，涉嫌犯罪的必须依法移送司法机关。

2. 建立规范的退出制度

农地经营的退出主体是农户和企业，退出分为主动退出和被动退出，应分类设计退出制度。

（1）农户退出。

①主动退出。农户主动退出承包地经营，应是进城务工经商且有稳定职业和收入的农民，他们应具备一定条件，退出应给予激励政策。

第一，主动退出应具备的条件。具有其他非农稳定职业和收入，且缴纳城镇企业职工基本养老保险 3 年以上人员；在城镇具有合法固定住所（指商品房、单位福利房，实际承租 3 年以上的市区、县城成套单元楼房）；户口举家迁入城镇。

第二，激励政策。一是经济补偿。自愿退出承包地的给予一次性经济补助。退出的承包地，由集体流转，按当地流转费用加农业直补的平均值以 10 年计算给予一次性补贴，主要用于农村居民在城镇落户后的医疗、养老保险等费用补贴。补贴资金由省、市、县相关部门依照国家现行土地政策制订具体操作办法。二是就业创业扶持。主动退出土地的农民可享受城镇相关的就业扶持和就业优惠政策，人力资源和社会保障部门要主动了解这部分群体就业培训的意愿，将他们职业能力培训、就业培训和创业培训和小额担保贴息贷款纳入当地政府计划中。三是平等的社会保障。主动退出土地的农民可享受城市保障性住房、医疗卫生、子女教育以及按现行规定执行城镇居民的各类社会保险政策待遇。对在迁出地已参加了农村养老保险和新型农村合作医疗的农村居民及其配偶和直系亲属，可按国家和各省政策做好衔接工作。

②被动退出。由于能源、交通、水利、军事等公益事业建设，工业园区和经济开发区建设，招商引资，兴办企业以及商业、旅游、娱乐、房地产等建设用地，需要征收农民土地。应建立以“居住安置、经济补偿、就业扶持、社会保障”为主，“留地安置、入股分红安置、实物安置、租金安置”为重要补充的失地农民安置模式，实现征收土地与劳动力安置、失业保险同步进行。

第一，居住安置。有条件的地方采取两套房安置，失地农民可享受城市保障性住房。

第二，经济补偿。优化土地征收程序，必须保障农民在土地征收中的知情权、参与权和司法最终裁决权。建立科学的征地补偿机制，依据地租和地价规律的要求，完善农村土地价格的形成机制，形成以市场为导向的征地补偿标准体系。国家应大幅提高对农民的征地补偿标准，具体包括土地补偿费、安置补助费、青苗补偿费、地上附着物补偿费、产业用地及其配套基础设施补助费用、拆迁安置用地配套基础设施补助费用等。改进补偿方式，一是将征地补偿款的50%一次性兑现给失地农民，二是将征地补偿款的另外50%可以入股到征地项目上，作为失地农民的股金参与分红，解决长久生活问题。也可探索其他方式。

第三，就业扶持。建立失地农民创业就业培训和奖励扶助机制。将失地农民列入下岗职工范围享受企业下岗职工同等的相关优惠和扶持政策、建立失地农民自主创业和就业奖励扶助制度、对招用失地农民的企业给予奖励和政策优惠等，多渠道解决失地农民就业问题。

第四，社会保障。建立失地农民医疗、养老和子女上学等保障制度。将失地农民纳入大病统筹范围，以失地农民自愿缴纳为主，村集体、政府、征地主体各缴纳一部分组成保险金，并在土地征用补偿金内强制建立医疗保险收缴制度；按照城市养老保险基金的筹集方式，建立失地农民养老保障体系，解决失地农民无钱养老的后顾之忧；对失地农民子女上大学和就业实行奖励扶持政策，使其融入城市生活。

（2）企业退出。

①主动退出。工商资本为主的龙头企业因市场需求不振，或因企业经营不善，或因各种纠纷而导致合同无法执行，致使他们利润下降甚至发生亏损，无力支付租金，他们就会撤离农村，放弃租赁的承包地。企业应该足额支付农户租金、适当支付违约补偿，按质按量进行土地复耕。

一是支付租金。企业主动退出承包地前，应足额支付农户土地租金，无能力支付的，从其土地流转风险保障金中支取。

二是违约补偿。企业主动退出农地经营，因没有履行流转合同，存在违约责任，应适当向农户支付违约补偿金，无能力支付的，从其土地流转风险保障金中支取。

三是复耕。企业主动退出承包地，应主动拆除有关农用设施，按质按量进行土地复耕。

②被动退出。由于能源、交通、水利、军事等公益事业建设，需要征收企业流转的农民土地，国家应承担企业经济补偿，如：对农户的有关补偿、就业安置及社会保障。同时足额补偿企业的安置补助费、青苗补偿费、地上附着物补偿费、产业用地及其配套基础设施补助费用、拆迁安置用地配套基础设施补助费用等。企业因公益事业建设被动退出农户承包地，政府应帮助企业流转新的适合的承包地，保障企业可持续发展。

第五章

都市农业：农业现代化的先头劲旅

农业已经把自己的根系从人们的肠胃里延伸到人们的头脑里，从物质延伸到精神，从乡村延伸到城市。都市农业，有着相对优越的地理位置和得天独厚的集聚资源条件，面对的是最有话语权的人群，身处最易形成强势舆论的涡流之中。城市越大，人们向往“农味”的兴趣越浓。从都市农业起步，应是建设农业现代化的优选路径。

都市农业最早出现在1930年的日本《大阪府农会报》上，作为学术名词则最早出现在日本学者青鹿四郎1935年发表的《农业经济地理》一书中。20世纪50年代初，美国一些经济学家开始研究都市农业，直到1977年美国农业经济学家艾伦·尼斯撰写的《日本农业模式》一书明确提出"城市农业"一词，城市农业在日语中用汉字书写即为"都市农业"。中国都市农业的提法源于日本。

都市农业既包括市区农业，也包括郊区农业。都市农业不同于城郊农业，虽然二者都是依托城市、服务城市、适应城市发展、纳于城市建设发展规划的农业，但城郊农业主要是为城市提供农副产品，满足城市物质性需求为主，发展水平较低，位于城市周边地带，而都市农业是为满足城市多种需求为服务宗旨，是多功能农业，发展水平较高，位置包括城市中心及周边地区，都市农业涵盖郊区农业。

根据目前的经验分析，人均GDP达到2000~3000美元左右，即可进入都市农业阶段，按照这一标准，全国660多个城市和2000多个县城，大多都到了发展都市农业的阶段。

都市农业产生的源动力在哪里？城市是农村的儿子，农村、农业哺育了城市，但城市与农业农村分离后，走上了二元对立形态。城市的荒漠化使市民怀念农业的绿色田园和生物多样性的和谐。这种对生活质量的追求，是人与自然关系的回归诉求，是生存观、生活观、发展观一种本质升华，是都市农业发展的动力源头。环境的恶化、污浊的空气、充耳的噪音，道路的拥堵，更加剧了人们把目光投向环境优美的农业农村。乡情乡恋是融化在炎黄子孙血液中的传统，老百姓如此，达官贵人也同样如此。公元前195年10月，刘邦在当了12年皇帝之后，突然非常想念田园生活，率众归乡住了二十多天，他当时意气风发所作的《大风歌》“大风起兮云飞扬，威加海内兮归故乡”，描述的就是当时对田园生活的向往。

与传统农业不同，都市农业是高层次、高科技、高品位的绿色产业；是完全依托于城市的社会经济和结构功能的生态系统；是按照市民的多种需求，构建、培育的融生产、生活、生态、科学、教育、文化于一体的现代化农业体系；是种养加、农工贸、产研教一体化的工程体系；是城市复杂巨大的生态系统重要的组成部分。

都市农业的发展取向，是由城市的需求决定的，既体现了大都市对农业的依赖性，也体现了都市与农业相互依存、互为补充、相互促进的一体关系。

都市农业在我国的发展起始于上世纪 90 年代。1994 年上海率先提出加快城郊农业向都市农业的转变，建立一个国际一流水准的现代化都市农业，因此，上海是第一个将都市农业列入九五计划和 2010 年远景目标的城市。1995 年上海与日本大阪府开展农业合作，1996 年召开两城市的都市农业研讨会。1998 年我国在北京召开首届都市农业研讨会，长三角、珠三角、环渤海地区城市开始广泛重视都市农业发展。北京提出要抢占制高点，使京郊农业成为中国农业现代化的先导力量。

发展都市农业，主要在于全方位的开发农业的多种功能。综合世界都市农业的经验，结合我国的实际，笔者认为应着力于十大功能的开发。一是食物保障功能，二是就业增收功能，三是生态保育功能，四是旅游休闲功能，五是体验参与功能，六是美化环境功能，七是配送服务功能，八是科普教化功能，九是文化传承功能，十是重塑尊严功能。

一是食物保障功能。今天的食物保障比任何时候都严峻，量的保障基本无忧，而质的保障则愈发艰难，食品安全问题已经成为严重的社会恐惧症。过去要求吃饱、吃好、吃出营养，今天不仅要吃出营养，还要吃得健康、吃得安全；过去吃饭是一顿饭的事，今天吃不好就是一辈子的事，一眨眼功夫这辈子就过完了；以前愁的是能不能吃饱，现在愁的是会不会吃倒。过去农民问：“谁能告诉我究竟种什么”，今天“谁能告诉我究竟吃什么”，已经成了社会流行病。从国内农业形势看，随着社会发展，我国人均肉蛋奶的消费量迅速增长，人均瓜果菜的产量超过世界平均水平，但需求仍在大幅攀升，食物保障问题面临严峻考验。我国耕地占世界耕地的7.2%，所耗费化肥和农药都占世界1/3以上。我国的粮食在隋唐以前就形成基本格局，即“南粮北运”，而近十几年却是“北粮南运”。南方不种粮食，搞工业。广东粮食自给率不到30%，浙江、福建不到40%。北方种粮，但缺水，靠大量开采地下水，华北地区已经成为地球上最大的漏斗。我们花了巨大代价在搞“南水北调”，缺水的北方种粮又往南运，这是变相的“北水南调”，一个荒唐尴尬的悖论，一个啼笑皆非的话题。从世界农业形势看，国际上农产品已经被武器化。美国当前主要有两大战略：一是控制地球人；二是寻求第二生存空间，把火星地球化。美国控制世界的手段被称为“三金”：一个是“黄金”——美元；第二是“黑金”——石油；第三是“白金”，即粮食。其中白金战略主要依靠转基因种子。他们搞转基因不仅仅是为了提高产量，更重要的是从源头上控制别国的农产品种子。控制了种子，在很大程度上就控制了农产品的量与质。我国进口大豆大都是转基因的，山东寿光的蔬菜种子90%以上都是跨国公司控制，不买都不行。今天必须从源头上控制食品安全。“保卫食物安全”的危机已经迫在眉睫。今天的都市农业在开发食物保障功能方面应突出做好两篇文章：一是建立有机农产品基地，二是尽量不用转基因农产品种子。

二是就业增收功能。后现代农业与传统农业最大的区别就在于，后现代农业具有非常大的就业增收功能。因为后现代农业是一二三产业联动，上、中、下游一体，产、供、销、加互促的完整产业体系，其就业容量自然大增。在美国，一个农民后面有七八个人为他服务。中国农业的就业容量远远没有开发出来。这主要与我们的制度设计和舆论导向有关。几十年来，我们走的是一条汲取农业剩余为城市和工业发展服务的政策路线，三农的被动处境导致社会上一说农，就与贫困、落后、愚昧连在一起，把农搞得灰头土脸。发达国家，工人是最穷的，农民是一些人向往的职业，为农服务和城市服务业一样受到社会青睐。我们的农业在这方面有着十分巨大的潜力可以挖掘。

三是生态保育功能。二产、三产都是破坏生态环境的，生态的修复保育只有一产，城市中种花栽树都属于大农业范畴，只有农业才具有这个功能，因为农业和大自然具有天生的和谐关系。农业是经济再生产和自然再生产两个生产的过程，农业生产的对象都是活的生命体。不像工业品，加加班一下子就可以弄出来。农业必须遵循自然规律，粮食什么时候种什么时候收，动物什么时候怀孕什么时候产出，必须遵循一个生命周期，不可违抗。有专家测算，一棵50年树龄的大树，在吸收有毒气体产生氧气、涵养水源、增加土壤肥力、为鸟类提供栖息繁殖场所等方面的生态价值大约是20万美元。再比如，农田具有很强的净化水的能力，污水排到水田里，大概一个礼拜可以净化90%以上，生产的氧气更为可观。有人给北京市算过一笔账，农林水的生态服务价值已达1万多亿元人民币，与北京市的GDP总额不相上下。现在环境问题十分严重，"雾霾喂人民服雾"，水泥森林取代生态森林。西北黄土高原秦汉以前森林覆盖率为67%，今天只有6%。人口密集的城市尤其亟待改善生态环境。

四是旅游休闲功能。农业旅游休闲起源于一百多年前的意大利、法国等国家。上世纪60、70年代传到日本、韩国和我国的台湾地区。这10多年在中国内地很盛行。从世界来看，农业的旅游休闲观光功能发展势头强劲，开发前景巨大，特别是随着人民消费水平不断提高、收入的不断增加、生活方式的改变、休闲时间的增多，旅游休闲观光已经越来越成为人们生活的重要内容，农业在这方面有着十分广阔的开发前景。我们夸耀自己是勤劳、勇敢的中华民族。西方人解释说，勤劳就是不懂生活，不会生活，穷忙；勇敢就是不守规矩，敢于胡来。在非洲，他们承认勇敢，说他们勤劳，他们不高兴。有人认为，有钱可以出国游，但一是不方便、代价大；二是文化背景不同，感受就不一样。有一种说法是在国外好山好水好寂寞，在国内是好脏好乱好快活。更有人形容出国游是开洋荤，出洋相，受洋罪。农业已经把自身的根系从人们的肚子里一直延伸到人们的头脑里，从物质升华到精神，城市越大，市民向往"农味"的兴趣越高。

五是体验参与功能。城市有市民公园，还应该有市民农园。在城市中心及周边地带搞体验参与、采摘一体的活动园区非常有意义。把农作物的栽培展示出来，让城市人，特别是孩子们知道小麦、水稻、瓜果、蔬菜等农作物是怎么生长的，让他们更加理解和尊重生命的过程，更加热爱大自然。日本东京市内已经建了几百个“市民农园”和“都市田园学校”。在高科技盛行的今天，呼唤人性的回归、人与自然关系的回归是一个人类共同的命题。今天在发达国家带菜园的宅第比带游泳池的私邸更显奢华，因为由于食品安全问题的突显，吃自己亲手种养的还是吃市场买来的，已经成为上流社会和富豪们衡量生活标准的基本尺度。爱因斯坦看到二战中美国人使用原子弹后曾说过，我不知道第三次世界大战用什么武器，但我知道第四次世界大战的武器是棍棒和石头。这个预测，足以令世人警醒！

六是美化环境功能。宜业宜居是城市的基本功能，而宜居的首要条件是环境优美，它是一个城市品位、格调、特色的重要体现。城市的花草树木都具有美化环境功能。欧洲有一些城市规定，窗台上必须种花。近年来，西方国家还普遍兴起了“郊区化”现象，许多人从城市中心搬到了郊区农村居住。德国在农村居住的人口已达40%多，英国也已达近30%，这种回流主要发生在近十几年里，且势头越来越猛，英国调查，回流人口年龄在25~40岁之间，年轻化趋势十分明显。“逆城市化”现象的发生为城市建设提出了新的课题，在城市建设中应把如何将农业作为城市生态的有机组成部分，有效提升城市生态环境质量作为重要内容。巴黎市提出，要通过城市文明与农耕文明的交替叠现，满足市民越来越浓的田园兴趣，方法就是错杂排列“适度的地上建筑组团”和“适度的田园组团”。伦敦的城市农场和社区果园遍布学校、公园，农作物一直种到市民的院落和阳台。农场已经开办到天上（楼顶）和地下（废弃的地下室）。纽约土地紧缺，把废弃的体育场馆、公共废地都开发出来种植农作物。20世纪70年代，法国就兴起了城市居民兴建“第二住宅”热，开辟人工菜园的活动。英国伦敦在建城区外圈设立16公里宽的绿化带，作为伦敦的农业地区和游憩小区。新加坡在城市发展中保留一半的面积作为农业用地。这些农业用地与城市建成区绿地相互渗透，形成了富有特色的优美城市风光，“都市中的田园”与“田园中的都市”相映成趣，使人们在现代文明中体验着传统文明，在传统文明中享受着现代文明，让两种文明不仅没有割裂，而且在交融中共生共荣、共同发展。

七是配送服务功能。在社会化分工越来越细的今天，城市中有一部分人群需要配送到家的放心服务，都市农业是承担这一需求最合适的力量。比如，定期给有需求的家庭配送肉蛋奶瓜果菜，包括鲜花等。这是亟待开发的一个前景广阔的产业。这个问题上，还有一种配送服务值得研究，摆摊设点是草根阶层的基本生存底线。城市为了追求好的管理，把摊点都赶到规定的地方去，且卖者要花高价租费，卖的没法卖，买的没处买，买卖都不方便。城市应该适当保留和开发一些最能方便买卖的摊点，让底层社会的生存有所依托。在香港，不仅承认小摊贩具有正当性，而且将“临时摊点”看成社会人文风景，甚至对他们予以资助。2013 年 3 月，港府向立法会申请拨款 2.3 亿港元，为全港排档区的 4300 个固定摊贩提供资助。每户最高可获 6.4 万元的资助用于搬迁或重建摊位。美国许多城市都在固定地点、固定时间开设“农夫市场”，洛杉矶市政府门前的树林草地里就定时开放卖菜、卖花、卖小吃的“农夫市场”。城市摊贩不是扰乱社会秩序的打击目标，而是不可或缺的城市功能，是城市“草灌乔”贸易结构的草根部分，在城市管理上，我们理应树立这种思维模式。

八是科普教化功能。改革开放最大的变化就是人与人、人与物、人与自然关系的变化。从见人就批到以人为本，从以穷为荣到以富为荣，从人定胜天到天人和谐，人们终于知道要遵循自然规律了。但是，现在又有一种倾向，越来越多的城里孩子只知道米饭和蔬菜是从超市买回来的，而不知道是从地里长出来的，这正是人类的愚蠢之处！都市农业绝不能再让这种愚蠢再延续下去，应主动承担起这一历史使命。科普教化功能应走进学校、走进课堂，走进社区、走进家庭，用现代网络技术、网络视频让孩子、让市民知道动植物的生长过程，这样他们从小就懂得珍惜生命，知道生命来之不易，就不会轻易做一些违背规律的荒唐事情。

人需要十月怀胎，一个鸡蛋生成必须25.5个小时，规律不可违背，违背规律必然受到惩罚。科普教化功能应该纳入国民教育规划体系，作为一个基础性、长期性的战略进行开发。

九是文化传承功能。中华民族5000年文明传承关键在于农业的文化传承。农业具有十大文化传承功能，包括作物文化的传承、农业技术的传承、经济模式的传承、农业哲学的传承、农业制度的传承、重农思想的传承、村落家族文化的传承、民俗文化的传承、田园文学的传承和中医药文化的传承等。农业文化代代相传，现在可以见到名字的农业著作有500多种，可以读到原著的有300多种。天时、地利、人和，就是我国农业的哲学思想，是人类史上独创的，独有的，是炎黄子孙通过农业劳动总结出来的。一个民族的历史可分三大方面：国有史、方有志、家有谱。这三个方面构成一个民族完整的历史，缺一不可。传统的乡村文化在中国农村社会管理方面起了很重要的作用。现代农业应该比传统农业文化传承功能更强，承载量和承载力更大，如现代高科技、现代信息技术的应用等，应该着力开发。全社会都应明白，没有农业文明的传承，人类的一切文明都是毫无意义的，必须克服离农越远离现代化就越近的错误观念。有专家预言，未来十年，农业领域将成为中美两国竞争的最终竞技场，可见人类的竞争，从赖以生存的原点——农业出发，最终又回到了农业这个赖以生存的原点。

十是重塑尊严功能。纵观历史，农业文明、工业文明、城市文明是人类文明的三大基本载体。其他文明都依附于这三大载体之上。后一个文明都是在前一个文明基础上发展起来的，具有独特的继起性。而且这三大文明是并行不悖、共生共荣的关系，必须同时发展，同样发展，同步发展。农业文明是母体文明，在工业化、城市化高速推进的背景下，农业已是“破帽遮颜过闹市”，农业文明缺乏起码的尊严。在这样的背景下，我们必须重塑农业文明的现代尊严，不然，四化同步注定将成为一句空话。

都市农业，有着相对优越的地理位置和得天独厚的集聚资源条件，面对的是最有话语权的人群，身处最易形成强势舆论的涡流之中，重塑农业文明的现代尊严，非都市农业莫属！

建设现代农业，实现农业现代化，都市农业是先锋、是新锐。在“城市与自然共存”、“绿色产业回归城市”、“城市和乡村融合”的呼唤中，都市农业将成为农业现代化的一支先头劲旅。从都市农业起步，是我国建设现代农业，实现农业现代化的优选路径。

第六章

农村要发展，得把“钱途”整明白

没有钱什么“化”都将是一句空话，“货币战争”的硝烟已经弥漫在世界的角角落落，唯独有着九亿人口的中国农村还几乎是一片盲区。在“满城尽戴黄金甲”的“金融为王”时代，农村面临的是工、农、建、中、邮“五龙吸水”、“无龙放水”的局面，乡村要发展，无疑先得把“钱途”整明白。

一、寻找农民释放创业能量的新平台

中国农村改革与发展的动力来自于农民生生不息的创业精神。计划经济时代一直残存着允许农民在一定范围内自由创业的狭小空间。自留地、自由饲养畜禽和自由市场的存在，使家家都有一块面积很小的可以自由耕种的土地，家家都可以饲养几只家禽家畜，也可以到农村集市上出售少量农产品。在这个十分狭小的制度空间里，农民见缝插针、有地立木，顽强开拓着自己的生存环境。尤其在“两个挤压”和“一个激励”的作用下，这种开拓创业精神愈益强劲。所谓“两个挤压”：一是自身生存需求的挤压。生产队分的粮食不够吃，必须另觅途径，自留地和一定限度的自由养殖便成了农民自由发挥的空间。二是制度的挤压。自留地、自由养殖、自由市场的自由量受到基层干部严格限制，自留地耕种的时间只能是早起、夜晚或饭前饭后等集体出工的空当间隙，耕种、浇灌等完全人力，更不提供种子、化肥、农药等生产资料；自由养殖的场所、数量受限；农产品进入自由市场的品种、数量、价格和时间也受到严格限制。农民一旦超越限制，便被当成“资本主义尾巴”割掉，轻则没收产品，重则罚款批斗。“一个激励”就是农民通过与“两大挤压”的对抗，能够获取比大田产量高出数倍的可喜成果，这些成果不断点燃着农民创业的激情。

“两大挤压”、“一个激励”是农民在计划经济的夹缝中极尽发挥积极性、创造性和主观能动性的动力源，是农民创业精神得以铸炼锻造的大熔炉。从一定意义上说，农民正是一直拖着那条“露头就被割”的“资本主义尾巴”才成就了中国农村改革的奇迹。

从社会管理层面看，中国农村改革的成功源于家庭承包经营的制度伟力，这毋庸置疑。但制度只是提供了一个相对宽松的环境和条件，是外因。而真正创造奇迹的根本则是内因，是几亿农民在有限的自由空间里“与天奋斗、与地奋斗、与人奋斗”的艰苦卓绝实践，是他们在这一过程中长期磨砺的创业精神、创业潜能和创业经验。没有这些因素的累积叠加，奇迹难以发生。同样是一个“包”字，进城后的表现就相去甚远。城里人在计划经济时代一直彻彻底底地躺在计划分配的温床上享受着一切。制度没有给他们留下一丝一毫的发挥空间。同时，他们不仅没有生存的挤压，而且环顾浩如烟海的农村，身处城市，那真是“天上人间”，云泥之别，他们相对于农村，是“人上人”。更何况按过去的说法，“世界上还有三分之二的人在受苦受难，需要我们去解救”，生存状况还不如中国农村。一种莫名的满足感弥散在每一个有城市户口人的心头。当在农村十分灵验的“包”字进城后，他们很麻木、很茫然，反应迟钝。因为他们当初进城时的创业精神已经完全退化了、消亡了，他们宁肯躺在现有的制度上“享清福”。城市改革举步维艰，至今拖泥带水，这不能不说是“病”之根源。

可以说，在计划经济时代，中国农村有限的自由空间虽然狭小，但却始终孕育生长着一种求新求变的创业精神。这种生生不息的创业精神在时时刻刻应对各种复杂局面的过程中，锤炼了“魔高一尺、道高一丈”的生存本领，并不断积蓄着潜能。这一长期蕴藏的巨大潜能，一旦遇到合适的条件与环境，便由“星星之火”迅速扩展成“燎原之势”。因此，30 年前中国改革从农村破题；30 年后的今天，中国改革同样需要从农村突围。30 年前把土地交给农民，农民的创业潜能得以充分释放；30 年后，把金融交给农民，农民的创业精神才有用武之地，农村发展才能再次驶入快车道。

总体上讲，中国农民的创业精神磨砺于计划经济时期有限的制度空间，激扬于第一轮农村改革的土地新政，受制于近年的农村金融困局。当前，一个普遍性的规律是，投资兴业、创造财富已经从“土地时代”、“设施时代”跃进到“金融时代”，金融正逐步取代土地、取代设施成为新时期财富创造的主要载体。在农业产业面临转型与升级、农村发展进入新阶段、货币强力拉动资源重组的关键时期，如何培育农村金融，使农民的创业能量在新的历史条件下找到释放空间，是深化农村改革、推动农村经济发展的关键问题。

二、货币与金融

在日常生活中，我们须臾离不开商品交换，几乎时刻都在与钱打交道，都在自觉或不自觉地进行各类金融活动。我们懂得并珍惜金钱，但我们并不一定懂得货币；我们使用货币并通过它来开展各类经济活动，但我们并不一定懂得金融。货币是充当一切商品等价物的特殊商品，是商品交换到一定阶段的产物，它既有普通商品的价值和使用价值属性，又与普通商品有着本质区别，实质上就是一般等价物，具有价值尺度、流通手段、贮藏手段、支付手段、世界货币等职能。金融是指货币的发行、流通和回笼、贷款的发放和回收、存款的存入和提取以及汇兑业务的结束等经济活动。金融是商品货币关系发展的必然产物，金融发展的每一次演进都对经济发展起着重要的促进和推动作用。

人类在商品的交换过程中发明了货币，这是一种文明的进步，但自从货币诞生以来，同时也导致市场不稳定、经济不稳定、世界不稳定。几千年来，人类社会因货币演绎出无数惊天动地的故事。米乐顿·弗里德曼《货币的祸害》专门讲此。

货币的使用分为两个阶段：一个是贵金属时代，一个是纸币时代。在贵金属时代，如果没有重大的国家关系，货币对于经济是比较稳定的，因为贵金属受储藏、分布、开采、冶炼、运输等方面的限制，不可能大起大落，货币的增量受到限制，对经济的影响一般是稳定的。物价涨得快有不少原因，但最根本的原因就是货币发行太多了。东西少了钱多了，物价自然就高了。贵金属货币时代与传统时代经济增长有着很不错的匹配，就是经济增长较缓慢，需要的货币也不多。到了纸币时代，情况就发生了根本变化，用一张纸质的证书代表贵金属，是人类交易史上的一大进步，但它一开始就潜伏着危机。这种潜伏的危机就是人为开出的银票与所存的银子很可能是不一致的，也就是说银票随时都可能缩水，成为烂票废纸，所以银票这东西在人们经济活动中就是新加入的一个不稳定的因素。银票汇兑说是晋商的发明其实不确切，早在宋代四川就有这种做法，当时称为“交子”，后来由于滥发，朝廷严令禁止。晋商只不过把宋代的“交子”发扬光大罢了。

从贵金属货币变成纸币，这又是一个进步，因为交易更加容易了。人们不需要背上沉重的叮当乱响的铜钱银钱了。但通货膨胀的事情就开始经常发生。战争是对外收税，通胀就是对内收国家人民的税，所谓通胀就是发行的钞票多了。当经济停滞不前就多发行钞票刺激一下，一看膨胀了就回收钞票平衡物价。有了纸币之后，人类的经济活动就是在这种简单而又复杂的游戏中循环，人类就在这种不知不觉中集体走向“合成谬误”。货币虽然极大地方便了人们的交易活动，成为人们须臾不能离开的交流媒介，但也给人们带来无穷无尽的麻烦。因此，货币是一把双刃剑，从一定意义上说货币就是祸害。

今天是一个“金融为王”的时代。美国之所以牛气，能成为世界警察，一个最根本的原因就是它控制了美元这个世界货币的造币权、发行权、流通权。它可以随意用美元这个小纸片换取世界任何国家的资源，要什么有什么，中国现在已经买了上万亿美元的美国国债，成为超过日本的第一大债权国。据说面对美国的经济危机，中国正告美国再不改革我们将停止购买美国国债，这对美国可是一个不小的问题。但中国已经上了美国这条“贼船”，想脱身谈何容易。美元在一直缩水，我们债权当然也在一直缩水。

今天的世界，我们说经济全球化，其实是资本的全球化。劳动力没有全球化，土地没有全球化，技术没有全球化，管理也没有全球化，在诸多生产要素中，只有资本全球化了。谁拥有资本，尤其是金融资本，谁就能成为主导力量。有人说发展的本质就是资源资本化的过程，而改革的本质就是把资源资本化过程中引起的社会震荡熨平的过程。发展和改革必须两个轮子一起转，美国金融海啸，就是在资源资本化过程中没有熨平社会震荡。

三、八九亿中国农村人口不能被金融资本边缘化

近现代的历史表明，谁掌握资本运作的先机，谁就能胜出一筹。大到一个国家，中到社会组织，小到家庭个人，无一例外。

从国家层面看，中日甲午海战，大清帝国惨败有很多因素，其中一条最直接的因素就是日本集小钱办大事夺取胜利。中国当时论国力，经济总量是日本的5倍，论兵力、战舰都优于日本。中国在英国订购了两艘当时世界最先进的战舰，由于国库亏空又不会运用资本市场筹资，一拖再拖不能付款。日本得此消息，马上发行国债，集中全民资本把两艘战舰买回。拥有最先进的两艘战舰的日本海军，所向披靡，无坚不摧，北洋水师在坚船利炮面前一败涂地。

从社会组织层面看，被称为“中国银行的乡下祖父”的晋商之所以能战胜“无徽不成镇”的徽商，称雄天下，一个最重要的方面就是晋商创立汇兑业务，独领金融先机。而外国银行的纸币发行又使晋商的银两汇兑大大落后于时局，这个称雄中国数百年的“乡下祖父”只好在洋人纸币和中国内乱的夹击下轰然倒地，化为历史。

就家庭个人层面看，同样如此。韶山毛氏家族曾有一段为经商融资发行股票的传奇。上世纪初，毛泽东之父毛顺生最早从做米生意开始创业起步，毛家产业渐渐做大，并开始涉足猪牛买卖。为更好地打理生意，毛顺生发行了“毛义顺堂”股票，把邻里乡亲的余钱收集起来，以期增值。随着毛家生意越做越火，“毛义顺堂”股票得到韶山冲内外商界的认可，持有股票的人越来越多，极大地促进了毛家经济乃至韶山冲内外经济的繁荣。毛泽东又把这一经验成功运用于党的金融事业。1922年，毛泽东派其弟毛泽民到安源，组建我国第一个工人消费合作社，在社员中招股发行股票，迈出了我党金融事业的第一步。1932年3月，中央苏区苏维埃国家银行正式成立，毛泽民担任行长，创造性地把股票应用于苏区的经济建设，设计和成功发行了中华苏维埃银行股票。可见，大到

国家、商界，小到家庭、个人，执资本之牛耳取胜者，成例比比。

当今时代，货币战争不断升级，世界每个角落都布满货币战争的硝烟，人类社会强者对弱者的压迫方式已经由军事压迫、经济压迫进入到虚拟概念压迫。亚洲金融风暴、美国次贷危机，这些虚拟概念压得波及地区喘不过气来，比军事压迫、经济压迫范围更广，伤害更深，隐匿性更强。世界石油年需求仅增加2%，2007年至2008年间价格却涨了1倍多，专家估算，其中金融炒作带来的涨价占40%，美元贬值带来的涨价占60%。而世界粮食产量2007年较之2006年增产了5%，但全球有8亿多人的口粮却不翼而飞。这些现象在很大程度上都是操纵油价粮价的大公司运用虚拟概念扰乱人心、抬高市价的结果。在这种背景下，任何地方都不可能置身其外。经过30多年改革和发展，已经从土地中解放出来的八九亿中国农村人口，决不能被金融资本边缘化，正规组织打正规战，农民要学会打一场金融资本的“游击战”。

从土地到金融，实现农民创业再突破、推动农村经济发展必须重构新的载体和平台。中国农村第一步改革的成功，就是为农民发挥创业精神、释放创业潜能找到了土地这个载体。土地承包、家庭经营使农村生产力得到空前解放。农民解决了吃饭、穿衣问题之后，拥有了更多的剩余时间、剩余劳力，积累了更多的剩余产品、剩余资金，开启了“离土不离乡”的创业之路，由此衍生出上世纪80年代至90年代乡镇企业异军突起、占据国民经济半壁河山的宏图伟业，使中国工业化的道路发生历史性转折。

在中国农民的创业载体悄然由土地向金融发生转变的进程中，来自农村本土的两股金融力量极大地左右了农民创业的兴衰成败：一是乡镇政府控制下的信用合作社。乡镇企业萌生于计划经济体制时代，其间国家对金融机构一直实行行政管制，由于部门利益排斥，国家给乡镇企业规定了一个非常小的贷款配额。但乡政府有任命农村信用社干部的权力，并时常利用其权力在农村社区内部为企业筹款担保。二是迅速发展壮大的农村合作基金会。自上世纪80年代农村合作基金组织试办以来，全国农村合作基金会融资规模迅速扩大，对解决农民生产资金短缺，增加乡镇企业融资做出了很大贡献，弥补了农村正规金融机构的不足。两种力量相互交织强化，共同为广大农民创业打造出崭新平台，不断助推着乡镇企业初期的发展与扩张。据统计，在 1981 ~ 1985 年和 1986 ~ 1990 年两个时期，乡镇集体企业总投资分别为 837 亿元和 2436 亿元，其中来自银行贷款和商业信用的资金分别占到 55.54% 和 53%。

然而，自上世纪 90 年代末以来，四大国有商业银行全面退出县及县以下地区，农村信用社普遍存在的产权不清晰、法人治理结构不合理、内部人控制、不良资产比例较高等问题愈发突出，金融机构支农功能严重退化，“非农化”、“城市化”倾向日益明显。与此同时，1999 年 1 月全国统一取缔农村合作基金会。由此，中国农村金融机构深陷生而不长、存而不活、逐步退化的尴尬境地，资金成为农村最稀缺的资源，资金短缺成为制约农民创业的死结。据统计，目前全国还有 2868 个乡镇没有任何金融组织，8000 多个乡镇只有一个金融组织，全国农户贷款覆盖率还不到 10%。在资本全球化的背景下，在“金融为王”的新时代，在货币强力左右资源重组的现实中，农民的创业精神、创业潜能找不到释放载体和施展平台，只能左冲右突、四处盲动，进而带来一系列经济社会问题。

第一，“钱荒”无法就地创业。当前农村发展资金奇缺，专家测算每年缺口达上万亿元，严重的“钱荒”使缺少金融“动脉”的农村经济发展无所依托，资金投入匮乏所衍生的三农问题愈演愈烈。由于有效投入不足，农民从事农业生产、发展现代农业的积极性严重受挫，只能粗放经营或抛荒土地。由于资金短缺，农村如火如荼的创业热潮逐渐消退，乡镇企业数量锐减。以我国中部某省为例，上世纪 80 年代中后期每千人拥有乡镇企业数为 22.8 个，到了 90 年代末这一数字减少到 14.1 个，减少 8.7 个。

第二，务工引发诸多社会矛盾。在农业生产回报率低下、农村二三产业发展徘徊不前的背景下，农民求生存、图发展的出路逐渐转向出卖劳力。但是大量劳动力的市场需求不在农村，而在那些金融资本牢牢盘踞、外来资本不断注入、二三产业加速发展的沿海地区和大中城市，这些地方便成为农民出售劳力的汇聚之地。今天，这个流动的群体已达近2亿之众。农民工恶劣的工作环境、过低的生存质量和微薄的收入保障，不仅造成了他们心理上的疏离、失落，生活上的“假城市化”、“被边缘化”，也对有限的城市基础设施和公共事业带来极大冲击，为城市和谐发展埋下巨大的社会风险。与此同时，随着青壮劳力背井离乡，建设新农村的有生力量日渐衰微，留守老人、妇女和儿童问题十分突出，农村社会治安与稳定也遭遇严重挑战。世界经验表明，任何国家、任何产业，在地理空间上最能流动的因素是资金、技术、机器设备，而不是劳动者。而一旦有了金融支持，中国农民创业潜能的释放就找到了载体，他们就可以就地创业，进而就地城镇化。一个违背世界经济规律的劳动者大流动就可以大大减缓。

第三，产业转移严重受阻。自上世纪90年代亚洲金融风暴以来，全球劳动密集型产业开始大量向中国转移，沿海地区作为中国改革开放的“桥头堡”成为承接转移的先发地带。时至今日，中国工业化在量上的扩张基本得以实现，目前已经进入生产技术革新、产业结构升级的关键时期。沿海地区作为工业化的火车头亟需率先调整优化产业结构，完成从“中国制造”向“中国创造”的跨越，实现从“装备中国”到“中国装备”的飞跃，进而推动劳动密集型产业溢出，逐步向广大中西部地区梯度转移。但一个反规律的现实是，这种转移迄今未能实现，沿海地区一面向“高、精、尖”领域进军，研制生产现代高科技产品；一面仍未放弃生产劳动密集型产业，鞋子、玩具、服装等加工企业依然遍地开花。显而易见，导致这种现象的主要原因，一是有中西部源源不断供给的大批廉价劳动力的强力支撑，二是中西部广大农村承接产业落地的综合条件不佳，尤其是在现代产业发展中，金融土壤的贫瘠是最关键的因素。

第四，农村改革困局难破。30年农村改革的一条成功经验就是“摸着石头过河”，那是因为有几亿农民锲而不舍的不断创造，我们有石头可摸，随时都能摸到大大小小的石头，并由此找出规律，形成制度，推进改革。今天农民长期积淀的创业精神由于金融阻隔无处发挥，我们能摸到的石头越来越少了，更谈不上“找船过河”和“造桥过河”了。没能给农民这个“英雄”群体找到可供发挥的用武之地，这是近年来农村改革难破困局的关键所在。

人类文明进入后工业时期，货币越来越成为配置资源、集聚财富、拉动经济的主角。而有着八九亿人口的我国农村仍然偏居一隅，处于这场变革的真空地带。长此以往，中国农民这个占世界人口七分之一的庞大群体将越来越被全球化的经济边缘化。如果说，中国农村第一步改革因时而动，从土地切入，充分释放了农民的创业潜能，促进大发展；那么，新一轮农村改革应顺势而为，从金融着手，重新构筑起农民创业的舞台，再造新辉煌。虽然土地是农民创业的直接载体，而金融是间接载体，但它却是必须逾越的致命障碍，不过此关，创业就无从谈起。有之“不必然”，无之“必不然”。

四、培育农村金融的本土力量是解决农村发展资金的根本出路

农村资金短缺是我国经济发展过程中长期以来一直未能解决的普遍性问题。当前，四大国有商业银行分支机构只从农村抽血，而作为名义上的农村金融“合作”组织的农村信用社，没有突出创办时所体现的“合作”性质，在实际经营中官办性质依然严重，经营活动经常受到行政干预，资产质量恶化现象严重，据央行估计，农村信用社积累的历史坏账达数千亿之多，不良资产率多数在50%以上，某些经济不发达省份甚至高达90%以上。而且现行金融制度、政策和经营管理理念与农村资金需求者的条件极不匹配，甚至存在冲突，进一步增大了贷款难度。同时，政府投资杯水车薪，缺乏印度政府地方性“领军银行”制度的农村金融组织体系，无法为农村发展提供更多、更有效的金融服务。极不健全和日益萧条的农村资本市场，使农村中小企业、农民合作经济组织、农村个体经营户等农村市场主体和广大农户面临着严重的“钱荒”，资

金成为农村发展最稀缺的资源，致使农民创业无所依托，农村发展举步维艰。资金短缺已成为制约农村发展的死结，不解开这个“死结”，农村发展只能是无源之水、无本之木。

在与我国国情相似的印度，主要是实行国家干预色彩极浓的地方性“领军银行”制度，有效保护农村和中小企业的贷款权利。1969年，印度将民营银行收归国有后，各省都建有相对专属自己的政府银行，称为“领军银行”，它们既要支持本省的产业重点，又必须在农村广布网点，每4~5个村庄设置一个分行，只由一个行长、一个助理、一个办事员三人组成。2007年底，银行在农村的网点达16万多个，平均每五千人口就有一个服务网点。政府要求分行，哪怕不能获利也要给中小企业和农民贷款。政府从银行该做什么、怎么做等方面都进行引导，按照“农村金融不指望私有银行”的理念，要求每个支行必须走到每个农户家里为他们开设账户，即使他们在银行没有存款也要开户，以方便他们贷款。“领军银行”成为银行社会责任的载体，农民对银行由不信任到信任，越来越多的人把钱存进银行，向银行申请贷款。目前，印度银行的商业贷款35%给国有企业，65%给私人、家庭和私营企业，在农户中的贷款覆盖率高达97.1%，我国农户贷款覆盖率不到10%；印度不良资产比率成功地控制在5%，我国这一比率高达25%。可以说，从上世纪60年代中期起，印度先后发起农业的“绿色革命”（种植业）、“白色革命”（奶业）、“蓝色革命”（水产业），三次农业革命使印度一跃从“饥荒之国”变成农产品出口大国，其中最重要的因素就在于建立了一个发达的农村金融网络。

但是，我国农村金融体制改革一直以商业化为主要方向，结果导致一家独揽的官办银行对农村发展的支持作用日趋衰弱，官办银行70%的钱贷给了国有企业。其原因：一是官办银行以追求利润为经营导向和主要目标，自然嫌贫爱富，只愿锦上添花，不愿雪中送炭，缺乏向比较效益低的农业提供贷款的积极性。二是官办银行在乡村没有网点，缺乏机构和人员，重新配置的成本太大。三是官办银行长期以来的经营对象主要是企业，不熟悉农村熟人社会的游戏规则，缺少与千家万户打交道的经验。因此，破解农村资金短缺难题必须别开路径。而培育农村金融的本土力量正是解开资金短缺“死结”的根本出路。

近两年理论界和媒体主要讨论把土地作为抵押物的问题，这似乎讨论歪了。在现行信贷政策下，担保抵押是否充足，是决定金融机构贷款的主要条件，因此，不少人就认为农民贷款难是由于法律不允许农民土地宅基地作抵押造成的。但国外的经验表明，土地抵押有利于改善贷款，但不是农村金融市场发育的决定条件，不少允许土地抵押的国家，农民贷款也受很大约束，有关资料显示，遭受约束的农民波兰占45.2%，秘鲁占49%，泰国占85%。因此，解决农民贷款，抵押物不是根本，根本在于要发育出成熟的农村金融市场，而这个市场的主角在我国目前的体制下，必须是培育出成熟的农村金融本土力量。

大量的农村闲散资金和可供利用的熟人社会的道德约束力，为培育农村金融的本土力量提供了可靠的资金来源和非正规制度资源。一方面，农村社会闲散资金过剩，农村的增值收益剩余基本被四大国有商业银行和邮政储蓄等金融机构抽走而流向城市，专家预测每年从农村流向城市的资金达七八千亿元。另一方面，广大农民世代聚族而居，特别重视血缘、亲缘、宗缘、地缘、人缘等人际关系以及由此衍化出来的非正规制度，道德观念深入人心，它所产生的威力之大绝不可低估，农村绝大多数矛盾的化解和资源的配置，靠的都是这种道德约束和非正规制度资源。

安徽省在这方面进行了有益的尝试和探索，取得的成效十分明显。2006年初，安徽开始推行贫困村互助资金试点，按照农民“自愿、自办、自管、自用”的原则，以自然村、村民组、行政村或农民专业合作经济组织为单位，共投入资金九千多万元，先后建立了1671个资金互助组。资金筹集方式分两种：一是在贫困县，财政扶贫资金按户均1000元无偿投入，每个农户再出资100～500元组成一个股份；二是在财力较好的市县，由市、县两级政府分别按户均500元投入财政资金，每个农户再出资500元组成一个股份。互助组从入股农户中选出3～5人负责管理。资金只在入股农户中封闭运行、滚动使用；农民借用资金要支付略高于银行利率但低于信用社利率的资金占用用费，占用费主要用于必要的经费开支和本金积累；资金的运作和管理既有契约的规范（主要是互助组的章程及各项规章制度），也在很大程度上来自非正规制度的约束。互助资金借用手续简单、快捷，提供资金方便、及时，深受广大农民欢迎，在三年多的时间内，1671 个资金互助组中有 3 万多户农民先后借用资金 1.2 亿元，未发生一例到期不还款现象。安徽的实践证明，资金互助组作为草根金融，风险小、成本低、实效强、方法简便、易于推广，不仅有效整合了农村闲散资金，激活了“沉睡的资本”，解决了农民贷款难、发展资金短缺的问题，更重要的是，让农民在世界货币战争的“正规战”中锻炼了打好“游击战”的本领。

五、培育农村金融本土力量具有多重复合效应

当前农村有两大剩余，一个是劳动力剩余，再一个是资金剩余。一面是散在千家万户的零碎小钱，一面却是农户和企业渴求资金供给而无门。培育农村金融的本土力量，主要通过农民自己整合闲散资金及整合后的资本运作，为区域性市场和农村实体经济提供金融服务，有效解决数量众多且劳动力密集的经济活动的融资问题。这个过程，实质上也是农村各种资源的重组、转化、升级的过程，缺少的资源可以通过资本弥补，从而不断完善产业链条，促进产业优胜劣汰，推动产业升级。同时，在这一金融资本的运作过程中，显现出多重复合性经济社会效应。

一是整合零散资金。草根金融可以通过资金整合，把零钱变整钱，把小钱变大钱，把死钱变活钱，充分发挥资金整体效益。二是有效解决农村发展资金短缺的难题。草根金融以互助合作的形式，把农民手中零散的钱集中起来，再按照借贷方式，灵活便捷地解决农民发展生产最急需的资金难题，具有官办金融组织无法替代的作用。三是增强农民的金融意识和金融知识。草根金融的运作方式借鉴于正规金融组织，农民在合作和参与资金运作过程中，必须而且能够了解和熟悉相关金融知识，使其在世界货币战争中受到一次初级启蒙教育。四是培养农民的群体意

识和集体精神。草根金融实质上是一个利益共享、风险共担的互助合作组织，广大农民在关注自身利益的同时，主动联系在一起，改变了一家一户分散生产、各自发展的松散状态，群体化和组织化程度明显提高。五是激活农民发展经济的内力。资金的互助与合作，使农民有了借钱的冲动，而这种冲动，是在有了发展经济冲动的基础上产生的，这是发自内心的冲动，而非外力的干预。六是开发农民的诚信意识。讲诚信是中华民族几千年的优秀传统，尤其是在农村熟人社会里，不讲诚信将会被整个熟人社区集体抛弃，而且这种负效应还会延续到子孙后代。历次政治运动（胡鞍钢调查，中国从 1949 年到 1976 年的 27 年里，开展 67 次政治运动，平均每年 2. 5 次），特别是“文革”形成的斗争哲学使传统的诚信意识、道德体系崩塌，家庭承包经营形成的松散型生产方式，又使农村缺乏和谐诚信的载体和能力。草根金融通过契约和道德双重约束，能够重新搭建起农民讲信誉、讲诚信的平台，使构建和谐社会成为可能。七是有利于形成产业集群。有了资金支持，农民的仿效心理被充分激活，能够依托当地优势资源，顺势而为发展主导产业，极易形成“一组一品”、“一村一品”的规模化生产和产业化格局。八是提高资金的使用效益和效率。资金在“集中—借贷—回收”的循环过程中，既满足了农村市场主体和农民的资金需求，发展、壮大了农村经济，又产生了利息，增加了资金总量，有效保持了资金使用的可持续性。安徽太湖县一家农民资金互助社，上世纪 80 年代末 2000 元起家，今天已经发展到 300 多万元的规模。九是强化农民在经济社会发展中的主体地位。长期以来，农业生产由基层组织和干部推动，往往是干部说了算，农民跟着走。草根金融解决了资金问题，使农民获得更多的发展机会，享有更广阔的发展空间和权利，增强了农民发展生产的信心和能力，在生产经营、参与市场竞争、参与社会管理、抵御各类风险等方面的意识和能力明显增强，整体素质显著提高，在经济社会发展中的主体地位逐步彰显。十是推进民主精神的培育。草根金融实行自我管理、民主管理，建立事务公开、民主议事等制度，重大事项由全体成员讨论决定，农民真正享有广泛的知情权、参与权、管理权和监督权，参与社会事务和民主管理的热情空前高涨，不仅培育了农民的民主精神，也丰富和发展了农村民主政治建设的内涵。十一是充分利用熟人社会的道德约束力这一非正规制度资源。农民的借用资金行为，不仅由契约关系（如组织章程和各项规章制度等）进行规范和管理，而且在更大程度上来自于借债还钱等中华民族最传统的道德观念和一些非正规制度的约束。十二是发展农村高端服务业的探索。良性经济结构应是以内需为主导，我国靠出口、投资拉动经济增长的现实必须改变。而内需的最大市场在农村。近年来，农村市场的开发虽然开始受到重视，但只是发展了一些低端服务。通过互助合作的方式，培育和发展草根金融，可以逐步发育农村资本市场，为农村高端服务业的生成开出新路。十三是实现从“组织农民”到“农民组织”的飞跃。自建党以来，我们一直走的是一条把农民组织起来、发挥群体力量办大事的路子，并逐步形成了最完善的组织形式——人民公社。在特定历史条件下，它具有一定的优势和作用。但它在本质上否定平等合作精神，模糊个体与群体的权益界限，忽略了农民的自主权和产权。在家庭竞争时代结束、组织竞争时代来临的新时期，农民必须以“自己组织”并“组织自己”的方式满足自身发展需要，以抵御来自各方面的风险，维护自身权益。草根金融正是农民在平等、自愿的前提下组建的互助合作组织，是内因的作用，而非外因的结果，是由“被组织化”向“自组织化”迈进的一次质的飞跃。

六、农村金融本土力量的内涵及政策建议

党的十七届三中全会《决定》和2009年一号文件指出，“创新农村金融体制，放宽农村金融准入政策，加快建立商业性金融、合作性金融、政策性金融相结合，资本充足、功能健全、服务完善、运行安全的农村金融体系”，“规范发展多种形式的新型农村金融机构”，“鼓励发展适合农村特点和需求的各种微型金融服务”，“规范和发展民间借贷”。中央2010年一号文件更进一步指出，“加快培育村镇银行、贷款公司、农村

资金互助社，有序发展小额贷款组织，引导社会资金投资设立适应‘三农’需要的各类新型金融组织”，“确保3年内消除基础金融服务空白乡镇”。对商业性金融而言，关键是要引导其调整经营策略，瞄准不同需求群体，发挥其资金、网络和专业等方面的优势，创新金融产品和服务，在支持农村经济发展中实现自身发展。政策性金融则要主动融入财政支农体系，改变长期以来支农资金使用分散、效率低下的局面，以利息补偿、风险补偿等形式，支持农村金融机构扩大对农民专业合作社、中小企业和龙头企业的信贷规模，发挥财政支农资金使用的乘数效用，变财政“输血”为金融“造血”。除此之外，更为重要的便是要启动增量改革，着力培育农民自办自管自用的各类微型金融组织的本土力量，放手发展适合农村需求特点的各类新型金融组织，尤其要下大功夫引导农户发展以乡村“熟人社区”为边界的小规模资金互助合作组织。

农村金融的本土力量包括三个方面：一是本土组织力量，即发展区域性资金互助组、资金合作社、小额贷款公司、担保以及村镇银行等互助合作性组织；二是本土资本力量，即融通本地资金需求与供给；三是本土人才力量，即培育农村金融人才。三股力量的聚合构成农村金融的本土力量。它具有以下几个特点。

一是自下而上生成。官办金融机构或传统的金融组织自上而下派员管理，以实现政府政策目标或商业金融机构的商业目标为己任，因此服务很难根植于当地的需求，除非像印度那样，官办银行在农村广布网点，政府指令以扶助农村为己任。本土力量来自民间，扎根本土，是“草根金融”，他们的目标就是为本土服务。他们因服务本土而生，因服务本土而长，服务是他们得以存活的唯一土壤，别无生路。二是地域性强。只限定在一定的地域空间范围，即使有风险波及面也不大，在农村熟人社会里不仅有乡规民约的软约束，而且诚信度的搜集和运用都很方便。三是规模小。经营管理简便，易于初涉资本市场的农民进行操作。四是“软信息”具有“抵押品替代”作用。“硬信息”一般指抵押品和法律形式的合同及各种报表等。“软信息”是指难以量化的信息、无形资产和非法律形式的约束，如人与人之间的血缘、辈分、宗族关系，借款人的工作能力、经验、信誉、贸易相关博弈等，以及借款人的资金需求、生产能力、产业流程、现金流程等，这是甄别借款人质量、确保借款偿还的关键。而这些“软信息”的搜集在熟人社会里十分容易，有时甚至不需要成本，同时它具有比实物抵押还硬的硬度，是最具价值的抵押品替代。

发端于上世纪80年代后期的我国农村合作基金组织为解决当时农村资金需求做出了一定贡献，也为培育农村金融的本土力量积累了一定的经验，虽然良莠不齐，问题不少，但应该说大方向是对的。1999 年 1 月，全国宣布统一取缔农村合作基金会，各地闻风而动，严查辖区内的农村合作基金会，停业关门、摘牌收印、一律停办。全国约 4.5 万家乡村两级的农村合作基金会被“一刀切”地清理取缔。

其实，一刀切地砍掉这一经历了 10 年生存历史的农村民间金融组织，今天看来是过于草率的。从指导思想看，当时过分担心影响金融稳定，而没有考虑农村金融的巨大需求，不是农业银行和农村信用社能够完全包办得了的。农村资金的需求没有正规和非正规的民间金融组织作为必要的有益的补充，是无法解决的。从操作程序看，制度的出台只单方面听取金融部门的一家之言，而没有广泛深入地调查研究，征求如农业部门、专家学者、农民企业家等各方面的意见。当时的金融部门不仅对农村合作基金组织冲撞了他们的体制大为光火，而且也觉得别人要抢他们的饭碗，这当然水火不能相容。从市场规律看，有失公平竞争原则，对农行和信用社偏爱有加，同是为农村服务的金融组织，合作基金会问题很多，而作为参照物的农行和信用社同样问题成堆，理应通过清理整顿就事论事，并在此过程中不断吸取教训，总结经验，完善提高，和农行、信用社形成竞争格局。从经济社会发展规律看，脱离了人民群众的需求，中断了人民群众的创造。古今中外的历史表明，任何新生事物的发生发展过程，都是源于人民群众的需求和源于需求的大胆创新，而不分好坏一刀切地取缔农村合作基金会，违背了这一规律，没有照顾到农村如饥似渴的资金需求，也完全忽视了农民群众的创新精神。从工作方法看，应区别情况对症下药，该发展的发展，该完善的完善，该停办的停办。如果在总结完善提高的基础上发展到今天，中国农村金融的本土力量应该是发育比较成熟的一股力量，对支持农村发展做出的应该是无可替代的巨大贡献。从改革的路径看，我国30年改革一条最基本的成功经验就是“群众首创、自下而上”，而不是哪个部门、哪个单位坐在办公室里拍脑袋想出来的。从大包干到乡镇企业、从农民进城到土地流转，所有改革都发端于草根。农村金融组织同样不应只按上级金融部门的意图设计好框框，再做试点试验，而应该根据我国农村千差万别的情况，充分发挥民间的创造伟力，放手让各地大胆试验，金融部门只需做好指导、监督、总结、推广的工作就可以了。从一定意义上说，中国农村的改革，就是把蕴藏于群众之中解决问题的办法合法化的过程。而只到目前还只把试点试验牢牢限制在少数几个省区，这不符合“群众首创、自下而上”的改革路径。草根金融必须生于本土、长于本土，形成“芳草连天”的全覆盖之势，农村资金奇缺的问题才能真正解决。

国内外的大量实践证明，在官办金融服务不到位的农村地区，哪里的草根金融发育充分，哪里的经济就有大发展。温州民间金融非常活跃，“地下资本”占了民营企业资金来源的30%～40%左右，近三分之二的中小企业融资来自民间金融。可以断言，没有温州的民间融资就没有温州模式的诞生，就没有温州这么多大大小小老板的出现，就没有今天温州经济的繁荣活跃。孟加拉人尤努斯创办了举世闻名的“穷人银行”，自1976年开业以来，已为数百万穷人累计提供贷款50亿美元，并针对贫困人群逐步开展了保险、电信、教育基金、房屋建设等各项业务。美国收视率最高的商业电视节目《晚间商业报道》与沃顿商学院联合在全球评选“过去25年中最具影响力的25位商界领袖”，尤努斯是唯一入选的亚洲企业家。评选机构说“他打造的孟加拉经验在58个国家和地区得到应用，改变了数亿人的生活”。相比之下，我国绝大多数农村地区自上世纪90年代农村合作基金会被一风吹的砍掉之后，在发育本土金融方面普遍遭遇“体制性迟钝”，原因有三：一是监管部门不敢干。金融监管部门一直对农村合作金融组织心存戒备，唯恐这一“异类”冲撞现行体制，十分担心它们“扰乱金融秩序”，会带来“天下大乱”，对已经出现的合作金融组织也是查办多、扶持少，限制多、鼓励少。二是官办银行不愿干。官办银行既缺乏向农业和农民输送贷款的积极性，更不愿意投入成本重构农村经营网点。三是基层干部不想干。经历过农村基金会清理风暴的农村基层干部心有余悸、谈“钱”色变。同时发育金融运作复杂、进程缓慢、润物无声，远不像大包干那样简便易行、立竿见影、一包就灵，调动积极性、培养人才、显现成效都需要一个相对较长的过程。

从大包干的星火燎原，到乡镇企业的异军突起，再到民工潮的汹涌波涛，一次次历史性的创举都已证明农民的创造能量是巨大的。而今，重构农村金融的历史使命已经摆在我们面前。十七届三中全会《决定》和2009年、2010年中央一号文件已经为培育农村金融本土力量提供了强有力的政策支撑，为满足农民资金融通需求、激发民间创业潜能营造了宽广的制度空间。各级政府及其金融监管部门应充分认识到，农村中正在发育的各类草根金融组织是农民像家庭承包经营制一样的又一伟大创举。目前，我国农村草根金融组织已有资金互助组、资金合作社、小额贷款公司、担保公司、乡村银行等多个层次，虽然在服务的范围、对象、作用等方面各有侧重，但基本上都是农民按照自愿、平等、互助、民办、民管、民用的原则组建起来的金融合作组织，成员之间利益共享、风险共担。这与一般的民间借贷、地下钱庄等存在着本质区别。政府应赋予农民创新的合法性，给予农民足够的创新空间，担负起农民创新的成本和风险，坚持“引导、鼓励、保护、支持”的方针，“政策上放开、资金上扶持”，大力培育农村金融的本土力量：一是调整思路。既抓放活外资，也抓放活内资；既重视发展现代化、国际化的高端金融市场，为城市社会、工商社会和大中企业做好服务，同时又放手发展草根化、中国化的低端金融市场，为农村社会、平民社会和二亿农户做好服务，为乡村的草根创业搭建起一个发育的温床。二是做好两个对接，即大金融机构与小金融组织对接，如委托贷款等；财政惠农资金与金融机构支持三农信贷对接，如达到一定标准给予补贴。三是在中西部地区广大农村，政府应拨出专款用于启动资金，在村一级着力培育资金互助合作组织。四是对资金合作社、小额信贷担保公司和村镇银行等，金融部门应放宽准入、降低门槛，加强指导、帮助和支持，促其发展壮大，充分发挥其在解决农村融资问题、推动农村市场主体做大做强等方面的积极作用。五是目前国家出台的“农村资金互助社办法”是金融部门办金融，不是农民办金融，起不到应有作用，应予修改。六是国家应加快出台《放贷人条例》，让民间借贷阳光化、合法化，克服民间借贷的灰色身份和无法监管的现象，使民间借贷健康发展。七是地方政府应把培育农村金融的本土力量作为基础性、战略性的系统工程摆上重要位置，精心组织，着力扶持，放手发展。尤其是县乡政府务必克服那种“用百米冲刺的速度去跑马拉松”的短平快增长心态。放宽视野，放长眼光，稳扎稳打，发育出成熟的本土金融力量，将是未来一个地区最具竞争力的核心产品。

第七章

粮食安全 ABC

有专家估算，我国人均约800斤的粮食占有量，仅相当于唐天宝年间的水平。而那时只有人吃粮，动物吃草不吃粮。今天，不仅人要吃粮，动物吃粮正以每年20%多的速度在增长，机器更张开血盆大口与人和动物争粮。况且，过去种粮的变成吃粮的（2.6亿农民工），过去吃粮的变成吃肉的，而肉蛋奶都需要粮食转化。在耕地和水资源越发趋紧的背景下，中国粮食安全路在何方，尤须关注；粮食安全、农产品安全、食物安全，抑或食品安全，值得深入探讨。

一、种子革命的威力

19 世纪之前，中国是一个农业社会，以农养政，以农养兵，以农养城，以农养国，国家机器的运转靠的就是农业税收。而农业每次发生质的飞跃，关键取决于种子的革命，就中国而言，是小麦、优质稻和玉米、地瓜等品种的引入，使中国农业对经济社会的发展产生了根本性的影响。种子革命是农业社会经济繁盛的源头。

夏商时代，中国人吃的是粟，即小米，用今天的眼光看，就是狗尾巴草的种子。以小米为主食，国家储粮也是粟，祭祀也是献上粟作为贡品。小米饭就相当于今天的白馒头。但粟产量不高，随着人口的增长，越来越需要寻找一种产量较高、能稳定种植的品种。

这时，小麦便闪亮登场。商代时小麦自西亚传入，但人们尚不习惯，不知它可以做多种食品，营养也比小米丰富，口感又好。随着时间的推移，人们才摸索出它的这些特性，逐步扩大种植。到战国时代，小麦已经成为国家储备的主要粮食。近年考古发现，当时人们就能做出一米多长的面条。“六王毕，四海一”，秦统一六国，主要是秦占据关中，而关中地区盛产小麦，国家有足够的粮食。

汉朝的文景之治被称为中国历史上三大盛世之一。史书记载：“京师之钱累巨万，贯朽而不可校。太仓之粟陈陈相因，充溢露积于外，至腐败不可食。”除了与民休息、减免农业税外，主要得益于小麦的广泛种植。

随着农民大量的垦荒种植，光热、水土条件、干湿气候等自然环境都发生了重大变化，尤其出现土地沙化盐碱化，使小麦产量逐渐下降，一遇灾年，民不聊生，揭竿起义。中国历史上农民大起义几乎都发生在小麦主产区。西汉末年赤眉起义发生在山东江苏交界处，东汉末年黄巾大起义发生在河南洛阳，唐末黄巢大起义发生在山东，元末红巾大起义发生在安徽阜阳，明末李自成起义发生在陕西米脂，这些起义的导火线各不相同，但都与饥荒年景粮食不够吃有关。

唐代是小麦种植最鼎盛的时代。贞观之治被称为中国历史上第二次大盛世，主要是经过长期的战乱后，唐王朝在和平时代利用开疆拓土的广大地域，积极扩大小麦种植面积，使经济获得爆发式增长。到唐天宝年间，人均占有粮食700多斤，和今天我们人均占有量一样。杜甫："忆昔开元全盛日，小邑犹藏万家室。稻米流脂粟米白，公私仓廪俱丰实。"但连年耕种，土地质量锐减，盐碱沙化严重。粮食产量下滑逐步造成国家粮食危机。

就像小米在商代无力养活越来越多的人口一样，小麦到唐代后期也越来越无力养活中国人，社会动荡不安，先后出现五代十国的混乱局面。到宋朝初年，一种优良的水稻品种占城稻，传入中国。占城稻高产、早熟、耐旱，生长期短。占城稻的引入，是当时中国南方的一场种子革命。中国南方的先民们对水稻的栽培并不陌生。他们世世代代生活在江南水乡，以打渔、采藕、捉虾、捕蟹为生，天天吃河鲜，懒得去大面积栽种费力费时的水稻，只是搞一点够吃就行了。多余的稻米就用于发酵做米酒，自得其乐。

当占城稻被泉州商人从东南亚带到福建泉州后，农民发现，它不仅高产，还可以稻麦复种轮作，一年可收两茬，单位亩产大大增加（当时南方水稻亩产约353市斤，北方小麦亩产约178市斤），于是占城稻迅速扩散到长江流域和中国南方，宋代垦田面积达到了7.2亿亩，江南地区也因此确立了经济中心的地位，"苏湖熟，天下足"的谚语正是诞生于这一时期。

优秀稻种的引入，进而激发了整个宋朝经济社会发展。中国古代的四大发明造纸、火药、印刷术、指南针，有三项产生在宋代。宋代时企业规模之大，超出了之前乃至之后的很多朝代，GDP占到了世界的一半，是真正的超级大国。12世纪，浦江边上就有十座油井在生产，开采石油比西方早得多。研究表明，在1080年前后，中国的铁产量可能超过了700年后欧洲除了俄国以外的总量；在11~12世纪，中国的煤铁产量甚至比工业革命前夕的英国还要多。北宋京城汴京，当时有100多万人口，是世界上最大的城市，工商税收占财政收入的70%以上。《清明上河图》描绘了当时的繁盛景象。有人测算，公元1000年时，汴京农民工的一年收入折成大米，再按2009年大米价钱折算，相当于年收入3200美元，正好等于我们2008年的人均GDP。那个画《清明上河图》的张择端，就是一个山东诸城的农民工，他是来京卖画的京漂族，有幸被宋徽宗发现召入宫中的。

虽然金兵屡犯南宋，但都城临安“夜市千灯照碧云，高楼红袖客纷纷”，一派升平景象。南宋能偏安一隅，金兵屡攻不下，与江南优质稻的引进使粮食产量大增密切相关。水稻品种的革命为中国奠定了一个稳固的南方粮仓。自宋以后，无论北方如何动荡、外族如何入侵，南方的粮仓地位一直安如泰山。大运河的开凿又为南北交流提供了便利，南粮北运使宋以后的王朝手中有粮、心中不慌，得以延缓寿命。明朝时，京杭大运河中从南向北运粮的漕船达9000多艘，清朝每年从南方征收北运的漕粮多达400万石。

中国人口的暴涨，发生在被称为中国历史上第三大盛事的康乾盛世。据史料记载，汉代人口约5000万，宋明时代四五千万人，清朝初年中国人口才开始按亿计算，但100年后的康雍乾时代，一下子猛增到3亿多人。按照明末清初的粮食产量只能养活1亿人，100年里人口翻了两番，用什么来养活他们，这又是一场种子革命的功劳。

哥伦布发现新大陆，不仅改变了欧洲，也给中国带来了极大的影响。美洲的一些农作物新品种不断传入中国，使中国经济社会注入新的发展活力，为人口暴涨奠定了坚实的基础。这些种子是玉米、地瓜、花生、向日葵、辣椒、烟草等，它们在中国大地上逐渐流行开来，尤其是玉米、地瓜，不论什么样的水土条件都能生长，适应能力很强，大量的无地农民开垦荒山、坡地，种上玉米、地瓜等，收获的产品足以养家糊口。在吃饭不成问题的情况下，多子多福的观念自然导致人口大幅增长。

种子是万物之源，一切有生命的东西，都是从种子开始不断发展进化的。中国人历来就有“先有鸡还是先有蛋”的哲学命题，其实这就是一个关于种子起源的哲学命题，它所追溯的问题就是谁是种子的源头。

种子革命是生物进化的源头革命，它带来的巨大效应是根本性的。到2011年10月，地球人口已突破70亿，新中国成立到现在只有60多年，中国人口已经由4亿多猛增到13亿多，翻了三番。地球人口的暴涨，最根本的一条就是现代科学技术不断催生发生在各种农作物及家畜家禽领域里的一场场种子革命，使人们的食物产量激增，食物的充裕，拓展了人们的生存空间，使人口在自然生育状态下得以快速繁衍。现在世界每年生产的粮食21～22亿吨，足够养活120亿人。但是一个新的命题又摆在人们面前，过去只有人吃粮，动物吃草不吃粮，今天的粮食，除了供人吃、饲养动物，还有很多都喂了机器。尽管转基因粮食高产，但机器的血盆大口是无法满足的，它的需求越来越无止境。人、畜、车三方争粮的时代已经到来。种子革命的步伐在人畜车三方大战中必须加快，不然人类社会的发展将难以为继。交通、通讯的高度发达，使地球上物种交流可在极短的时间内完成，该交流的差不多都交流了，像小麦、水稻、玉米、地瓜那样靠引进种子产生的革命性变革已经没有了可能，剩下的只有通过不断深化品种研发来实现种子革命了。

半个世纪以来，我国种业发展迅速，全国已有400多家种子科研机构、10多万种子科研人才。上个世纪70年代，我们成功培育了杂交水稻、矮秆化小麦，改革开放以来又成功培育了超级杂交稻、紧凑型玉米、优质小麦、转基因抗虫棉、双低油菜等一大批优良品种，有些已居于世界领先水平。新中国成立以来，我国主要农作物品种已经更换了6～7次，农作物良种覆盖率已由建国初期的不足0.1%提高到目前的96%，商品种子供应率已由上世纪90年代中期的30%提高到目前的60%，小麦由过去农民自留种发展到目前近70%的商品供种。全国“育繁推一体化企业”已增加到90多家，有8家种子企业成功上市。1949年到2010年间，我国粮食单产提高了3.8倍，总产增加了3.8倍，连续突破3亿吨、4亿吨、5亿吨大关；棉花单产提高了6.7倍，总产增加了12.4倍；

油料单产提高了2.8倍，总产增加了11.6倍。但是，我国现有持证种子经营企业8700多家，70%是小企业，99%的企业没有研发能力，前10家企业种子市场份额仅占13%，而美国有1100多家种子企业，90%以上的新品种来自企业，仅孟山都和杜邦先锋2家企业就占据美国玉米种子市场的60%以上的份额。我国种业散兵游勇、各自为战的格局，导致缺乏创新力、聚合力和核心竞争力。

长期以来，种子对人类经济社会的发展作用之大，远未被人们提到应有的高度去认识。进入新世纪，我国逐步加强对种业发展的法律政策力度，2000年，颁布了《中华人民共和国种子法》，2011年又下发了《国务院关于加快推进现代农作物种业发展的意见》（国发〔2011〕8号）的文件，把农作物种业提到“是国家战略性、基础性核心产业，是促进农业长期稳定发展、保障国家粮食安全的根本”的高度加以部署。这是我国农作物种业发展的重大机遇。目前，我国种业已发展成仅次于美国的第二大种业市场，常年用量在300亿公斤左右，价值达500亿元左右，待开发市场潜力巨大。

在动物界，荷兰科学家已经通过干细胞的培植就可以生产出猪牛羊肉。他们测算，只需要两个月时间，十个干细胞就可以培植出5万吨牛肉。2009年猪肉的生产已经成熟，不出一年牛肉的生产就可以实现商品化。这是动物界的种子革命，省略了活体饲养的全过程。植物界的种子革命该会出现怎样一种状况，目前还不得而知。这种种子革命现象会产生什么样的后果，现在还很难看清。但是，突变式的发展已经成为现实。

当今世界科技的竞争主要是三大前沿科技：新能源技术、信息技术和生物技术。各国新能源技术和信息技术你中有我，我中有你，各有优劣，唯独生物技术差距甚大。发达国家利用生物技术大搞种业革命，力图控制他国种子资源，一些国家的种子已经被殖民化，中国最大的蔬菜基地山东寿光的种子，90%以上为国外企业垄断。一个国家一旦种子被殖民化，其危害恐怕比输入鸦片还有过之而无不及，这种没有硝烟的战争比用枪炮攻城掠地的效果来得更广、更深、更久。因此，种业的发展必须上升到国家意志、国家理念、国家战略的高度去谋划布局。

全世界农业科学家都在大搞杂交种子、转基因种子，常规种子的培育很少有人问津，原生态的种子更是已近绝迹。常规种子可连续种植3～4年，杂交种子、转基因种子只能种一年。制种垄断为种子产业带来的利润不可估量。常规种子种得好产量并不一定低于杂交种子，且农药、化肥施用量可降低20%，重要的是它具有延续性、原生态性。建立常规种子基地、种子仓储已经是人类共同的命题，尤其对中国这样一个农业大国更是一件迫在眉睫的大事。不然，原生态的种子基因很快便在杂交中消亡。这是物种的悲哀，更是人类的悲哀。为人类留下几粒真实的农作物种子应该成为农业科学家的新追求。

早在上个世纪，人类就开始了对种子的高度关注。联合国粮农组织的一份报告称，全球已有四分之三的粮食品种在上个世纪就已消失，粮食品种的多样性已陷入一个大麻烦。为保护粮食品种的多样性，有人早在上个世纪20年代就献身于此。俄罗斯植物学家尼可莱·瓦维洛夫曾走遍五大洲，收集无数罕见的粮食品种和野生谷物。他旗下一家位于列宁格勒（今圣彼得堡）的研究会专门负责收藏他收集的各类种子40万份，这就是最著名的全世界第一家“种子银行”。但1941年，列宁格勒战役爆发，苏联官员只顾转移冬宫的艺术品，没人关注这座事关人类生存的“种子银行”。希特勒则组织一支特别行动队去抢掠这些种子，研究会的一批科学家闻风迅速将他们藏匿，并轮班守护，直到饿死在这堆种子旁，9名负责守护的科学家一粒都不肯吃。而十分荒唐的是，瓦维洛夫搜集种子的行为却被当局斥为“资产阶级科学”。这位一生致力于解决人类饥荒问题的科学家最终却没能解决自己的饥饿，被活活饿死在一个集中营里。这是他个人的惨剧，更是人类的悲剧。好在人类今天已经觉醒，2008年冬天，在挪威斯瓦巴尔群岛距北极点1100多公里的永冻土上，藏有一亿粒来自世界各地的农作物种子的保险库建成。全球农作物多样性信托基金会负责人称，即便地球经历巨变、核战争或恐怖主义袭击，这个“种子银行”也能让人类在地球上重新建立农业生产，这是为地球农业购买的一份保险单，也是献给全人类的礼物。

法国著名科学家法布尔有一句名言：“历史赞美把人们引向死亡的

战场，却不屑于讲述人们赖以生存的麦田。历史清楚地知道皇帝私生子的名字，却不愿意告诉人们麦子是从哪里来的。这正是人类的愚蠢之处。”历史是人民写的，但记载历史的书却是知识分子写的，我们的历史粗犷到只有“好人”“坏人”和成为“好人”“坏人”的所谓大事件构成，这更是人类的大悲哀。我们不应再让这种愚蠢和悲哀再延续下去。

一位名人说过：“一粒种子可以改变世界”，“一个品种可以改变一个民族”。一粒种子也可以繁荣一个时代。人类历史上已经发生过多次改变世界的种子革命现象，今天，我们期待着那粒能够改变世界的新种子早日问世。历史应该让那粒能够改变世界的种子永远彪炳史册。

二、粮食安全绕不过的九道坎

粮食安全始终是关系国计民生和国家战略的重大问题。改革开放以来，我国粮食综合生产能力稳步提高，以占世界7%的耕地养活了占世界22%的人口。从发展趋势看，我国粮食消费需求将越来越呈刚性增长，供需矛盾日益突出。加强粮食问题的宏观调控，妥善处理好各种关系，是保障国家粮食安全的关键。

1. 上与下的关系——政府要粮，农民要钱

民以食为天，解决好十几亿人的吃饭问题始终是治国安邦的头等大事，保障粮食供给是中央政府的基本目标。为此，国家设置了18亿亩的耕地红线，划定了基本农田保护区，出台了一系列扶持粮食生产的政策措施。但粮食安全却不是农民的目标，对每一个农民来说，最关心的是如何提高收入，无论宣传工作如何出色，也不会使农民自觉自愿地减少收入来种植粮食。在一定条件下，农民在家种田还是外出打工，在家种田是种粮还是种其他作物，主要取决于比较利益的高低。目前全国已有约2.5亿农村劳动力转移到非农领域就业，据抽样调查，2009年农民外出务工月平均工资为1659元，每亩粮食净收益仅192.4元，种粮农民辛

辛苦苦忙活一年，不如打工一个月收入，因此也就不会把主要精力放在种粮上了。另一方面，对基层政府来说，粮食生产更多的是一种政治任务，缺乏经济热情。产粮大县往往是工业弱县、财政穷县，在粮价较低和税收贡献优先的情况下，粮食生产需要投入大量资金，却难以带动GDP增加和税收的增加，远远没有工业项目和招商引资来得快，形成越抓粮食越穷的怪圈。在目前绩效考核体系下，基层政府种粮抓粮的积极性受到严重影响。

如何协调国家、地方政府和农民三者利益关系，形成上下齐心协力、齐抓共管促进粮食生产的良好局面，关键是要调动“两个积极性”：一是调动农民种粮积极性。最基本的原则就是加大强农惠农政策力度，强化农民种粮利益引导，提高比较收益，使农民种粮不吃亏。在现有基础上中央财政要逐年较大幅度扩大对农民种粮的补贴规模，提高补贴标准。同时，在现有粮食补贴的基础上，增加对种粮大户的补贴，按照种粮大户耕地面积或提供的商品粮数量，提供相应的补贴，并在信贷、科技推广、农业机械作业等方面给予重点扶植，加快培育“核心粮农”。建立国内粮价与国际粮价的联动机制，大幅提高保护价水平，充分利用WTO“绿箱”、“黄箱”政策，大幅增加对种粮农民直接补贴，增强补贴对调动农民种粮积极性的瞄准度。二是调动地方政府抓粮的积极性。要进一步加大对粮食主产区尤其是商品粮调出地区财政转移支付力度和奖补力度，建立产区和销区利益补偿机制，把粮食生产纳入地方政府绩效考核体系，对不同功能区实行有区别的绩效考核标准，不再以GDP论英雄，让重农抓粮的地方在政治上有荣誉、经济上得实惠、工作上添动力。

2. 农与工的关系——工农产品价格剪刀差依然在扩大

农业是工业的基础。建国至改革开放的20多年里，国家通过工农产品价格剪刀差的形式，无偿从农民手里拿走了6000亿~8000亿元资金，为工业发展提供了原始积累。今天，在粮食领域，出现了新剪刀差现象。一是农资与粮食的价格差越来越大。过去30多年间，农资价格上涨了二十多倍，而粮食价格上涨只有几倍，粮食价格的上涨幅度远远落后于农资等工业品价格的上涨幅度。二是农产品内部比价不合理，种粮与种经济作物的效益差距逐步扩大。虽然国家对稻谷、小麦等重要粮食品种实行了最低收购价政策，但种粮与种蔬菜、水果等其他经济作物相比，效益仍然太低。三是农产品与其他工业品比价不合理。改革开放30多年来，粮食价格只上涨几倍，而不少工业品却上涨了几十倍，高的甚至几百倍。

这种新的剪刀差，严重挫伤了农民的种粮积极性，直接导致粮食供给动力不足。许多农民宁愿背井离乡，来到城市打工，也不愿意留在农村。形成这种新剪刀差的重要原因，就是粮价形成机制的不完全市场化和农资、劳动力等要素价格相对市场化之间的矛盾。处理好这种新型剪刀差，保持粮食稳定供给，需要多措并举，基本方法就是以工补农。其中重要一条就是发挥市场机制的调节作用，让粮价回归合理价位，适度上涨。只有粮价在合理范围内，农民对种粮有利可图，才能调动农民的种粮积极性，增加粮食供给，这也是保障粮食安全的基本措施。至于城市中的低收入者，则通过社会保障等途径，借鉴国外做法，发给食品补贴券，使其不至于因粮价的上涨而吃不饱饭。2011年，全国城市享受低保的人口为2310万人，每人每年补贴1000元也只需要231亿元，而给农民的粮食和良种补贴两项加起来比这个数字要大得多。

3. 南与北的关系——北粮南调的大反转带来资源配置的大错位

南方是我国传统粮仓，历史上，“南粮北调”在隋唐以前已经成型的格局并一直是我国粮食供给的主基调，“湖广熟，天下足”等民谣就是“南粮北调”的生动写照。据记载，明朝京杭大运河从南向北运粮的漕船达9000多艘，清朝每年从南方征收北运的漕粮多达400万石。改革开放以来，特别是近10多年来，我国粮食供应格局逐渐发生变化，南方尤其是沿海发达地区如上海、浙江、广东、福建等历史上著名的“鱼米之乡”，随着工商业的发展、人口的大量涌入，粮食生产在萎缩，而粮食需求呈刚性增长，“南粮北调”的大格局来一个大反转，逐渐演变成

“北粮南调”。国家新规划的七区二十三带约800个粮食主产大县，绝大多数在北方。

“北粮南调”是政策引导、市场选择等多重因素共同作用等结果，在国际国内粮食供求处于并将长期处于紧平衡态势下，粮食生产供应过于集中于北方，南方粮食产需缺口持续扩大，这种地区产需大反转，带来的最大问题是在宋代即已成型的南北农业生产资源配置的大错位。一是水土资源短缺凸显了北方粮食生产的不可持续性。北方地区（包括松辽、海河、黄河、淮河、内陆河五大流域片）水资源短缺矛盾突出，人口占全国的46.5%，耕地占64.8%，但水资源仅占19.6%，平均每亩耕地水量仅为南方的1/3。华北农业发展依赖的是200万口机井对地下水的掠夺性开采，华北地下水超采达1200亿立方米，京津冀5万平方公里形成了世界上最大的地下水降落漏斗区。东北地区从过去的旱作农业转种水稻也加剧了水土资源矛盾，尤其是黑土地耕作层正加速破坏。投资几千亿的南水北调工程何时发挥效益，能发挥多大效益还是一个未知数。所有这些表明如果不及时采取改进措施，北方粮食生产将难以为继。二是南方发展粮食生产的优势和潜力受到抑制。长江以南水资源占全国81%，而耕地只占36%。南方历来水量充沛、土壤肥沃，具有发展粮食生产特别是稻谷生产得天独厚的自然资源条件，也因此成就了湖南、江苏、浙江等地“鱼米之乡”的美誉。改革开放以来，国家给予沿海地区率先发展的政策支持，南方农田水利等基础设施建设、农业机械化水平、科技支撑能力等明显优于北方，尽管粮食总产量逐渐滑坡，但粮食生产能力较强，单产水平总体较高，而这种优势和潜力随着工业化、城镇化的快速推进而被掩盖，粮食生产逐渐退出了决策者视野而日渐边缘化。三是加大了区域粮食危机发生的风险。南方经济发达地区是全国重要的劳务输入地，也往往是粮食主销区，如广东、浙江粮食自给率分别只有30%、40%，2008年分别调入粮食1368万吨、876万吨，广东常住人口已经过亿，跃居全国第一，人口不断增加进一步加剧了粮食供应的压力。而一旦国内粮食供应趋紧，这些重度购粮区首当其冲，将会立刻面临粮食危机，其现代化进程完全可能大受拖累。

“北粮南调”带来的种种风险和挑战，必须引起有关各方的高度重视，果断采取有力措施积极应对，特别是要重视地区粮食供需均衡发展。一方面，要逐步提高南方粮食自给率，南方特别是沿海地区购粮区政府必须高度重视粮食生产，加大种粮补贴，严格保护耕地，稳定甚至增加粮食播种面积，进一步完善农田基础设施，千方百计提高粮食自给率。另一方面，要进一步提升北方粮食综合生产能力，加大中央财政对北方高标准农田建设等的投入力度，注重应用先进科技，大力发展节水农业、循环农业、生态农业，不断提高水土资源利用率和单产水平。

“大反转”带来的“大错位”，不仅需要各级政府不懈的努力，没有几代人的功夫是调整不了的，而且需要全社会各方面的共同协作，不是哪一个或哪几个部门就能办得了的。

4. 国与民的关系——民不储粮，国当补足

粮食储备是市场供求的“稳定器”，是救灾备荒的“蓄水池”，是战略安全的“保证金”。我国的粮食储备有官方储备和民间储备。2000 年，我国成立了专门负责粮食储备的机构，即中国储备粮管理总公司，受国务院委托执行粮食收储任务，形成两级法人、三级架构、层级负责的垂直管理体系。中央储备主要用于服务军队、战争、重大灾害、突发事件，以及全国大范围的跨区域市场供求等。同时，按照粮食省长负责制的要求，形成了省、市、县地方粮食储备体系，要达到产区三个月、销区六个月的地方粮食储备。在国有储备之外，还有巨大的民间储备，我国约 70% 的粮食由农民消费和储存。

粮食储备规模和结构应该保持适度，既不可过量，使财富变成“包袱”，也不可不足，不能满足需要。根据世界各国的经验，如一国粮食储备体系完善，应保有相当于年消费量 18% 的粮食储备。但如果国内粮食储备体系不完善，则所需储备远远大于这一水平。专家认为，我国粮食储备的规模应维持在相当于当年全国粮食消费量的 25% ~ 30% 的水平。

据 2011 年 6 月 14 日《每日经济新闻》报道，作为全国产量百强县

的黑龙江兰西县，年产十多亿公斤粮食，有14个国有粮库基本没有储备，9个粮库空仓。产粮大省吉林，有的直属库同样几乎零库存，大多因缺钱无法补库。国储不足是当前急需解决的隐患。

在过去备战备荒的年代，不仅家家户户储粮，而且生产队、大队都有储备粮，家家户户有谷仓、米缸。现在，随着农民生产生活方式的改变，农民储粮数量在逐渐减少。大量青壮年劳动力到城里打工，他们不再从事粮食生产，当然不再储粮。随着市场经济的发展，广大农村已经不再是自给自足的生产，粮食成了商品，粮农在收获粮食之后会在很短的时间内将其换成货币，即使暂时存放，也只是为了卖个好价钱。有的农户由于储粮设施简陋，储粮技术缺乏，多为麻袋、木柜、砖砌柜和墙角堆放等，不能有效地防治鼠害、虫蚀和霉变，干脆将粮食存到“粮食银行”。据对皖南山区的旌德县调查，一般农户家里仅存当年口粮，人均稻谷300~400公斤，随着农民就业和人口的转移，吃商品粮的人口增加较快，这些家庭基本上和城镇居民相同，人均存粮不足5公斤。

农户存粮越来越少，“粮食银行”越来越多，掌握着大量的粮食储备，但这些“粮食银行”主要是乡镇粮油加工小企业，业务规模小、经营地域窄，游离于政府的掌控之外。一个可行的办法，就是将“粮食银行”作为官方储备的补充，加强管理，加强扶持。对“粮食银行”来说，政府补贴提高了其经营能力，并相互在数量、品种、时间、地区间互通有无、互利合作，利用外部资源抗击风险，特别是在同一地区集中爆发风险时，异地合作可以规避地区性粮食银行倒闭引发的危机。对政府来说，可以弥补国有粮库容量小、储备能力有限、资金利用效率低、陈化粮周转困难的缺陷。

5. 种与吃的关系——种粮的变成吃粮的，吃粮的变成吃肉的。粮价高了有呼声，粮价低了有哭声

实现粮食生产和消费的协调发展，确保粮食供求总量和结构的基本平衡，是确保粮食安全的内在要求。随着经济的发展和工业化、城镇化进程的加快，很多种粮的变吃粮的，吃粮的变吃肉的，肉蛋奶则需要粮

食转化，给粮食供求带来了新矛盾。

种粮的变吃粮的。大批青壮年农民工进城后，不再从事粮食生产，变为单纯的粮食消费者。留守的劳动力素质普遍偏低，对农业新知识、新技术接受能力差，劳动技能提高难度大，影响了粮食生产能力的提升。再加上耕地减少、水资源短缺、气候变化等对粮食生产的约束日益突出，使得本来就已紧平衡的粮食供给将更加紧张。

吃粮的变吃肉的。随着生活水平的提高，城乡居民的饮食结构正在发生变化，由原来的8∶1∶1变为4∶3∶3，即由8斤粮、1斤肉、1斤菜变为4斤粮、3斤肉、3斤菜。肉蛋奶消费量的增加，带来饲料粮消费的增加（一般估计，生产1斤鸡肉需要2斤粮食，1斤猪肉需要4斤粮食，1斤牛肉需要8斤粮食），改革开放以来，饲料粮占粮食总产量的比重提高了接近20个百分点。

种粮的、吃粮的对粮价变动的声音有强弱之分。粮价涨了有呼声，呼声集中响亮，在城市，占据了强势主流媒体，很容易达到决策层；粮价跌了有哭声，哭声分散低沉，在农村，决策层很难听到。对待粮食价格变动，决策者更应关注粮食生产者的声音。

6. 内与外的关系——中国人的饭碗必须端在自己手里

有关资料显示，进入新世纪后的2003年，我国又开始成为粮食净进口国，这一势头持续至今且规模逐步扩大。2008年，我国粮食净进口量约3500万吨，占当年世界粮食贸易总量的15%。2010年我国进口玉米157万吨，为2009年的19倍，进口大豆、小麦分别达5480万吨、120万吨，增幅分别为28.8%、36%。2010年，我国进口美国175亿美元的农产品，首次成为全球进口美国农产品最多的国家。

扩大粮食进口有助于缓解我国主要农产品与耕地、水等资源的矛盾，降低粮食安全面临的风险。2010年，我国进口的约6000万吨大豆和687万吨食用植物油规模，相当于增加了近7亿亩播种面积，占我国农作物播种面积的29%，大大缓解了国内耕地紧张的矛盾。但是我们必须认清我国粮食贸易面临的形势，应始终保持清醒的头脑，不过分夸大粮食进口的作用，更不能迷信“市场能够保障我国粮食安全”的神话。首先，全球粮食产不足需。从1999～2007年的八年间，有七年世界粮食消费量大于产量，粮食产需缺口累计达2.49亿吨；据联合国粮农组织（FAO）测算，2010～2011年度，世界谷物产量约为22.16亿吨，而消费量达22.54亿吨，依然产不足需。其次，全球粮食贸易量无法满足国内需求。世界粮食贸易量多年稳定在2.5亿吨左右，不到我国粮食总产量的一半，而全球需要粮食进口的国家有100多个，中国增加任何品种的进口，哪怕只是国内某一品种产量出现波动，即会对国际粮食市场造成巨大影响。正如莱斯特·布朗所言，除了我们自己，世界上没有谁能养活中国。再次，粮食能源化、武器化战略危及世界粮食安全。近年来，美国、加拿大、巴西等粮食大国大力实施生物质能源计划，打通了粮食与能源之间的通道，使全球粮食需求从食品领域扩散到能源、金融领域，成全了美国实现继美元霸权、石油霸权之后的粮食霸权，可以预期今后美国将更多使用“断粮”威胁手段来实现其政治目的。第四，金融投机和跨国粮商逐步掌控了全球粮食贸易的定价权。2007年以来，全球房地产和股票市场持续走低，迫使大量游资和各类基金转投石油、粮食等资源性产品，国际粮价被芝加哥交易所里的大亨们炒得水涨船高。另外，ADM（Archer Daniels Midland）、邦吉（Bunge）、嘉吉（Cargill）、路易达孚（Louis Dreyfus）四大跨国粮商垄断了世界粮食贸易量的80%，他们最擅长的手段就是利用资金优势，通过资本运作消灭对手，垄断市场，从而实现操控价格、牟取巨额利润的目的。今日粮价已非由供求双方决定，而是带有很大的金融性，部分充当了货币功能。

中国人的饭碗必须端在自己手里。一是千方百计提高粮食综合生产能力。通过农田基础设施条件的改善和先进科技的应用，充分挖掘粮食增产潜力，着力提高单产，努力扩大播种面积。特别是要高度重视培育壮大国内种子产业。更加审慎应对外资合资合作、并购、参股我国种业公司行为。二是制订《国家粮食安全主权法》。按照立足国内“基本自给自足”的战略目标，安排生产经营制度，对重要农产品执行无缺口覆盖制度。在此基础上，全面禁止外资对我国农业的渗透，全面检讨外资在我国粮食、种子、农药等农业全产业链条上角色是否危及我国粮食主权安全。三是审慎发展转基因农作物。生物技术作为当今世界竞争的三大前沿科技之一，我国应上升到国家战略高度加速推进研究，尤其转基因技术更应加快研究步伐，努力跟上世界的脚步。但国内外实践已经初步证明，农作物转基因技术并不成熟，在抗病抗虫、提高产量、改善品质等方面与传统作物相比并不具备显著的优势，更大的隐患是尚不知对人体是否安全。欧盟等国普遍采取审慎态度，美国大量转基因作物只用于出口和工业原料，基于我国尚能维持粮食自给自足的现状，没有必要做第一个吃螃蟹的人，在逐步减少转基因大豆、玉米等进口的同时，坚决阻止稻谷等主粮转基因的推广食用。

7. 量与质的关系——量的安全是显性的，质的安全是隐形的

粮食安全是量与质的统一。1996 年，联合国粮农组织粮食高层峰会提出：“人人都有权获得足够的安全而富有营养的粮食以保障其过上健康和有活力的生活。”因此，“粮食安全”的内涵不仅包括量的要求，也包括质的要求。量的安全是显性的，质的安全是隐形的。既要吃饱又要吃好，更要吃出营养吃出健康。土地污染、水污染、化肥农药污染、加工环节污染使食品安全成了天大的问题。“谁能告诉我，究竟吃什么”成了社会流行病。吃本来是一顿饭的事，现在变了一辈子的事，吃不好，一眨眼，一辈子就过去了。更为可怕的是，在这场危及所有人的食品安全保卫战中，人人都在后撤，人人都做旁观者，能拿起法律武器捍卫者寥寥无几。再加上政府监管不到位，几年前，全国有 72 个地级区域、1305 个县级区域未设立食品监管机构，“祸从口入”就成了这个时代“人人自危”的根源。（“祸从口出”本是文字狱和政治狂热时代“人人自危”的根源。）尤其是转基因粮食绝不能进入主食，其危害没有几代人的时间跨度是难以知晓的。要杜绝这种现象的发生，必须从民族国家生死存亡的高度深刻认识其巨大危害。

8. 产与销的关系——农业经济是“殖民地经济”的现象必须改观

主产区与主销区的矛盾始终是一个未解的结。在市场经济条件下，这个结必须解开。

“南粮北移”与“北粮南调”。国家粮食局的统计显示，近年来，中国三大粮食主产区中，东北产区和黄淮海产区的播种面积和产量呈逐年上升之势，而长江中下游产区近年来一直有逐渐减小的趋势。中国南方是传统的粮食主产区，这里水资源和气候条件都很好，一年出产两到三季，但这里尤其东南沿海地区，也是工业化、城市化率先起步并高速发展的地区，这导致南方的农业逐渐被弱化、农田逐渐减少，而北方地区则由于城市化和工业化步伐起步相对较晚，逐渐承担了较多的粮食生产。在这种情况下，“南粮北移”现象出现；而在“南粮北移”的粮食生产格局下，产地和销地出现地域上的分离，“北粮南调”已成定势。“南粮北移”、“北粮南调”虽然有其经济发展阶段上的合理性，但由于北方地区也需要并正在快速工业化、城市化，这就不可避免地与当下地方经济发展和国家粮食安全统筹格局发生矛盾。

“穷省”与“富省”。在工业化阶段，工业部门的投资利润回报往往远高于农业部门，因此那些工业化、城市化程度越高的省份，对农业的挤出情况就越突出。粮食主销区，往往是经济发达地区，每年要消费很多粮食，却较少承担调入商品粮风险基金的筹集任务。广东1.07亿人口已成人口第一大省，粮食自给已降到30%以下。素有传统鱼米之乡的浙江、福建自给率也都下降到40%左右。尽管国家通过直补形式，对农民的粮、种、农资、农机等发放了各种补贴，但粮食生产是典型劳动密集、低附加值产业，比较效益极低。农民卖了粮食购买工业品，在为主销区提供粮食的同时，农民的种粮收入以及粮食风险基金的补贴又会随着工、农业产品巨大的剪刀差，最终流向粮食调入区——以工业生产为主的经济发达省份，发达地区拿着高收入，吃着低价粮，造成了“穷省”补贴“富省”的情况。

“粮食大县”与“财政穷县”。现今的粮食主产地区都进入了经济加速发展阶段，由于这些地区承担国家粮食安全的责任，因此只能获得有限的开发。调查显示，1997～2002年，13个粮食主产区有九个省区的产粮大县人均国内生产总值低于全国平均水平。粮食年年在增产，但产粮大县的经济总量上不去，人均GDP与工业发达的省份差距越来越大。粮食大县在保证国家粮食安全的重任与加快地方经济发展的冲动下左右为难。陷入“产粮越多财政负担越重”、“贡献越大义务越多”的不利境地。

目前粮食主产区在保证国家粮食安全的同时，还提出要加快地方经济发展，提速工业化和城市化。怎么来解决这个悖论？统筹粮食主产区和主销区协调发展。当前主要应该做到“三个防止”：一是要防止粮食主产区滑向粮食平衡区。在推进工业化、城镇化的进程中，一定要稳定和加快粮食主产区发展，防止粮食生产下滑。二是要防止粮食平衡区滑向粮食主销区。我国有11个粮食平衡区，这些地区基本上是粮食自求平衡。但是一些粮食平衡的省份在工业化、城镇化的进程中，随着耕地面积的减少和粮食消费量的增加，有的已变成了粮食调入省份。要采取有效措施，遏止粮食平衡省向粮食调入省的下落。三是要防止粮食主销区的自给部分大幅减少、调入量大幅增加。近些年来，一些粮食主销区自给部分不断减少，调入部分大幅增加，给国家粮食安全带来的压力加大。要做到这“三个防止”，必须从宏观层面上，制定和采取有力的政策措施，坚持走中国特色城镇化和农业现代化道路。一是进一步加大强农惠农政策向粮食主产区倾斜。按照资源禀赋、生产条件和增产潜力等因素，科学谋划粮食生产布局，明确区分功能和发展目标。集中力量建设一批基础条件好、生产水准高和粮食调出量大的核心产区；在保护生态前提下，着手开发一批有资源优势和增产潜力的后备产区。二是建立多种形式的销区反哺产区利益补偿机制。在发挥国家扶农、惠农政策主渠道作用的基础上，要鼓励各级政府采取多种形式、利用多种渠道，支持销区反哺产区，构建主产区粮食生产保障体系。根据粮食销区调入的粮食数量收取一定的补偿金，多调多补偿，少调少补偿，不调不补偿，支持主产区。三是中央统筹产销两区“互帮结对”、“对口援建”，帮助主产区进行农田基础设施建设、低产田的改造、道路的修建、农民科技培训等，国家每年对援建进展情况监督、检查、评比。限制销区进口粮食数量，对进口农产品征收差价税，防止农产品过剩，财政支出激增。就粮食主产区的建设来说，除了在理念上、政策规划体系上的进步，还需硬件和软件上的产销区联动、双重推进。比如水利、育种、仓储、农业科技等基础设施上的硬件支持，应该像设计航天工程那样去做农业硬件上的投入，“有钱出钱”、“有人出人”。

9. 人与物的关系——在人、畜、车争粮的三角大战中，保人抑车是根本

近年来，我国粮食需求呈现出一些新特点。一是社会消费总量持续上升，主要是生产用粮大幅增加。二是口粮消费稳中有减。迄今为止，在我国粮食消费需求中，口粮消费超过50%，仍是第一大用途。随着粮食生产的发展和人民生活水平的提高，居民肉蛋奶摄入量逐步增加，使口粮的人均消费出现了减少的趋势。1995~2005年10年间，全国口粮消费量减少了0.5%。三是饲料用粮持续增加。我国家畜饲料用粮从1980年的6800万吨增至2009年的1.2亿吨，增加了近1倍。四是工业用粮增长较快。食品制造工业，包括糖果、糕点、调味品、豆制品、淀粉、食品添加剂、酒等行业，约占食品加工用粮的60%。农村做酒熬糖耗费的粮食，平均每年递增4.7%。

从吃饱到吃好，粮食消费结构发生变化。来自国家统计局农村社会经济调查总队的调查显示，近年来，口粮消费量及其所占比重逐年下降，饲料用粮、工业用粮及其所占比重明显增长，其主要原因是我国人民生活水平提高所导致的居民饮食结构的变化。据统计，东方型国家人均粮食消费量应在400公斤以上，日本人均消费量为450公斤，其中口粮直接消费为125公斤，其他均为肉蛋奶等转化品。从长远看，我国人口达到16亿峰值的2030年前，按人均400公斤消费量计算，到2030年我国粮食总需求量将达12800亿斤。

人吃肉，畜吃粮，动物消耗粮食在提速。家畜家禽饲料用粮从1980年的6800万吨增至2009年的1.2亿吨，增加了近1倍。这个数字相当于2010年粮食总产量的近30%。中国的猪肉消费量居世界首位（是世界平均消费水平的2.5倍）。目前，中国农村人平均每天吃1两肉，城里人平均每天2两肉，中国人的肉类消费处在快速增长阶段。中国人肉类消费的阶段性目标是每人每天多吃1两肉。因此，肉类消费的增长，将与口粮消费比例的下降同时并存。到2020年，中国的口粮需求为2亿吨，而饲料粮消费增加到近5亿吨。在保证生产质优量足的人用口粮之外，还要再生产超过口粮两倍以上的粮食给牲畜吃，传统农业系统无能为力。

人开车，车吃粮，机器正张开血盆大口吞食粮食。欧美国家发展生物能源改变了世界对粮食需求的预期，从根本上改变了世界粮食供求的格局，就是在供给不变的情况下，在需求方面，机器和人争粮食，导致了粮食市场供需预期的失衡。美国2010年用于燃料乙醇生产的玉米达1.4亿吨，等于几亿人的口粮；同时，美国已研制出用玉米可生产2000多种生产生活用品。目前，我国也在搞玉米乙醇，国家提供1375元/吨的财政补贴，每年拿出13.5亿元来支持四家燃料乙醇厂，生产100万吨乙醇，耗费350万吨玉米。汽车加满一箱燃料乙醇约需200公斤玉米，几乎等于一个人一年的口粮。从利益博弈的角度看，乙醇燃料企业是既得利益者，而地方政府也支持该行业，因为可以带来GDP、就业和财政收入，并支撑粮价高位运行有利于玉米产业的发展。因此，生物燃料发展地方有冲动，支持力度大；而靠市场生存的饲料企业、养殖企业和粮食加工企业的发展却会受到成本不断上涨的限制。汽车“吃”粮不符合中国国情，我们没有发展消耗粮食的生物燃料的本钱，更不能鼓励机器与人争夺粮食。近期国际上很多分析人士把全球粮价上涨归咎于一些国家过度发展粮食乙醇。中国是世界第二大能源生产和消费国，但人均占有能源远低于世界平均水平，目前近50%的原油需要进口。发展替代能源，是国家需要考虑的问题，燃料乙醇的确是一种有效而清洁的替代能源，但却要以每年消耗大量玉米作为代价。2007年，国家发改委不再批准以粮食为原料的燃料乙醇项目，转而鼓励使用木薯、甘蔗、秸秆等非粮食类原料生产燃料乙醇。现有的以玉米为原料的生物乙醇项目也计划在未来五年内全部转化为以甜高粱、红薯和木薯等为原料。如果不严格管理，发展生物能源很可能会出现“与人争粮，与粮争地”的现象。目前已经形成了人、畜、车争食的三角大战，使得饲料粮安全问题日益突出。对于一个有13亿人口的大国来说，如果粮食和农业出了问题，谁也帮不了我们。

第八章

城镇化背景下的乡村价值如何定位

城乡关系如同夫妻关系，各自承担着不同的功能，谁也不能取代谁。中华文化的根脉深深地根植于300多万个自然村落，中华文化之所以有着极强的同化力和包容性而生生不息，多仰仗于这300多万个自然村落。“灭村运动”是把中华民族几千年的传统文化连根拔起。2000年到2010年，中国的村庄已经由360万个锐减到270万个，要警惕！农业现代化不能没有载体，不能成为无根浮萍。

一、“灭村运动”是精英层的一厢情愿

拆村并居，进城上楼，一场规模浩大的“灭村运动”正席卷全国20多个省市区，有着千百年厚重积淀的无数村庄，一夜之间便从中国广袤的土地上销声匿迹。在山东诸城，行政村编制被全部取消，数千个自然村落、1249个行政村合并为208个社区，70万农民正在告别世代居住的老村，搬入社区。当“灭村运动”之风起于青萍之末时，一些地方政治“精英”闻风模拟，着力推动；一些知识精英摇旗呐喊，擂鼓助威；一些经济精英看准商机，移资跟进。在精英层智能合力的裹挟下，这场和平时期“古今中外、史无前例”的“灭村运动”，便如火如荼地激情上演，并以滚雪球般的态势风行开来。

1.“灭村运动”因何而热

拆村并居的直接诱因是城乡建设用地增减挂钩政策的出台，但形成轰轰烈烈的“灭村运动”，究其深层原因，既有精英层不切实际、好大喜功、急功近利的种种心态，也有加快城市化进程的认识误区，还有因法律、体制等方面的不足导致权力失控和滥用，更有革命党向执政党角色转换不到位的惯性思维。

一是土地财政。我国土地制度确立了政府既是主导者又是经营者的地位，因而也是最直接、最大的受益者。地方政府通过征地不仅获得城市建设用地，还以地生财，增加了巨额财政收入。但是，随着耕地保护与经济发展用地之间的矛盾日益尖锐，“找地”越来越困难。2008年6月，国土部颁布《城乡建设增减挂钩管理办法》，将农村建设用地与城镇建设用地直接挂钩。这项政策得到了地方政府的积极响应，各地以极

大的热情把它作为破解土地瓶颈的“救命稻草”。许多地方政府利用“管理办法”，纷纷出台相应措施，有的不顾农民意愿，强制让农民集中并居，腾出宅基地换取城市建设用地指标，甚至出现了突破增减挂钩指标范围、无指标而任意“挂钩”等现象，进而演变成一场席卷大半个中国的“圈地运动”。圈地的目的主要在于以地生财，一些地方的土地生财已占财政收入的半数以上。据媒体报道，某地级市的一位领导雄心勃勃地对中央一位部门负责人说：我这个地级市一共有100万户农户，我准备用三到五年时间把这些村庄全拆了。我算过账，100万户农民大概占了100万亩的建设用地，如果让他们全住楼，至少省出70万亩地，50万一亩就是3500亿……。这位部门负责人听后很吃惊地说：你真是了不起！将来出了问题哭都来不及。

二是对城市化的盲目崇拜。改革开放以来，我国城市化步入快速发展阶段，城乡差别越拉越大，过上城里人的生活成为农民的梦想和追求。在这种背景下，许多人认为城市化就是一种最好的生活方式，以最快的速度减少农民、推进城市化才是经济社会发展进步的标志。这是一种对城市化的盲目迷信和认识误区。城市化是一个渐进的过程，必须分阶段逐步推进，西方国家的城镇化大多经历了几百年的历程。我们改革开放以来，城市化率差不多以每年一个百分点的速度在推进，现阶段已是超常规的大跃进，再要加速是很危险的。首先，我国是一个农业大国、农村大国、农民大国，数百万个自然村落，八九亿农村人口，城市化的进程必须把握好速度，把握好方向，把握好质量。其次，我国农民还不富裕，与城市居民的收入还有很大差距，文化知识、专业技能等综合素质还不适应工业化生产，既难以支付城市高昂的生活成本，又无法在思想观念、文化生活等方面真正与城市融合。再者，快速发展的城市还存着许多现实问题和困难，道路交通、供水排污等基础设施不配套，整体功能不强，管理水平滞后，对外来劳动力的吸纳能力有限，无法解决大批涌入城镇的农民就业，更无力承担急剧膨胀的人口对市政公用设施和社会保障的基本需求，加上排他性制度和文化的影响，农民即使进了城也很难在城市扎得下根。

三是政绩工程。在我国当前的政治体制下，一个地方精英层的政绩观，对当地经济社会发展走向起着决定性作用，而政绩又直接关系着他们的政治前途和命运。精英层为了自身利益，总是想方设法“创造”政绩，这种政绩必须是短期见效的、显赫的、形象突出的、上级领导看得见的，很少顾及符不符合广大农民的根本利益和真实意愿。受这种只要“显绩”不顾“潜绩”、只管眼前不管长远的思想认识和价值取向的支配，盲目追求GDP高增长、大搞形象工程等政绩观大行其是。把那些看上去杂乱无章、环境不美的自然村落铲平推倒改成社区，把农民送进“城”，让农民住上楼，既可使城镇化率快速增长，又能获取大量的城市建设用地，还可以以地生财，实现了“出政绩”“促发展”“富财政”等多重目标，开拓出一片“崭新”的“繁荣”局面，赢了“面子”，也赚了“里子”。但是，以农民“被进城”、“被上楼”所制造出来的虚假繁荣，终究只能是昙花一现的泡沫，是不可持续的，经受不起时间的考验，注定是要破灭的。

四是权力失控。在我国现行法制和政治体系中，由于法律在某些方面还不健全、司法权与行政权不对等等多种原因，致使法律对权力的约束不力，甚至是权力与法律相脱节，特别是涉及地方利益的领域，权力就成了精英层手中的“魔杖”，权力使用不正当、不规范的现象比较常见。一些地方的精英层在高喊加强法治政府建设口号的同时，把法律赋予的权力当成橡皮筋，根据自己的需求和好恶想伸就伸、想缩就缩：一方面对法定应当有效使用的权力，常常找出种种原因和借口，使用不到位或惩治缺位，如安全监督、社会治安和环境保护等；另一方面对依法应当控制权力适用的领域，任意扩大权力范围，使权力得以无限制地延伸，如在房屋拆迁、征用土地等方面，只要“办事结果”而不计“行为后果”，只讲“政府利益”而不管“公民权益”，既不在法定范围内行事、更不履行法定程序，权力就像一匹脱缰的野马不受约束。“灭村运动”正是这种“权力分裂症”的真实写照。

五是军事化的惯性思维。从革命党向执政党过渡，首先需要完成的是思维方式的角色转换。这一角色转换至今还未到位。一些人惯用军事观察的眼光看待社会，连中学生对食堂饭菜有意见也被认为是社会不稳定因素，以"社会恐惧症"的心态树立"假想敌"。在"维稳"与"和谐"问题上本末倒置，把"维稳"当目的，把"和谐"当手段，"维稳"反客为主。"灭村运动"之所以形成"运动"，明显透露出军事化行为的影子，至于一些地方制造出的拆村征地场景，更是只有在反映军事题材的影视剧里才能看到的惊心动魄。

2. "灭村运动"患在何处

我国传统村庄是生产性的，也是生活性的，既具有内生的组织结构和社会秩序，又包含传统的乡里制度和村落文化，是农民世世代代不断传承的生存空间和价值世界。把有着千百年积淀的村庄瞬间夷为平地，既是极大的资源浪费，也打破了村落社会的组织结构，扰乱了农村正常的社会秩序，打乱了农民的生产生活习惯，破坏了传统的乡土文化，使农民面临着物质、精神、文化等多重危机。同时，掠夺了农村土地资源，侵犯了农民合法权益，为农村社会的稳定和谐埋下了隐患，给农村发展带来了巨大的负面影响。

一是打破了村落社会的组织结构。中国村落乡里制度大约从原始的石器时代就已经孕育并逐步萌芽产生，其间经历了漫长的发展过程，历史积淀深厚。史载，"昔黄帝始经土设井，以塞争端。立步制亩以防不足。使八家为井，井开四道而分八宅。凿井于中，一则不泄地气，二则无费一家，三则同风俗，四则齐巧拙，五则通财货，六则存亡更守，七则出入相司，八则嫁娶相媒，九则无有相贷，十则疾病相救，是以情性可得而亲，生产可得而均。均则欺凌之路塞，亲则斗讼之心弭。"井田村落竟被先人赋予这么多的功能。经过不断的嬗变和融合，以地域为主进行划分的村落社会趋于稳定，家庭邻里关系和亲戚宗族网络得以构建，稳固的层级结构和网状体系逐步形成，人们按照长期约定俗成的规则和秩序开展各项活动、规范自身行为。"灭村运动"以强制性的外力打破了人们长期聚族而居的地域界限，打乱了村庄的稳固内在结构和体系，从根本上瓦解了传承几千年的乡里制度。

二是打破了传统的村落文化。村落文化是人们以村落为单元，在社会历史发展中创造的本乡本土的物质财富和精神财富的总和，与日常生产生活紧密相关，地域性和实用性很强，具有两大要件和三个特点。“两大要件”指：一是在村落内部形成人们普遍认同并共同遵守的乡规民约；二是村落的精英分子以身作则，以自身行为和道德风范形成“权威”并影响村落。“三个特点”指：一是重德而不重法，即“以德治村”，主要依靠道德而不是法律来规范人们的行为，重视用调解、和解等教化方式，而不主张用诉诸法律的方式解决矛盾和争端；二是重义而不重利，把道义（信条）放在首位，个人利益在其次；三是重教而不重罚，充分发挥道德教化的作用，重视用教育、规劝、指责等方式劝人改过，而不采取“罚”的方法。村落文化是源于本乡本土、“民有民享民用”的文化，许多方面可能不符合现代法治精神，但合情合理合民意，具有强烈的凝聚力和道德教化功能，能够把同村人团结在一起，促使人们重伦理、敦乡谊、敬老爱幼、邻里和睦、互帮互助、扶困济贫，营造村落社会积极向上、共同发展的健康态势，有利于形成敦厚淳朴的村风民德，创造文明、欢乐、和谐的环境，并在调解纠纷、化解矛盾、配置资源等方面发挥着重要作用。狂飚突进式的拆除和消灭村庄，传统村落形态将永久消失，村落文化也将被割裂和遗忘。不同村庄的人们进入一个新的社区，由一个熟人社会进入一个生人社会，相互之间的文化认同不可能完全相容，甚至会发生冲突、排斥，大多数人必然出现精神空虚、情感不良发泄、欲望与能力相脱节等不适应症。

三是打破了传统的生产生活方式。我国农村以家庭经营为主，传统村落形态十分适合这种一家一户的生产生活方式：一方面，田地、山场一般距离村庄较近，进行农业生产活动十分方便，同一村庄的农业生产特点和习惯相同，村民可以通过“换工、短工”等形式，在生产生活等方面开展合作互助，而且农村的宅基地面积较大、住房宽敞，多而杂的生产资料和生产工具便于存放；另一方面，庭院经济仍是农民重要的生产生活来源，农村有宽阔的场院和天然的条件喂猪养牛放羊，能够在房前屋后种菜种瓜种植果树等经济作物，这些不仅是大部分日常生活消费的来源，也可以创造一部分收入，而且粮食瓜果蔬菜肉类等日常消费品大部分自产自用，生活用水等部分必需品“免费”共享，生活成本相对较低。把农民“赶进”新社区，居住环境虽然好了，但生产生活中的各种矛盾和问题开始显现：住房面积变小了，生产资料和生产工具无处存放；远离了田地山场，农业生产极不方便；丧失了发展庭院经济的条件，这部分收入没有了；生活成本和费用开支明显增加，“连喝口水都要花钱”，家庭的日常生活消费负担越来越重。

四是打破了熟人社会的秩序。中国是一个熟人社会，在熟人社会，人们可以不需要花钱就能获取大量信息，通过长期积累和储存的信息形成各种人际关系网络，并逐步成为人与人之间交往的基本要素以及维持社会秩序的基本规范。“熟人好办事”，就是对熟人社会这种关系的一种朴素表达。因此，人情在熟人社会不仅是一种交往方式，一种“人际关系创设与维持的常识与准则”，而且也是一种可以获得回报的投资，这种回报可以体现为礼品、借贷、劳力等形式，但其内在价值却是无形的情谊。人情自然而然地成为人们进行社会交易时用以馈赠对方的一种资源，成为人们相处的社会规范。人们在办事或是遇到麻烦时，首先想到的找关系、托熟人，而不是寻求制度和法律的帮助。在生人社会，人与人之间的交往只能通过契约、制度和规则，才能建立起彼此的关系与信任。当一个人从熟人世界走到生人社会，整个生活秩序就会被改变和颠倒。中国农村千百年形成的熟人社会结构，是中国区别于西方社会最突出的特点。当然，这种熟人社会与现代社会相比不乏负面问题，但它同时更具有合理性，在构建和谐社会的今天，要摒弃负面影响，更要继承发扬合理内核。

五是打破了乡村的稳定和谐。首先是土地纠纷。农民集中居住后，原有的村庄宅基地、空闲地等属于集体建设用地，政府将节约出来的大量土地置换为建设用地指标，并在经营土地的过程中赚取高额收益。这些收益本应主要归农民所有，或是由农民与政府协商一个双方满意的补偿标准，但实际上，政府往往不能充分征求农民意见而单方定价。农村长期以来习惯于把宅基地及依附其上的房屋作为私有财产，并存在着继承、转让和抵押等客观事实，国家也正在试图制定相关法律确定包括宅基地在内的农民土地财产权利。在迁村并居过程中，政府只是对房屋拆迁进行补偿，造成了对农民土地财产权的严重侵害，为日后的土地纠纷埋下了隐患。其次是上楼致贫。农民上楼后，生产生活的环境和条件被改变，发展农业生产的积极性下降，生产收益明显减少，加上增收渠道不畅，家庭收入不增反减，生活成本提高更是“雪上加霜”。同时，农民仅仅依靠有限的补偿金难以维持长久的生活，有专家测算，按目前补偿标准，农民所得补偿款只能维持六到七年的基本生活。农民必须外出打工自谋生计，许多新房农民刚刚搬入就成了空房。有人戏称此种现象为“两只老鼠”，农民把自家的房子给老鼠住，自己到城里租住老鼠才住的房子。再者是基层管理困境。新建的社区居委会多是沿用村委会的自治组织，日常职能呈现严重混杂特征，不仅保存原有村委会的一些自治职能，而且必须承担社区低保、搬迁、征地等行政职能，工作量大，经费困难，人手不足。居委会的职能与社区居民需求之间的矛盾十分突出，必然导致社区管理上的种种难题，继而引发诸多不稳定因素。此外，一些新社区的农民在地域上脱离了农村地区而难以享受国家对农村的扶持与优惠政策，又因户籍制度限制难以被纳入城镇低保对象范围，使其社会保障权益陷入尴尬境地。

3. “灭村运动”应予叫停

王夫之曾在《读〈通鉴〉论》中因《魏诏守令劝课农事》而发议论：“若农，则无不志于得粟者。其窳者，既劝之而固不加勤；而劝之也，还以伤民。”他认为，一些历来传为美谈、德政的所谓“劝农”实质上是添乱、扰民、伤农，劝者越卖力，伤农就越深。这就是“王夫之定律”。精英层推进的“灭村运动”正是北魏州县父母官下基层劝农的“学圣人之道”的翻版，甚至把“劝农篇”发展为“赶农篇”，在动机、方式和手段上更是有过之而无不及。

村庄的兴衰和消亡是经济社会长期发展变迁的结果，应当遵循经济社会发展规律。是否迁村并居，必须以农民的需求和意愿为本，必须统筹考虑经济社会发展等实际情况。依靠政府行政力量强行拆村并居，以“农民上楼”的方式消灭村庄，只是精英层的一厢情愿！在城镇化进程中，农村和城市应共享改革发展成果；传统村落作为传承社会文明的历史有机体，应当得到维护和重建！

村落是传统中国的基石，是基本的空间单位和关系单位，其运行的秩序机制与国家的运行机制有着内在的逻辑贯通。村落是国家对汪洋大海般农村实现有效治理的基础细胞，正是无数的村落将散乱的中国社会分割成有效的治理单位，国家才能以低廉的成本实现有效治理。随着人类文明不断进步和经济社会不断发展，一部分自然村落势必会顺应规律逐渐萎缩、消失。俄罗斯原有15.5万个村庄，已有一万多个废弃，三万多个居民不足10人。在过去一个世纪的发展进程中，村落社会变迁始终是中国历史变迁的主要内容。特别是改革开放以后，市场化、城镇化、现代化进程加快，村落也在不断地减少。从1985年到2001年，由于城镇化和村庄兼并等原因，中国村落的个数从940617个锐减到709257个，仅2001年，村落就减少了25458个，平均每天减少约70个。但是，村落变迁是由经济社会等方面的内在原因决定的，是农民的自愿行为，不能完全依靠外力的强行推动。从我国目前情况看，真正具备村庄拆并条件的地方相当有限。“灭村运动”，是精英层出于各种不同的动机人为地、生硬地进行的一次“拔苗助长式”的村落变迁。

“上帝创造了乡村，人类创造了城市”，村落社会的逻辑和乡村生活更多的是自然的逻辑，城市和现代化的逻辑更多的则是建构性的。从这个意义上讲，村落的兴衰、消亡是一个自然过程。政府在这个过程中应当扮演引导者的角色，从当地经济社会发展现状出发，充分尊重农民的真实需求和意愿，而不是“为民作主”、替民决策，更不能简单地依靠政府行政力量强制农民就范。“上之谋之不如其自谋”。每个人都有求生存的自然本能，有追求私利的动机，有自谋其食的能力。农民在追求自身利益最大化的驱动下，有权利、也有能力自我作主，决定去留，而不是“被城市化”、“被上楼”。

村庄是相对于城市社区的特定生活空间，是中国农村广阔地域上和历史渐变中的一种实际存在的最稳定的时空坐落，作为紧密联系的小群体，它也是在内部互动中构成的一个个有活力的传承文化和发挥功能的社会有机体，不仅在区位结构中占据绝对多数，2007 年全国村庄占地 2.7 亿亩，城市占地为 7600 万亩，而且其生活模式和文化传统从更深层次上代表了中国历史的传统，是民族的重要基因。在农耕文明向工业文明和现代商业文明转型过程中，必须珍惜和保留好自己民族的美好传统和精神财富。在城市化进程中，需要推进的是“城乡一体化”而不是“城乡一样化”，更不是以消灭村庄为前提，而是城市更像城市，农村更像农村，是城乡居民共享现代文明。村庄作为具有历史性生命的人类社会机体，不应在推土机声中被彻底铲平；村落文化不应成为城市化的牺牲品，而应被当成凝结新城市社区文化归属感的积极因素，这才是最具生命力的中国特色城市化的根本所在。在一个相当长的历史阶段，维护和重建村庄，守住繁衍生息的家园，不仅是为了传承和弘扬历史，更是为了民族的未来。

在“破”与“立”的关系上，我们长期奉行的是革命式的先“破”后“立”，今天应走建设性的先“立”后“破”之路，这是建设年代与革命年代的重要区别。在矛盾多发的社会转型期，把握好“破”与“立”的关系，尤其重要。基于此，“灭村运动”应予叫停，必须叫停！

二、城市化背景下的乡村价值如何定位

随着城市化进程的高速推进，人们被城市五光十色灯红酒绿的美景所陶醉，“暖风熏得游人醉，直把杭州作汴州”，一个轻视、漠视、忽视“生他养他”的乡村之风正在蔓延，一个以为工业可以取代农业、城市可以取代农村的错误观念正在膨胀。重新审视乡村的价值定位已成为当前解决三农问题的重要内容。

1. 乡村是食物资源的供给者，也是几亿人生活和精神的家园

乡村，不止是食物的源头，而是整个人类的源头。从猿人下地开始，人类的祖先在乡村种下的不仅仅是农作物，更是最初的情感，最深的记忆和生存的依托。所以，我们习惯于把厚重的土地称为母亲，把遥远的乡村视为家乡。

中国有将近9亿人生活在乡村，即使是那些早已实现城市化的国家，也有越来越多的人工作在城市，生活在乡村，德国有40%的人口生活在乡村，美国22%、日本20%以上。世界上所有的贫民窟都在城市，而不是乡村；世界上最舒适的住宅都在乡村，而不在城市。

有着几千年农耕文化的中国人，对乡村更是有着一种特殊情感，“人恋故土虎恋山”、“谁不说俺家乡好”、“羁鸟恋旧林，池鱼思故渊”，不管走多远，离多久，总想着“叶落归根”，不管官多大，多富有，总想着“荣归故里”、“衣锦还乡”，哪怕“儿童相见不相识，笑问客从何处来”，也还是要回家看看。历史上的刘邦、朱元璋，就是当了皇帝，普天之下，都是王土，还不能免俗，还总眷恋着儿时生活的乡村。公元前195年10月，刘邦在他称帝后的第十二年，回到故乡沛县，住了二十多天，天天大宴乡邻，同时，意气风发唱出了流传千古的“大风起兮云飞扬，威加海内兮归故乡”；朱元璋做皇帝之后，曾想在家乡凤阳建立都城，后因遭到社会强烈反对才不得不下马。“富贵不还乡，如衣锦夜游”，没谁看得见，这是融化在中华民族血脉中的传统文化。

故乡是每个中国人都急于挣脱，挣脱后又天天怀念的地方，一个人的一生其实就是对故乡的两个“真好”的感叹：年轻时，终于离开家了，真好！到老年，终于又回到家乡了，真好！这就是人生旅途中对家乡的情感纠结。乡情和爱情一样是中国人永恒的主题。这里有一个宏大的哲学命题摆在我们面前，今天的乡村是前线还是后方，农民进城是攻入了城市还是撤退到了城市，值得我们思考。今天中国的乡村是时代的前线，是灵魂的后方。说它是前线，因为三农是全社会聚焦的焦点；说

它是后方，因为每个从那里走出来的人都会时时泛起挥之不去的怀念。今天，社会生态在退化，城市建得越来越漂亮，乡村变得越来越凋敝，但人们在城里想找口饭吃却越来越难了，尤其穷人更难，他们的思乡之情更浓。

纵观人类历史，城市只是晃动在人类眼前的诱惑，乡村才是链接人类心灵的脐带。今天的中国，乡村不光是几亿人栖居繁衍的场所，更是他们精神寄托的家园。如果只知道从乡村索取食物，索取肉体的营养，不知道从乡村汲取传统，汲取精神的营养，人们所追求的现代文明将只是空中楼阁。

2. 乡村是城市化廉价土地的供给者，也是生态环境的保育者

工业化和城市化的发展需要占用耕地，通过合法手段把一些耕地转换为建设用地，本无可厚非。但是，一些地方在土地财政的诱惑下，只把乡村视为城市化廉价土地的提供者，疯狂圈地。农民的房屋不叫房屋，叫地上附着物，所以可以低价赔偿，强制拆除。土地价格自定，不让农民参与。国外征地大都是政府到法院告农民，我们全都是农民告政府。国外法院判决的依据就是合理价格，所谓合理价格就是只要不超出那个片区曾经出现过的最高价就是合理的，政府买不起，法院也决不偏袒。我们的电视上经常渲染的是这样的镜头，一望无际的肥沃土地，开进的不是插秧机也不是播种机，而是挖掘机和推土机；种下的不是水稻也不是玉米，而是水泥和高楼。1996 年中国耕地面积为 19.51 亿亩，而到 2007 年仅拥有 18.26 亿亩，10 年就减少了 1.25 亿亩，近几年，减速更快。

水泥森林取代生态森林，人们在欣喜于这一变化带来的看得见的张张钞票的同时，却忽视了由此流失的看不见的滚滚财富。事实上，乡村的生态保育功能与其自然再生产的特性密切相连。专家测算，一棵 50 年树龄的树，产生氧气的价值约 31200 美元，吸收有毒气体、防止大气污染价值约 62500 美元，增加土壤肥力价值约 31200 美元，涵养水源价值

37500 美元，为鸟类及其他动物提供繁衍场所价值 31250 美元，产生蛋白质价值 2500 美元，除去花、果实和木材价值，总计创值约 196000 美元。面积广大的农作物对生态环境的保育更有无可估量的价值。试验表明，每公顷水田每季可净化 7500 ~ 12000 立方米生活污水，生产的氧气更为可观。今天，那些整天生活在汽车尾气里的城里人，更加怀念古人笔下宁静优美的乡村："杨柳荫后檐，桃李罗堂前"、"绿树村边合，青山郭外斜"、"一水护田将绿绕，两山排闼送青来"。可惜的是，一双生态价值达 100 美元的筷子，在市场上 5 分钱就能买到，人们对树木和农作物生态价值的认识几近盲区。人们在盲目中正集体走向"合成谬误"。

如果只一味地把乡村视为城市化廉价土地的供给者，作为眼前的"摇钱树"，而不把其视为生态环境的保育者，不皈依到应有的"生态树"，那么，在将来的某一天，我们将会一无所有，地球上剩下的最后一滴水将是人类的眼泪。历史有着太多的教训，比如古希腊、古罗马、古印度和玛雅文明，这些历史上的文明古国，曾经都"在水一方"，水草丰美，农业发达，但随着城市化的发展，乡村让位给了城市，沃土让位给了沙漠，繁华让位给了萧条。好在当前，有越来越多的人开始意识到乡村对于生态保育的重要性，在开始采取一些有效措施。北京正鼓励农民冬天在农田种上小麦，以保育生态，研究发现，北京冬天的气候调节，小麦起很大作用，是绿草等植物不能代替的。当前，全社会都应警醒，乡村有着广袤无垠的土地，但那不仅仅只是廉价供给工业发展城市扩张的，它还承担着为全社会造福的生态保育功能。日本 GDP 每增加 1%，用地 2500 公顷，而中国则需 2 万公顷，是日本的 8 倍，浪费之大，的确惊人。为何浪费？土地廉价是根本。

3. 乡村是工业化廉价劳动力的供给者，也是几亿个分散的权利主体

中国有 5 亿多农村劳动力，而从事农业劳动的只占 38.1%。中国工业化能有如此之快的发展速度，在一定程度上是因为中国有着世界上最多、最廉价的劳动力。中国 2.5 亿农民工，干着最脏、最累、最危险的

活，得到的只是一点儿微薄的工资。北京市调查农民工工资只相当于城市职工的37%。

劳动力的大量外流，带来的直接后果是乡村只留下一支“386199”部队，逐步空心化、急剧老龄化、加速衰败化。

乡村为工业化提供了充足的劳动力，而这些劳动力不光是廉价的，每一个人都是一个具有合法公民权利的权利主体。他们的每项公民权利理应得到保障。但城市并没有把这么一群有血有肉的活生生的人看成一个个权利主体。农民工进了城，却成了二等公民，政治权益诉求得不到足够的反映和重视，在经济上工资收入水平低，同工不能同酬，社会保障缺失，在文化上受到种种歧视。据全国人大科教文专委委员马力调查测算：我国农村和城市福利待遇人均相差33万元，大城市高达50万元以上，小城市也达十多万元。农民工进了矿，却得不到安全保障。全世界每年重大矿难（死亡人数在10人以上）90%都发生在中国。

两亿多农民工就是两亿多个权利主体，只把乡村视为廉价劳动力的提供者，不把农民视为真正意义上的权利主体，不懂得尊重乡村、尊重农民，那么，乡村也不愿意滋养社会，农民也不愿意尊重社会。历史如此，现实恐怕也只会如此。

4. 乡村是内需市场的提供者，也是新兴产业的发展地

作为拉动经济发展的三驾马车，“消费”在“十二五”规划中首次被提到了老大的位置。所有人都注意到了，乡村有着巨大的内需市场。于是，家电下乡、建材下乡、汽车下乡等等纷至沓来，甚至证券也跃跃欲试准备下乡。

一些人只把乡村视为内需市场的供给者，只想着让农民掏出钱，没想到先让农民挣到钱。需求就是消费，消费就是花钱，花钱谁不会，农民没钱怎么花啊！事实上，今天的乡村是内需市场的提供者，更是新兴产业的发展地。没有当年村村点火、户户冒烟的乡镇企业勃兴，就没有今天的城市繁荣。新兴产业的发展是乡村文明内生性的物质基础，没有新兴产业的发展，农业文明、农村文明、农民文明都是一句空话。

乡村新兴产业亟待开发。比如乡村旅游产业。当前，随着现代城市病的加剧，城市居民回归自然，回归乡土的趋势日益强烈，乡村可以顺应这一消费心理，依托自身良好的自然生态资源，发展乡村旅游产业。可以借鉴意大利的“绿色假期”、法国的“农庄旅游”、美国的“农业旅游”、澳大利亚的“牧场旅游”、新加坡的“农业科技公园”，打造具有中国特色的乡村旅游品牌。2010 年农业部调查，全国 13.5 万家旅游、休闲、观光农业共接待游客 14.4 亿人次，年营业收入 1106 亿元（其中农副产品销售收入 604.2 亿元），利润 335.2 亿元，每个经营主体平均接待游客 1.1 万人次，平均利润 24.9 万元，平均土地产值每公顷 18 万元，利润 5.5 万元，是农业用地产值的 6.22 倍，204 万从业人员人均劳动产值 5.4 万元，是农业劳动力人均产值的 2.75 倍。利润回报率平均达 19%。乡村旅游应实现资源产品化、产品个性化、市场差异化、运营规范化、服务系列化，在新奇特上下功夫。又比如传统手工业，可以充分挖掘乡村流传下来的编织、剪纸等传统工艺，加以改造，在浓郁乡村文化的底色中，融入现代理念，从而形成独特的乡村手工业。还比如太阳能、风能、秸秆、沼气等新兴能源，也蕴含着巨大市场，如能形成产业，潜力无限。乡村的特色农产品加工业更是一个前景广阔的巨大产业，其开发利用远远没有满足自身的需求和社会的需求。乡村新兴产业的发展带来就业容量的增大是十分可观的。

从西方工业发展的轨迹看，是便利的交通带来了现代工业发展，比如欧洲靠火车拉来了现代工业，美国靠高速公路和飞机拉来了现代工业。目前，中国也已具备了良好的交通条件，中国公路网总里程五年新增 63.9 万公里，高速公路已达 8.5 万公里。沿海港口五年建成深水泊位 661 个，民航定期航班机场达到 176 个。到 2015 年，农村公路总里程将达到 390 万公里，村村通使所有乡镇和 90% 的建制村将通班车。可以说，中国公路交通不管是大动脉还是延伸到农村的毛细血管，都具备了发展现代工业的基础，而且，随着通讯、网络的快速发展，许多乡村在获取信息上也基本实现了与城市同步。因此，进入 21 世纪的今天，乡村的发展不能用 20 世纪或 20 世纪之前的思维方式去谋划，应重新审视乡村的功能定位，抛弃乡村只能发展一产的惯性思维，找准乡村的产业优势，大力发展乡村新兴产业，为新农村建设和城镇化发展持续提供源源不断的物质基础，这也是缩小城乡差距的内生性物质基础。

5. 乡村是传统文明的载体和源头，也是现代文明的根基和依托

现代是传统的儿子。是传统把我们从远古带到今天。唯有传统文明做基石，现代文明才得以累积、发展，没有传统文明就没有现代文明，两者是继承和发展的关系，而不是对立关系，不是替代关系，不是非此即彼的关系。昨天相对于今天就是传统，今天相对于昨天就是现代，忘记昨天等于背叛，忘记传统也等于背叛。

人类的一切文明都是从猿人下地从事渔猎开始的。作为有着几千年历史的文明古国，中华文明的源头正是农耕文化，中华文明的摇篮正是古老的乡村，乡村是传统文明的载体和源头，乡村也是现代文明的根基和依托。例如，现代社会，在制度和规则层面有两大基本要件，一是产权关系及其与之配套的法律体系，二是诚信体系。这两大要件正是传统乡土文化最明显的特质。首先，传统乡土文化观念中有着清晰的产权关系及其规范要约。比如，每家每户耕作的土地不仅有面积、地块等标识，还有“鱼鳞图”勾勒它，就连阳光、空气、水这些取之不尽的自然之物都有明确的产权。盖房子不能挡住别人的行路、采光、通风，灌溉农田要兼顾下游用水，臭粪池不能建在村子的上风头等等，这都是溶化在农民血液中的维护别人产权的乡规民约。其次，传统乡土文化有着别具一格的诚信体系。城市是移民性的生人社会，人与人之间的关系依靠契约，乡村社会是聚族而居的熟人社会，靠的是诚信。以诚信和道德作为相互利益关系的抵押品，看起来没有法律的威严，感觉虚无缥缈，实际上比实物抵押更具约束力。因为在这种熟人环境下一旦违约，不仅要被整个熟人社区集体抛弃，还将付出祸及子孙的沉重代价。这种约定俗成的乡规民约在宋代就已形成气候，北宋吕大临兄弟创建的“蓝田乡约”一直影响到今天；此外，从生产发展的角度看，乡土文化也始终是先进生产

力的担当者。我国农民早就从实践中摸索出了休耕、轮作、稻鱼共生等富有朴素的循环经济和生态经济思想的成功经验。即便是现代高科技的转基因技术，在古代也有其实现形式，比如金鱼就是由农民养殖鲤鱼变异而来。《吕氏春秋》中关于“夫稼，为之者人也，生之者地也，养之者天也”的农业“天地人三才理论”，是人类最早的农业哲学思想。古代农书知其名的有500多种，今天能够看到的还有300多种，这些农书不光是农业文明的传承者，也是现代工业文明的启蒙者。中华文化之所以在五千年历史长河里经得起任何外来文化的冲击，任何不同的外来文化都会被它同化、包容，最终融入这个文化之中，就是因为有乡土社会这个稳固的不可动摇的传统根基。

中国300多万个自然村落就是300多万个文化单元，博大精深的中华文化就是由这300多万个文化单元聚合而成。中华文化的包容性和同化力是其他任何民族文化都无法比拟的，谁想吃掉它都终将被它吃掉。中华民族得以五千年生生不息，靠的就是植根于300多万个自然村落的传统文化薪火相传。

传统兼业化的小农家庭与多样化的村社功能（如对人力、土地、资金等资源配置和社会矛盾调处）的有机结合，使乡村不仅具有能够化解内部多重风险的能力，而且还能化解来自外部（如市场、政治）的种种风险。这种农户理性和村社理性一旦被打破，基层治理便恶性循环。近年来的城市化让乡村衰败的根本原因，就是把最容易资本化的青壮劳动力引向城市，把最难于资本化的老弱妇幼残留在农村。城市化就是资本集聚的过程，但同时也是风险集中的过程，这种以资为本，而非以人为本的城市化，任由城市去“化”农村的城市化，埋下的隐患绝非靠增加维稳经费增大维稳队伍能够解决的。

上海世博会瑞士国家馆取名为“自然乐园”，参观者乘缆车登上瑞士馆，脚下是布满绿茵和花丛的田园风光。它提醒我们，真正高品质生活是需要城市与乡村的可持续互动，而不是抛弃乡村。然而，在城市化浪潮的席卷下，中国乡村正加速沦陷。其命运有四：

一是被城市吞没，成为真正的城区。在那些城郊地带，随着城市的快速推进，良田种上了工厂，老屋换成了楼房，整个基础设施都穿上了城市的外衣，农民也成为市民，再也不用面朝黄土背朝天了。表面上看，往日的农村跟现代的城市一模一样，但在内部管理上还是有着明显的区别，此城区非彼城区。比如虽然村委会转为居委会了，但由于原来的村庄普遍存在集体经济组织，或多或少拥有一些集体资产，变成城市社区以后，集体组织走向公司化，集体资产走向市场化。如果管理跟不上，或者那些“新市民”的生产生活方式不能完全融进去，势必造成“村庄的终结”与“农民的终结”合不上拍，这些被城市吸纳的村庄，就会生长成另外一个产物——“城中村”，这样的城市“胎记”，在北京、广州等一线城市不在少数。

二是被拆并成新的农村居民点，成为“新村”。一些地方通过科学规划，根据农民自愿的原则引导农民到新的社区集中居住，这是很有意义的做法。但有一些地方在“土地财政”的诱惑和“占补平衡”的规制下，采取行政干预的措施以宅基地换住房，以承包地换户口。比如2006年，山东推行“撤村改社区”计划，用四年时间改造村庄334个；2009年，河北启动了1000个村的新民居建设；2010年，重庆打算通过“三件衣服换五件衣服”，10年实现1000万人“农转非”。新的农村居民点，表面上看，房子更漂亮了，村容更整洁了，但是，却打破了世世代代聚族而居的熟人环境，打破了村落社会的组织结构，打破了传统的村落文化，打破了传统的生产生活方式，打破了熟人社会的秩序，打破了乡村的稳定和谐。这样的“新村”未必就是农民心目中追求的“新农村”。一些“被上楼”的居民面临着一系列问题，比如生活成本的问题、“闲人”的问题、角色转换的问题、后顾之忧的问题等等。

三是成为“空心村”，直至消亡。有一些村庄土地贫瘠，生态脆弱，随着环境的恶化，越来越不适合人类居住；也有一些村庄远离经济增长中心，天涯藐藐，地角悠悠，交通不便，信息闭塞，即使不差资源，但难以化为资本。在这样的村庄里居住的年轻人多把家乡视为羁绊，只要有机会，就拼命逃离，要么考出去，要么打工出去，要么移民搬迁出去。村庄里渐渐的只剩下没有出路的留守老人，随着老人的去世，村庄就自然消亡。

四是被传承和保护下来，成为“村庄博物馆”。一些古代村落，因为科学规划和合理建造，远远超出了最基本的居住功能，每一个角落每一个屋檐下都渗透着浓郁淳厚的耕读文化和“天人合一”的哲学精华。继承到现在，早已上升到一种美学价值。比如安徽的宏村、湖南的张谷英村、福建的永定土楼村、浙江的诸葛八卦村等。这些村庄已经作为历史文物被保存下来，大部分成为供游客参观的景点。不过，这种村庄在历史的演进中悄然发生着变化，最珍贵的人文内核正在被商品经济洗刷侵蚀。

纵观改革开放以来，村庄的命运，大都不是掌握在村民手里，而是由国家的愿景和地方政府的冲动决定的。

国家的愿景是要在最短的时间内，使国家强大起来。毫无疑问，必须千方百计推进工业化和城市化。推进城市化的另一面就是推进三农的非农化，就是减少村庄，事实证明，中国城市化率每增加 1 个百分点，GDP 差不多就增加 10 个百分点。但是，工业化和城市化的过程就是极大地消耗各种资源以达到资本积累的过程，需要巨大的社会成本。这个成本，在西方发达国家是通过殖民地的扩张支付的。它们工业化和城市化过程中的矛盾和问题都转移到了殖民地消化。在这些国家，不存在我们所谓的三农问题，因为他们通过掠夺资源，输出剩余劳力和买入低端劳力，把工业化、城市化成本全部转嫁给了殖民地。通过殖民化实现工业化和现代化的模式只能是那个时代帝国主义的行为，包括中国在内的发展中国家，要实现工业化、城市化，不可能寻找殖民地转移矛盾，这个必要成本不得不向三农转移。我国改革开放前，城市需要向农村要粮；改革开放后，城市需要向农村要人，新世纪以来，城市需要向农村要地。这种情况下，中国必须要保证一定的村庄保有量，才能不断吸取农村剩余，快速推进城市化、工业化。

地方政府的冲动就是在高速城市化氛围的裹挟下，千方百计推进三农非农化，巴不得在一夜之间让村庄变为城市。这种冲动既有地方政府不切实际、好大喜功、急功近利的心态和对土地财政的狂热、对城市化的崇拜，也有盲目加快城市化进程的认识误区，还有因法律、体制等方面的不足导致权力失控和滥用，更有革命党向执政党角色转换不到位的惯性思维。媒体上经常看到这样的镜头：文件一发，通知一贴，围墙一整，鞭炮一放，领导一剪彩，推土机一开，耕地就变成了工地，水稻就换成了水泥，高楼就取代了高粱。很多地方，庄稼仅剩十来天就已成熟，但都等不及，不放过，农民只得眼睁睁地看着饱满的稻穗被推土机成片碾压。在很多拆迁现场，限“十日之内”、“大干一个月”等宣传标语随处可见，甚至“迅速打赢拆迁歼灭战”这样的军事术语都已用上。地方政府越冲动，村庄就沦陷得越快。

城市化是文明社会的基本特征。当下中国，城市化还远远不够，还需要不断向前推进，但是，推进城市化不是建立在一刀切地消灭村庄的基础上，两者不是非此即彼的关系，城市和农村就像夫妻关系，有男有女，性别有分工，如果建得完全一样就成了“同性恋”，人类的文明将无法延续。只要人类还需要粮食，就必须有一定的村庄保有量。应充分认识乡村的价值，没有乡村，就没有城市，城市的存在是以乡村为基础的，乡村是城市的源头活水。上海世博会以城市为主题，但在世博会上却开设了一个乡村馆，它以宁波滕头村的生动实践告诉人们：城市让生活更美好，乡村让城市更向往。全社会都应该清醒地认识到，一些乡村的消亡是一个长期的渐进的过程，是市场经济、社会文明发展到一定阶段的水到渠成，人为的过激行为，带来的后患将很难克服。所以推进城市化的速度不是越快越好，推进的面积不是越大越好，而要把握速度，把握节奏，慢不得，更急不得。

第九章

城镇化就是把农民“化”入城镇的过程

经济建设讲的是效率，而社会建设则要的是公平。城市把最容易资本化的人口引到城市，把最难以资本化的人口留给农村，农业现代化背着这个沉重的大包袱，如何“化”得起来？而两亿多农民工绝大多数却又在单枪匹马闯天下。家庭这个社会的基础细胞破裂，社会肌体必然生病。推进农民工市民化和人口流动家庭化是农业现代化追求的社会目标。

一、中国天幕上的“北斗七星”

——农民工及其六大衍生群体状态解构

中国农民工已经成为世人关注的焦点人群，而以农民工为核心衍生出的六大群体正越来越清晰地走进人们的视野。这六个群体四个在农村，即留守妇女、留守儿童、留守老人、后打工群体；两个在城市，即小漂族、老漂族。农民工加上这六大群体几乎占到中国总人口的半数，他们的生存状态关乎和谐社会的进程和中国现代化的质量。自然界的天幕上最引人注目的星群是北斗七星，现实生活中，这七大群体引人注目的程度犹如中国天幕上的北斗七星。不同的是，自然界天幕上北斗七星闪烁的是为人指路之光，而这七大群体发出的却是一个个无奈的求助信号。

1. 农民工

对于农民工的概念，目前没有一个统一的表述。笔者曾在一篇文章中用“六个最”作了描述性的概括：一个人类历史上规模最大的人群，在最短的时间内，涌入最没有准备的城市，承托起规模最大的制造业，创造出数量最多的廉价商品，以最低廉的成本改写了世界经济版图，这就是中国农民工。

其实，农民工是与城市相伴而生的，有了城市就开始有了农民工，只不过当时没有这个称呼而已。在氏族社会时期，部落出于“自守”的需要，筑垣为“城”，随着氏族社会向家族社会转变，不同家族之间有了“抱布贸丝”式的物物交换，“市”作为“买卖之所”应运而生，“城”与“市”的结合便生成了“城市”。在城市“拉力”和乡村“推力”的共同作用下，一些农民开始从乡村进入城市经商务工，这便是最早的农民工。

当下中国的农民工，与历史上的农民工以及其他国家的农民工相比较有很多不同之处。后者属自然生长，前者是人为生成。在唐代以前，城市的管理一般实行的是城坊制，那时的农民想成为市民也受到一定的限制。但是到了宋代城坊制改为了街巷制，城门大开，城市得到空前发展，汴京有上百万人口，成为世界最繁华、人口最多的城市，农民进城想成为市民已经变得十分容易了。这种城市的自由发展一直延续到上世纪40年代末。到了20世纪50年代之后，一道户籍制度的高墙挡住了他们的梦想，城乡壁垒分明，它与生俱来，世代沿袭，不可逾越。到80年代中期之前，农民连进城的资格都没有，出门要获得生产队的批准，要带上生产队、大队、公社的证明信函，即便这几关你都过了，还有一关你是怎么都过不去的。不论谁走到哪里，吃饭得给粮票，而粮票只有吃商品粮户口的人才有，农民没有获取的资格。几级证明信和粮票把农民拴死在自己家门口。80年代后期，随着物质的丰实和户籍管制的松动，农民才被允许自带口粮到城里走一走，随后兴起的民工潮，彻底冲开城门，农民才有了自由的出入资格。但他们只可以在日思夜盼的那个繁华世界里出卖活劳动，想成为真正的市民，至今仍面临着许许多多的大小障碍。

2012年全国农民工总量达到26261万人，其中，外出农民工16336万人。一亿多人外出打工，比俄罗斯的总人口还要多。其主要特点，一是流动方式以个体流动为常态。农民工无论是外出务工还是经商，绝大多数都是一个人“单枪匹马闯天下”，举家迁徙的很少。据有关调查显示，农民工举家外出的仅占四分之一。二是流动时间长。农民工在外以务工或经商为主业，基本上是常年不归，时间较短的也长达几个月，有的甚至十几年都不回家。三是流动空间广。农民工无处不在，只要有用工需求的地方，就有农民工的身影，其足迹遍布全中国，甚至走出国门，走向世界。只要能挣钱，他们可以奔波到任何一个地方，干任何一种能干的工作。四是期待父辈成为“末代农民”。纵观农民工的追求，大体分为三个阶段。第一阶段物质追求是第一位的，只要能挣到钱什么苦都能吃。一个背砖头上楼的农民工写了一首诗：“步履匆匆汗满肩，风吹背篓正冬天，高楼白领曾知否，十块砖头一角钱”，这样的苦他都咬牙挺着“吃下去”；第二阶段，物质追求和精神追求并重，不光能挣到钱，还要有说得过去的工作环境和生活条件；第三阶段已经上升到理想层面的追求，那就是千方百计甩掉那顶农民帽，做一个真正的城市人，最好是让父辈当“末代农民”，顶不济也要让自己当“末代农民”。据国务院发展研究中心2011年《农民工市民化》课题组调查，数量过亿的新生代农民工只有7%的人愿意以后回乡。具体的表现就是追求“三感”。一是归属感，解决“我是谁”的问题；二是尊严感，解决“我像谁”的问题；三是幸福感，解决“我比谁”的问题。

归属感是农民工的认同追求。是农民还是市民，这个问题是农民工最想搞清楚的问题。今天的农民工从诞生的第一天起就注定是一个“四不像”，是农民又不是农民，是工人又不是工人，是市民又不是市民，很长一段时间连一个“官方”的称谓都没有，坊间绰号五花八门。一首诗叫《打工者的名字》，诗中这样写道：本名民工/小名打工仔（妹）/别名进城务工者/曾用名盲流/尊称城市建设者/昵称农民兄弟/俗称乡巴佬/绰号游民/爷名无产阶级同盟军/父名人民民主专政基石之一/临时户口名社会不稳定因素/永久宪法名公民/家庭封号主人/时髦称呼弱势群体。边界的模糊导致农民工找不到一丁点的归属感。从内心，他们想把自己归为“市民”，但现实，依然是“农民”，“农民帽”像孙悟空头上的紧箍咒一样，难以甩掉。

尊严感是农民工的融入追求。农民工早已远离了田地，过上了城里的生活，特别对于那些努力打拼的农民工来说，已经和城里人坐在一起面对面地喝咖啡了，从穿着、说话到思维方式、行为方式，跟城里人已经没有任何区别。但始终只是“像”而已，一说到户籍便矮人三分。现在的农民工在乎的是工作是否体面、发展是否长远、活得是否有尊严。有人通过对《北京青年报》1992年到2004年之间关于农民工报道的分析发现，70%以上都是表现农民工不健康的、愚昧的、令人讨厌的、给人以不安全感的。这是社会畸形的二元心态最直接的折射。在一个不懂得尊重的城市里，农民工没有任何尊严可言。2012 年伦敦奥运会开幕式上，表达出对那些建筑工人的尊敬，值得我们每一位城里人反思。

幸福感是农民工的生活追求。幸福是一种精神体验，是一种生活感受。传统农民工只顾拼命挣钱，他们进城的目的是为了挣钱养农村那个家，他们“进城”大多是为了“出城”；新生代农民工“进城”则是为了“入城”，为了成为真正的市民。传统农民工只知道“低头拉车”，找到一份工作就任劳任怨；新生代农民工则喜欢“抬头看路”，总想找一份更好的工作。老一代农民工只纵向比，只要比自己的过去好些就感觉很幸福；新生代农民工喜欢横向比，当发现付出的努力比城里人多，得到的却比城里人少时，心理就不平衡，就毫无幸福可言。一位农民工填了一首词表现他们的心境，题目叫《鹧鸪天·打工老者》：“小女辍学卖豆芽，老夫打工走天涯。日背砖头汗如雨，夜宿工棚霜似花。停饮酒，不喝茶，分分积攒寄娇娃。偶闲也作登楼望，万户千灯不是家。”一个振聋发聩的慨叹！老者尚且如此，新生代可想而知。

很明显，随着社会的进步，民主、法制的观念越来越深入人心，新一代农民工不仅关心福利，更关心权利；不仅关心民生，更关心民权。他们的追求已经由物质层面、精神层面上升到理想层面。

2. 留守妇女

“老婆、孩子、热炕头”、“夫妻双双把家还”，这是构成中国农村家庭幸福生活的核心元素，但随着农村大量青壮年外出打工，很多农村家庭仅仅具有法律意义上的形式，夫妻天各一方，名存实亡。

近现代以来，中国家庭曾遭受过三次大的冲击。第一次是五四时期，西风东渐，欧风美雨袭华夏，一部分青年知识分子力图冲破传统宗法制度、封建礼教的束缚，以各种方式表达对旧式家庭的不满。第二次冲击发生在文革时期。由于狂热的政治影响，亲情之间的信任关系也受到严重破坏。夫妻、父子、兄弟姊妹等反目、决绝的情况波及上亿家庭。第三次大的冲击就是自上世纪 80 年代以来打工潮的出现。中国农民工的家庭基本上处于半解体状态，传统的家庭观念遭受到严重的冲击，家庭伦理受到巨大的挑战。

当前，在第三次冲击下形成的“体制性寡妇”将近5000万。她们既要照顾家中老人和小孩，又要承担繁重的农业生产劳作，家务、农活一肩挑，生活压力大，劳动强度高，身体素质严重下降，未老先衰；由于男人不在家，留守妇女普遍缺少安全感。她们既担心老人、小孩和自己的人身、财产安全受到侵害，也担心疾病、灾祸等突发事件的发生，还担心身在花花世界的丈夫抛妻弃子当“陈世美”。据2011年4月18日《新京报》报道，中部某省一名农民在17年的时间里，强奸116人，这名嫌疑人侵犯目标十分明确：留守妇女。此外，由于长年过着牛郎织女的生活，留守妇女要忍受着生理上和心理上的双重煎熬。中国农业大学一项研究显示，69.8%的留守妇女经常感到烦躁，50.6%的留守妇女经常感到焦虑，39.0%的妇女经常感到压抑。古代《诗经》和“后宫”里的“怨妇”是因为宗法；“啼时惊妾梦，不得到辽西”中的“怨妇”是因为战争，“同心而离居，忧伤以终老”的“怨妇”是因为理想，当下农村“怨妇”则是因为无奈。留守妇女的痛可以用河南省商丘市睢县匡城乡37岁的农妇朱冬梅创作的《新娘歌》来概括。此歌荣获2010年中国十大网络新民谣称号，歌词写道：“月儿弯弯照新房，十家新房九家荒。新郎打工去城市，留下新娘守空床。新娘新娘在家忙，家里家外挑大梁。下田学开农用车，回家又养猪和羊。汗水湿了新衣裳，日头晒黑俏面庞。新郎新郎怎么样，莫忘家中苦新娘。在外莫与人争强，更莫贪恋野花香。只愿平安早回转，夫妻一起奔小康。”情切切，意惶惶，凄凄惨惨戚戚，读之催人泪下。由于缺少沟通、交流，夫妻双方容易在思想观念、生活习惯、价值取向等方面逐渐产生差距，出现感情“隔离带”，引发矛盾，导致婚姻出现危机，现在，在道德观念原本极为保守的乡土社会，婚外男女关系已不再是什么讳莫如深的话题。

3. 留守儿童

儿孙绕膝，这是中国传统的生活方式之一；养儿育女，这是家庭的主要功能之一；抚养未成年子女，这是《宪法》对父母规定的义务。然而，随着农民工的外出，这些合情、合理、合法的基本伦理近乎土崩瓦解，现实中，不少农村儿童生活上缺少照顾，行为上缺少管教，学习上缺少辅导，思想上缺少教育，安全上缺少保障。据统计，2011 年被称为“时代孤儿”的农村留守儿童有 5800 万人，占农村儿童总数的 28%，占全国人口数的 4%。

美国一位心理学家曾用猕猴做过一个著名的实验。他把一些幼小的猕猴和妈妈隔离开来，再放置两个“假妈妈”，一个是用硬邦邦的钢丝做成，身上装有奶瓶，另一个是用软绵绵的绒布做成，没有奶瓶。结果，小猕猴全都依偎在“绒布妈”身边。这个细节可以看出幼儿对温暖的需求超过了食物。当实验人员把这些猕猴与从小和“真妈妈”一起长大的猕猴放在一起发现，缺少母爱的猕猴冷漠得多、残酷得多。猕猴与人类基因的相似度达到 94%，这个实验足以说明，对儿童来说最好的环境就是父母本身。

现实生活中，大多外出的农民工父母，一年到头只是定期寄些钱给孩子，本人很少回来探望。媒体报道，重庆人熊良山 1989 年到上海务工，到 2010 年的 20 多年时间内，仅在 2002 年回家一趟，2008 年儿子来上海看望父母时，他们竟然认错了儿子。这种情境正是古诗“少小离家老大回，乡音未改鬓毛衰，儿童相见不相识，笑问客从何处来”在新时代的翻版。长期与孩子隔膜，根本谈不上心理的沟通，更谈不上情感的融合。孩子不认识父母的事在这一群体中占有不小的比例。亲情缺失对留守孩子的心理发育、人格养成造成严重影响。相当一部分孩子不同程度存在孤独、紧张、失落、焦虑等心理问题，生活和卫生习惯差，自卑、沉默、悲观、孤僻，或表现为任性、暴躁、极端的性格。据四川省仁寿县教育局调查，部分留守孩子因感觉“生活没意思”，曾表示出“想轻生”的念头。2010 年，全国妇联发布的《农村留守儿童家庭教育活动调查分析报告》显示，留守儿童由于长期远离父母，三成以上的孩子出现心理卫生问题。再加上教育缺位造成留守孩子行为缺乏有效约束，大部分留守孩子在家由祖辈看管，年迈的老人无论在精力还是能力上都无法适应管教孩子的要求，而学校对每个孩子的关注也十分有限，与家庭间缺乏必要的沟通，从而形成管理上的真空。这对留守孩子正确价值观的形成造成不利影响，相当一部分孩子缺乏是非、善恶观念。在一些农村地区，留守孩子甚至已经成了“差生”、“问题孩子”、“不良青少年”的代名词。据来自福建省一些地方派出所的数据，在因打架斗殴、小偷小摸等不轨行为被送到派出所的孩子中，有60%都是留守孩子。

另外，由于缺少监管，农村留守儿童最容易受到伤害。公安部门统计数据显示，被拐卖儿童群体中，第一位是流动儿童，第二位是留守儿童。发生在留守儿童身上的各种悲剧事件不胜枚举，如2008年7月湖南省涟源县遭遇一场特大洪灾，12名儿童死亡，其中11名是留守儿童；2009年11月，广西贺州鞭炮黑作坊爆炸，11名被哄骗来的留守儿童受伤；扶风县5名小学生相约自杀，其中4名是留守儿童，2012年宜春市一个偏僻的乡村5名留守儿童溺亡，全村找不到一个年轻人施救。

“少年强则国强”，5800万农村留守儿童，在缺失亲情和教育的环境下成长起来的孩子，凭什么强起来，又拿什么赢得未来？这些本应成为未来农村乃至整个社会发展主力军的一代，却因从小得不到父母的关爱和良好的教育，渐渐偏离了正常的人生轨道，成为农村新隐患。不久的将来，他们中的一部分要留在农村以务农为生，这样的素质是无法适应农业现代化的要求的；一部分要离开农村来到城市，继续其父辈们的打工生涯，素质低下、纪律涣散、行为不良、自私冷漠、忧郁多疑、以自我为中心等“留守综合症”会被一并带到城市，进而成为城市新隐患。今天，农村留守孩子问题，已经从一个教育问题演变成了社会问题，还会继续从农村问题演变成城市问题，成为影响社会稳定，甚至影响国家长远发展的重大问题。

在城里打工无力养活子女，只好把他们交给乡下的爷爷奶奶带。当农民工在城市连生产“小农民工”的能力都没有时，“以人为本”精神在我们高速推进城市化进程中的稀缺，便突显出来。

4. 留守老人

城市对于风烛残年的农村老人来说，或许是一个遥不可及的地方。

当村里的年轻人纷纷外出，老人只能独守故土。据全国老龄办测算，“十二五”时期，我国有4000万农村留守老人，占农村老龄人口的37%。

“夕阳是晚开的花，夕阳是陈年的酒”，这种“最美夕阳红”对于农村的留守老人来说，却是一幅想都不敢想的世外图景。现实生活中，更多的则是“门口拴着一条狗，屋里留下老俩口”的凄凉场景。农村老人一生辛苦劳作，晚年本应休养生息、颐养天年，但儿女的外出打工，使他们不仅不可能安享清福，反而要重新担负起青壮年时代的农活重担，生活压力使他们感觉比青壮年时代更苦更累。《中国流动人口发展报告2012》显示，在农村留守老人中，有88.3%的人还要从事农业生产劳动。

他们是当下中国最苦的一个群体。就其生活状态而言，一是生活质量很差。繁重的体力劳动加上教养孙辈的责任，身体上、精神上都难以承受。二是身体健康状况较差。不少老人疾病缠身，没钱看病也没有条件看、没时间看，小病扛，大病拖。三是家庭氛围缺失。电话成了与外出子女交流沟通和精神慰藉的主要途径，平时除了看电视、赶集、聊天外就没别的娱乐活动和情感寄托，常常是“出门一孤影，进门一盏灯”，老无所养，老无所乐。有这样一个真实的故事，2011年9月27日，因为几天来打家中的电话都无人接听，湖南娄底男子肖开全从打工的长沙匆忙赶回家中，当他破门而入，看到的却是梦魇般的一幕：1岁8个月大的女儿，一动不动向天躺在奶奶的臂弯里，身上爬满了蛆虫，奶奶趴在卫生间门口，身上湿漉漉的，尸体开始腐烂。这样的故事虽属个案，但它折射的却是这个群体生活状态的一个侧面。

5. 后打工族

当一些80后、90后农民工拖着拉杆箱，哼着网络歌曲三三两两进城寻梦，一些上了年纪的农民工正陆陆续续扛着标志性的蛇皮袋解甲归田。但，这绝不是荣归故里，更不是衣锦还乡，而是一种苦涩的选择，一种无奈的回归。

之所以打道回府，要么是年龄大了，干不动了；要么是自身的技术不能与时升级，干不了了；要么是伤病缠身，不能干了。他们是被“干完活走人，市民权免谈”的高傲遗弃的一族。表面上看，“后打工时代”表现为用人企业与农民工之间的矛盾，背后隐藏的却是现行的农民工体制无法保证他们在年轻时完成从农民到市民的转型。由于各方面都不愿意支付农民工向产业工人转化所需的成本，大多数民工来到城市之后，无法实现“能力再造”，无法享受与城市居民相同的就业、社会保障、卫生服务、教育等方面权益，只能日复一日、年复一年从事简单的、机械的、低水平的劳作，通过出卖体力和青春换取在城市稍作停留的机会。一旦没有体力可出、青春可换，那么“回家”也就成了农民工唯一而又无奈的选择。“用之而不养之，用之而不护之，用之而不留之”，“后打工时代”集中体现了我国现行农民工体制的弊端，集中反映了工业化对农村劳动力资源的掠夺性使用。对他们来说，从农村到城市再回到农村，是历史的宿命，想挣脱都挣脱不了。

现在一个十分突出的问题是劳动力价格偏离价值现象非常严重。据中国社科院经济所李志宁研究，自上世纪70年代末以来，“工资总额”在GDP中所占比重逐年走低。社会发展了，有了丰厚的积累，农民工却留不下积累以供日后消费。尤其是一些干了几年甚至十几年特殊工种的人，职业病隐患大都在40岁以后。40岁之后，被企业扫地出门，一旦发病，只能自己负担医疗费用。全国700多万挖煤的农民工，3200多万农民建筑工，在这些高风险行业干活，工伤发生的几率很高，如有工伤，一辈子将无依无靠，企业的赔付只是杯水车薪。伤残民工悲哀地感叹：我们死得起，可我们活不起呀！值得关注的另一个方面是，政府和社会对诸如矿难等“红伤”的关注程度极高，而对于以空气污浊造成的慢性疾病等“白伤”还缺乏足够的重视。有关资料显示，我国患职业病多达两亿多人，可以想见，他们中的绝大多数是农民工一族，张海超开胸验肺是他们无奈的选择和无声的呐喊。“红伤”如利刃，“白伤”如钝刀，杀人不见血，让伤者在漫长的病苦中倍受煎熬。

他们无奈地归乡，眼下手里还有几个余钱，日子过得还不错，但等到余钱告罄，日渐衰老，又体弱多病，谁来负担他们的晚年？多年在外打工，荒疏了农技，也无力务农，不愿务农，漫漫的养老路上，何为依靠？

6. 小漂族

调查显示，当下有些年轻夫妇进城打工并非只为挣钱，第一追求是陪孩子在城里读书，只要能在条件比乡村好的城里找到一张书桌，他们就心满意足地生活下去。但为了稳住这张书桌，他们不得不四处想方设法谋到生存之所，孩子只能随着他们过居无定所的生活。有时为了谋生，又不得不迁往他处，孩子也必须随迁异地，再寻学校。

当城里人在为孩子怎样才能享受到更优质的教育资源而烦恼时，农民工子女却在期盼着能有一张安稳的书桌。国务院发展研究中心调查的结果显示，农民工子女在务工地和老家接受教育基本各占一半。目前，全国教育资源布局呈现“村空、乡弱、城挤”的格局。农村的学校，老师越来越老，孩子越来越少，但城市里的教育资源，由于大量人口的涌入，又显得相当紧缺。如此多的“小漂族”进城读书，城里哪所学校能容得下他们的书桌？古代有“孟母三迁”，今天城市的大街上到处都是“孟子妈”，所不同的，前者是主动的，是为了能找到更好的环境；后者是被动的，只为能找到一个读书的地方。即使上了学，面临高考，小漂族还得回到老家考试，不允许与城里的学生同场竞技。报载，湖北仙桃的一位在北京打工的农民工与工地总工聊天，发现两人同是1987年参加高考的考生，而农民工比总工的分数还高出50分，却因为湖北户口没能录取。如今他只能给比分数还低50分的总工打工。

2004年动漫领域有一幅最引人深思的图片，一个趴在母亲背上睡觉的孩子，而他的母亲正弯腰为一个有钱人的孩子擦皮鞋。可以想象，一个有钱将接受良好的教育，一个没钱只能为生计奔波，这两个孩子在未来生活中如何和谐相处？

7. 老漂族

为了照顾自己的生活或照顾孩子读书，一些青年农民工把父母接到城里同住。表面上看进了城，甩脱了繁重的农活，又能跟自己的孩子、孙子在一起享受天伦之乐，但其实他们的内心却无限惆怅、孤独。这些长期生活在故乡的老人，晚年却不得不远离故乡，四处飘零，他们的心灵失去了安放的场所。

首先普遍面临的是居住的问题。高房价的城市催生出人群结构的居住地的变化，上海流行一种说法：内环都是说外语的，中环都是说普通话的，外环全是说上海话的。农民工买不起房，只能见缝插针，在城里寻找环境最差的地方，聚乡而居，形成“河南村”、“安徽村”等“城市里的村庄”。在城中村里，缺乏最基本的公共设施，到处是低矮的简易建筑，天上电线、电话线密布如蛛网，地上是污水横流，无处下脚，屋里是潮湿发霉的污浊空气。这里大多祖孙三代同住一屋，冬冷夏热。他们在高度现代化的城市里，过着低度现代化的生活，有的连电风扇、电视机这些基本的生活用品都缺乏。另外，从农村一下子进入城市，城里的一切对他们都是陌生的，不少老人电器不会用，电话不会打，马路不敢过，外出之后找不到家。生活方式也跟不上趟，以前，他们在自己的村庄，可以随地吐痰，甚至在自己的庄稼地里可以随地大小便，无拘无束，现在连大声说话都要受到限制。特别是情感交流缺失，从熟人社会一下子进入生人社会，举目无亲，老人想找个人拉拉家常唠唠嗑都是一件奢侈的事情，除了每天看护一下读书的孙子，再也没有其他活动，更谈不上娱乐生活，成为漂落在繁华都市里茫茫人海中的“鲁滨逊”。

城市化把最容易资本化的人群都拉进城市，让最难以资本化的人群都留在农村，但是由此引发的矛盾和问题却遍布城乡，而且越积越深。了解这七大群体的所思所想所愿所盼，帮助他们提高生存质量，提升发展能力，是实现以人为本科学发展的关键。长期积累的矛盾和问题，需要一个相当长的历史阶段才能解决，铲除二元制度、消解二元思维、清理二元文化都需要假以时日。当务之急，应在四个方面狠下功夫。

一应大力推进农民工流动家庭化。家庭是社会的基础细胞，细胞功能退化或发生病变坏死，社会的肌体必然大受影响。就中国的情势看，农民工的存在不是三代、五代人的问题，很可能是更长时间的延续。因此，只有以家庭为流动单元，才能修复家庭这个社会基础细胞，从而促进社会肌体的健康发育，使构建和谐社会成为可能。从长远看，不以家庭为单元的流动不是合理的流动；不以家庭为单元的迁徙不是稳定的迁徙；不以家庭为单元的城市化不是真实的城市化。一要解决居住问题。政府在考虑廉租房问题上不仅要针对城里低收入人群，同时也要将进城农民工纳入视野。企业在用工方面要尽量提供更多夫妻共事的机会，有些地方的企业开设夫妻房的做法也值得借鉴。还有就是促进社会上的空房流转，城市空置房大量存在是一个不争的事实，现在全国660多个大中城市加上2000多个县城究竟有多少空置房难以估算，可利用的空间十分巨大。二是为农民工子女上学提供充分条件。两千多年前的孔子就提出有教无类的思想，历史发展到今天，我们的城市更应该无条件接纳他们读书。今天多放一张书桌，明天就可能少建一座监狱。三是大力推进社会保障制度的落实。有关调查显示，目前“五险一金”在农民工中的落实比例不足三成，这是农民工难以举家流动的重要障碍，应大力推进“五险一金”的缴纳，为农民工落户系上安全带，让农民工多些安全感。

二应大力推进社会建设。西方一些城市不管经历什么风雨都比较稳定，根本的原因，城市的肌体有两大内核在支撑。纵向的是以宗教信仰凝聚人心，横向的是以发育成熟的社会组织提升归属感。相比之下，中国“主义”不少“社会”很少，目前社会组织才万分之二点多，法国差不多是中国的100倍，每一个人都有多个属于自己的组织。应借鉴发达国家的成功经验，大力培育社会组织。一是完善农村社会化服务，让家庭的一些职能转移给社会。比如，扩大农村寄宿制学校的规模，提高留守儿童的教育效果；充分发挥基层妇联和计生组织作用，开展留守家庭生产互助等类的活动，帮助留守妇女和老人解决生产生活中的实际困难；建立乡镇一级的含有心理门诊、法律援助、文娱中心在内的留守服务中心，等等。二是在农民工集中地建立各类农民工组织，或吸收农民工加入城市中的各类民间组织，让他们找到归属感。三是完善城市社会服务，城市各类群团组织都应把触角深入到最基层的农民工群体中，同时在每个社居委都应设立农民工工作站，把农民工工作纳入日常管理。

三应为农民工消费工余时间创造条件。无事就会生非。如何引导农民工科学合理地消费自己的业余时间，对维护社会稳定将会起到一个非常大的作用。当前，一个不容回避的事实是，以新生代农民工为主体的农民工群体精神文化需求未能有效满足，整体呈现“孤岛化”特征，处于城市和农村的“夹心层”，已经影响了农民工生活质量和幸福指数的提升，影响了农民工的基本生存权和发展权，使他们缺乏融入感、认同感，进而影响到工业化、城市化、城乡一体化发展。建立和完善农民工与城市公共文化服务体系，事关农民工文化权益保障，事关农民工的城市融入，事关一代人的精神塑造，事关城市文化合理发育，事关中国城市的发展质量，事关社会的公平正义，事关社会的安定和谐，事关社会管理创新。满足农民工城市公共文化服务需求要做好盘活存量文化资源和优化增量文化资源两篇大文章。充分利用现有直接文化资源，如向农民工免费开放文化馆、图书馆、博物馆等文化设施；协调利用间接的文化资源，如协调教育、科技、旅游、企业、社区以及工、青、妇等部门发挥各自的职能特点为农民工提供文化服务；开发利用新的文化资源，如为农民工提供新的传媒载体，搭建城市露天舞台，构建文艺活动、文学创作、技能培训等方面的平台。

四应针对不同群体制定不同的政策。虽然各级政府对农民工问题高度重视，相继出台了一系列政策措施解决农民工问题，但是，在政策设计上针对性不够强，象征意义大于实际意义，落实起来效果不那么明显。“以人为本”中的“人”是由无数个“具体人”组成的，不同的“具体人”有不同的需求，以农民工为核心的“七大群体”，留守在家的不一样，漂泊在城的不一样，留守在家的老人、妇女、儿童各有需求重点。因此，政策的出台可以“一揽子”但不能“一样子”，大而化之、笼而统之的措施解决不了实际问题。应根据不同群体的不同需求细化不同的政策，采取不同的举措。例如留守老人问题。“父母在，不远游”的时代已经远去，但对老人的关爱和照顾永远是衡量一个社会文明程度的标尺。在孝道衰落、社会转型的双重夹击下，在由“养儿防老”向“制度防老”过渡尚未完成的背景下，绝大多数留守老人生活艰难，精神空虚，身体多病。一应重振孝道。孝道衰落，一是家庭中代际关系及夫妻关系发生颠覆性的变化，由过去父强子弱、夫强妻弱变为子强父弱、妻强夫弱。当儿子在夫妻关系中处于弱势时，父母很难从儿子那里得到有力支持。二是市场经济的冲击使孝道不再占据逻辑上的天然制高点，人们只用经济收益的眼光看待老人在家庭中的作用。孝道逻辑养儿防老天经地义，而市场逻辑则理性地推导出结果：儿子会理直气壮地反问老子，你是养了我，可你养好我了吗？这种市场理性的反驳会给父辈更沉重的打击。二应下大功夫解决制度养老问题，让孝道的“自律”与制度的“他律”共同发挥养老作用，让“老有所养”在双重约束下得以真正实现。总之，政策的制定、措施的实施都必须具有针对性、准确性，不可抽象化，务求具体化。

二、稳定的城镇化：推进农民工流动家庭化

打破城乡樊篱，允许农民进城务工经商，这是改革开放以来最重大的社会进步。但是，2 亿多农民从土地上走出来从事二、三产业，大都远离故土，抛家别妻，长达数月甚至经年不归。他们的家庭实际上处于解体半解体状态。

1. 农民工以个体为流动单元带来“三难”

农民工常年孤身在外闯荡，给个人、家庭、社会带来了一系列问题：家庭成员长期分离，相互间缺乏关怀与照应，个人生活难；传统的家庭经营模式被打破，固有的家庭关系日渐疏远，家庭稳定难；个人问题与家庭纠纷，通过不同途径影射到社会，引发一系列社会冲突和矛盾，社会和谐难。“三难”不解，将成为影响中国经济社会发展与和谐的最严峻问题。

一是个人生活难。首先，日常生活没有避风港。农民工在城里干的是最脏最累最险的工作，住的是工棚、地下室或城中村，吃的是粗茶淡

饭，过的是“大集体式”生活，日复一日的辛苦劳累之余，不能享受家人之间互相帮助、体贴入微的关怀和呵护，就是想吃一顿可口的饭菜都是难上加难。有了头疼脑热拉肚子，没有家人的照顾，只能自己忍着。其次，工余时间白白浪费。如果在农村，闲暇之余可以和家人相守在一起，教子、养老、夫妻沟通，履行一份为人父、为人子、为人夫的责任；或是在自家的庭前院后，种瓜养菜，搞一些家庭副业，补贴家用。但在城市，工作之余只能举首望天、独守工棚，再无其他事可干。再者，精神找不到栖息地。“偶闲也作登楼望，万户千灯不是家”，农民工在城里是“孤家寡人”，没有家庭的温情，也没有说道和倾诉的对象，经常遭受的是歧视和不公平待遇，几乎没有文化娱乐生活，思家思乡之情难以排遣。每逢工余空闲或节假日，对别人意味着团聚和快乐，对农民工而言，恨不得“若为化得身千亿，散向峰头望故乡”，更多的则是无尽的思念和苦涩。生活和精神的重压，加上职业病高发，医疗跟不上，他们的生命周期无疑缩短，有关资料显示，大城市人均寿命比农村人高 12 年。

二是家庭稳定难。长期以来，我国农村家庭是以熟人社会为背景的，其稳定性恐怕在世界各国也是名列前茅，这也是乡村社会稳定的基础。随着“民工潮”的兴起，农村家庭遭受前所未有的冲击，生产功能日益减弱，成员关系急剧变化，血缘亲情渐渐淡化，家庭失去了凝聚力，在“形”和“神”上逐步趋于瓦解，导致“五荒”：一是家庭经营荒。外出农民工多数是青壮年，留在农村的是老弱妇幼，农村家庭丧失了主要劳动力，以家庭为单元的经营格局被打破，承包地粗放经营，猪鸭鹅等难以养殖，菜瓜果等无法种植，经营性收入和家庭副业几乎为零。由此导致维系家庭关系的内部紧密协作劳动不复存在，使配合默契的成员关系日渐疏离。二是家庭责任荒。个体成员的长期流动使家庭处于分散状态，各种类型的“空巢型”家庭大量涌现，“无子”赡养老人、“无父”抚养孩子、“无夫”挑起重担、“无妻”照顾生活的现象十分普遍。远在天边的游夫、游妇们除了寄一点钱回家外，该尽的家庭责任鞭长莫及或经过长期消磨而意识淡漠。三是外部关系荒。长期离家在外的农民工打破了传统人际关系网络，日常交际对象主要是工友，与基于血缘、姻缘、地缘而形成的亲属和乡邻之间的联系越来越少，传统乡土关系逐渐减弱、淡化，乡土气息的人情性质和互动内容改变了，取而代之的是原来没有的雇佣、租赁等工具性关系，“远亲不如近邻”变为“比邻若天涯”，家庭的整体社会关系逐渐分崩离析。四是家庭成员感情荒。空间上的距离带来了感情上的疏离，父母、子女、夫妻、兄弟姐妹之间缺乏沟通交流与相互关爱，儿童缺少父母关爱和家庭教育，精神创伤大，难以健康成长；老人没有亲情交流和慰藉，寂寞无聊等精神压力难以排解；相隔两地的夫妻在生理及心理上长期处于压抑状态，感情危机随之产生，农村离婚率持续攀升。紧密而温馨的家庭情感越来越疏远淡薄。五是伦理道德荒。在市场经济和城市陌生人社会规则的冲击下，许多农民工的传统观念和思维方式开始蜕变，金钱、物质至上替代了传统美德，诚实沦丧，守信失守，伦理秩序出现混乱，道德底线开始崩塌，该尊敬的不尊敬，该爱护不爱护，“暖风熏得游人醉，直把他乡作故乡”，传统的伦理道德正在沉沦。

家庭是人类社会结构的基石、社会制度的原型、社会秩序的要素、国家形态的基础，大量的农村家庭分化和结构解体，将逐步导致家庭关系及其功能的退化，影响养老、育子、医疗、失业等家庭保障的深层基础，在社会保障体系尚不健全的背景下，甚至会动摇社会制度和国家形态的基石，这是一个十分危险的信号。

三是社会和谐难。因农民工及其家庭而引发的社会纠纷和矛盾越来越多，影响越来越广泛，如果任由这种态势发展，产生的破坏力将是巨大的。一是社会治安隐患多。一方面，农民工家庭的离婚、财产纠纷、赡养父母、抚养子女等民事案件增多，甚至出现杀人、抢劫等暴力犯罪，而这种现象正在进行着代际传递，缺乏家庭教育的农民工子女的违法犯罪现象不断增多就是明证。另一方面，满怀希望和梦想的农民工，进城后却承受着生存境遇艰难、生活环境恶劣的残酷现实，产生了巨大的心理落差，在公权力不能保障其合法权益时，最终的选择是以违法犯罪行为来显示自身存在，或借以获取生存资源；同时，农民工在缺乏家庭温暖和亲人慰藉的同时，又受到城市文明的拒绝和排斥，生活和精神的双重压力，使他们经常采取一些不健康的休闲娱乐方式甚至走上违法犯罪道路。二是群体性事件频发。农民工的个体流动式生存和“大集体式”的工作、生活和居住环境，家庭负担和顾虑减弱，更容易抱成一团、联合在一起，各种自发组织不断涌现。据有关调查显示，深圳市农民工仅各地同乡会就达200多个。农民工由于在城市的社会地位低下，合法权益屡遭侵犯，诉求渠道不畅，维权之路艰难，对社会的不满经过长期的积累和传递，逐渐滋长并演化为一种社会离心力，甚至是反社会的倾向，在遇到劳资纠纷、劳动安全事故等诱因时，这种不满情绪就会大面积爆发，并通过围堵政府机关、集体罢工、聚众闹事、围堵交通甚至打砸破坏、暴力冲突等行为进行宣泄，进而演变为群体性事件。近年来，农民工群体性事件逐年增多，其规模、参与人数、严重程度和社会影响越来越大。这种现象必须引起高度重视，我国历史上无数次的“流民作乱”是前车之鉴，现实中的英、法等国骚乱是活生生的实例。三是社会管理压力大。对农民工而言，长期流动使其自身的社会管理参与权名存实亡，人不在农村不能有效行使村民权利，身在城市却无法参与社区管理。对农村而言，基层政府的社会管理成本增加，即使是从形式上走过场，也要付出更多的人力、物力和财力。仅计划生育一项，农村基层政府就备感头疼，每年必须组织工作队多次进城，一住就是十天半月，在人海茫茫的城市，与农民工玩“猫捉老鼠”的游戏。对城市而言，外来人员增多使人口急剧膨胀，在运营管理体制、整体吸纳能力、公用设施建设、资源消耗、市容市貌、社区管理等方面的压力越来越大，对农民工的“社会性排斥”管制政策又引发了社会治安等多方面的矛盾与问题，需要花费更多的时间和精力来解决。四是礼义道德缺失。从“盲流”到“农民工”，农民始终被视为城市的“外来人”，是地域意义上的边缘人，也是城市礼义道德的边缘人。城里人的价值观念成为城里人的专利，农民工的价值观念不被认同，享受不到城里人最起码的尊重、信任与帮助。学校招生，会弹钢琴是特长，如果说会养猪也算特长，便会遭人耻笑。一些企业道德底线崩塌，随意克扣、拖欠农民工工资，甚至拳打脚踢棍棒加身，逼得他们跳楼上吊。在农民工的眼中，城市的道路越来越宽广，人心却越来越狭隘；人住得越来越拥挤，关系却越来越疏远。他们在物质生活与道德情感上无法融入城市，没有主人翁的责任感，缺乏维系和践行诚信道德的动力和热情，甚至无意或有意地表现出各种破坏公共秩序、践踏社会公德的言行。

民主法治、公平正义、诚信友爱、安定有序，是构建和谐社会的应有之义。如果农民工的家庭问题得不到根本解决，这个数量庞大的群体就会始终像无根的浮萍，在城市与乡村之间游荡，影响社会安宁与团结，冲击社会秩序与文明，甚至引起社会混乱与动荡，阻碍社会进步与发展，构建和谐社会也就无从谈起。

2. 大力推进以家庭为单元的人口流动

“五四”以来，中国家庭经历了三次大的冲击。第一次是“五四”时期，发生在极少数知识分子家庭，影响面极小；第二次是文化大革命，派性斗争使父子、夫妻、兄弟姐妹反目成仇，随着政治狂热的消退，家庭关系很快恢复正常；第三次是农民工进城，这是经济理性的冲击，其影响之大、之深、之广是前所未有的。建设美好家庭、实现社会和谐始终是人们孜孜以求并为之努力的理想和目标。家庭对个人的生产生活至关重要，对社会生活的影响也是直接的、深层次的。家庭稳定和睦，直接关系到每个人的幸福与发展，深刻影响着社会的安宁与和谐。大力推进以家庭为单元的人口流动，促进农民工举家进城、安居乐业，使个人回归本质，使家庭得以修复，是解决农民工问题的长远之计、治本之策，也是构建和谐社会的基础工程和必由之路。

近些年，农民工问题引起了全社会的高度重视，各级政府相继出台了一些有针对性的政策措施，着力解决与农民工切身利益相关的突出问题，但这些政策措施只限于改善农民工的个体生存与发展条件。现阶段，随着我国财力逐年增长、整体实力极大提高和农民工举家进城的诉求不断增强，推进农民工以家庭为单元的整体迁徙的条件和能力已经具备，时机已经成熟。首先，应将推进以家庭为流动单元作为首要目标，切实加强制度创新，着力打破二元结构的束缚和制约，加大户籍制度改革和相关政策调整力度，消除歧视农民工的制度根源，给他们以同等的国民待遇，实现从“产业工人的重要组成部分”向真正意义上的产业工人的转变。其次，各级政府特别是城市政府应切实转变观念，从管制型转向服务型，把农民工作为生产要素、生活主体与消费主体来对待，将其纳入城市公共服务体系，在编制城市发展规划、制定公共政策、建设公用设施等方面，统筹考虑农民工的需求，增加面向农民工的公共服务开支。第三，充分发挥政策的杠杆功能和舆论的导向作用，鼓励和引导各类社会组织关注、支持农民工的生存与发展，营造全社会关心、关怀农民工的浓厚氛围。同时，积极引导农民工特别是新生代农民工转变思想观念，强化家庭归属感与责任感，从“潇洒走一回”进城转向“拖家带口”进城。当前，应着力从住房、就业、教育、社会保障等方面，为农民工以家庭为流动单元创造条件。

住房。首先要实现住有所居，安居才能乐业。当前应下功夫改变农民工居住条件“破、窄、挤”，居住环境“脏、乱、差”的现实，为以家庭为流动单元创造必备的前提条件。虽然国家出台了相关政策措施，一些地方政府也进行了初步探索，但仍然没有得到较大的改善。农民工的住房问题，应采取“政府引导和推动、企业主导和建设、社会参与和支持”三结合的方式，系统性地加以解决。一是把农民工纳入国家住房保障政策体系，将在城市稳定就业、居住一定年限的农民工纳入政府廉租房、经济适用房、限价商品房政策享受范围，或出台农民工公寓建设支持政策。二是完善农民工住房租赁市场，鼓励社区街道、工业园区、用工企业建设社会化公寓，培育小户型房屋租赁市场；探索在城乡结合部，由集体经济组织利用闲置建设用地建立农民工公寓。三是建立完善农民工住房公积金制度，将这一制度面向所有农民工，有条件的农民工都能申请住房公积金贷款，并且可以支付房租。四是完善农民工住房配套制度，把农民工住房纳入城镇建设规划和土地利用规划，统筹考虑农民工住房位置和基础设施建设，避免出现城市“贫民窟”。

就业。有业就才能有收入，有收入才能养家糊口。当前，一方面，应着眼长远，逐步建立保障农民工就业的长效机制。世界各国解决农民工就业问题的共同做法，是建立健全相关法律法规。这方面，英国堪称典范，从17世纪开始，先后制定了“斯宾汉姆兰德制”、“伊丽莎白法”、“新济贫法”、“失业工人法”等，为农民工创造就业机会。我国应借鉴国际成功经验，把农民工就业上升到法律层次，出台相关法律法规，制定长期稳定的政策，为建立农民工就业和再就业提供可靠保障。另一方面，应着眼当前，在提高农民工的就业能力、增强就业稳定性上下功夫：一是改进职业技能培训，加大对农村人力资本存量的调整和投资力度，探索由政府部门、用工企业、公共培训机构和私营培训机构等多主体对农民工培训的有效合作，建立多渠道、多层次、多形式的农民工培训网络，完善农民工职业技能培训补贴办法。二是进一步健全就业信息服务，加强输出地与输入地劳务对接，健全城乡公共就业服务体系，输出地为农民免费提供政策咨询和务工信息，输入地完善用工信息发布机制，所有职业介绍机构向农民工免费开放。三是完善劳动合约管理，严格工资政策，建立农民工最低工资保障制度、工资发放保障制度和工资正常增长机制，积极推行企业工资集体协商制度，严厉打击恶意拖欠和克扣工资的不法行为，并切实做好对农民工的劳动保护工作。四是进一步强化用工企业的社会责任感，转变企业用工思维方式，采取设置一些夫妻同时就业的“双职工”岗位、建设集体宿舍时设计部分夫妻公寓等措施，为农民工家庭提供一个稳定的住房和就业条件，增强职工对企业的认同感和归属感，提高工作效率，避免“用工荒”，实现企业与农民工共同发展的双赢目标。

教育。实现学有所教，是推进农民工以家庭为流动单元的重要基础条件，也是阻断农民工代际传递的最好途径。子女教育是农民工最关心的问题，有些农民工进城打工的第一目的是能带孩子进城读书，挣钱则成为次要。农民工子女教育问题已成为是现阶段我国义务教育新的难点和薄弱环节。城市应统筹公办教育资源和民办教育资源，大力提高教学质量和水平，逐步实现教育公平。一是落实“两为主”政策，把农民工子女教育纳入教育发展规划和经费预算，加大对公办教学资源不足的农民工集聚地区的投入，兴建公办学校，改善教学条件。二是提高民办教学资源水平，支持和规范农民工子弟学校的发展，将受政府委托承担义务教育任务的农民工子弟学校，纳入统一的师资培训和教学管理，提高安全水平和师资水平，逐步享受与公办学校同等的财政扶持政策；对在读的农民工子女，按照公办学校的标准，免除学杂费，享受相关补助。三是探索发放教育券的助学方式，农民工子女只要凭借政府统一发放的教育券，就可以自主选择适合自己的学校，任何学校不得拒收。四是探索建立学籍与户籍分离制度，农民工子女可以在父母就业地享有参加中考、高考的权利。

社会保障。社会保障是推进农民工以家庭为流动单元的救生艇。没有基本的社会保障，农民工一旦失业，家庭将在居住地风雨飘摇。虽然农民工已纳入工伤保险范畴，高危行业农民工参保问题得到基本解决，养老保险和医疗保险的转移接续问题也取得重大突破，但农民工社保覆盖面仍然较窄，保障水平还很低。进一步完善农民工社会保障制度，应坚持低标准、广覆盖、可接续原则，不断扩大农民工社会保障覆盖面。一是全面落实农民工工伤保险政策。以商贸、餐饮、住宿、家庭服务等劳动密集型行业的农民工为重点人群，加快实现工伤保险对农民工群体的全覆盖；简化农民工工伤认定、鉴定和纠纷处置程序。提高工伤待遇水平特别是一次性补助标准，确保遭受工伤或患职业病的农民工获得与城镇职工相同的医疗救助和经济补偿。二是健全农民工医疗保障制度。与企业签订劳动合同、建立稳定劳动关系的农民工都应纳入城镇职工基本医疗保险制度；鼓励其他农民工参加城镇居民基本医疗保险或农村新型合作医疗保险，进一步完善基本医疗保障关系转移接续办法；建立医疗保险尤其是大病保障机制，探索包括遭遇天灾人祸时的紧急救济、贫困救助和法律援助等社会救助制度。三是加快健全农民工养老保险制度。引导和鼓励农民工参加城镇企业职工基本养老保险和新型农村社会养老保险；有序、规范地开展农民工养老保险关系转移接续工作；探索建立城镇企业职工基本养老保险与新型农村社会养老保险的衔接政策，保障回乡农民工的合法权益。

农民工，一个为中国经济高增长和发达国家低通胀贡献了人口红利的群体，一个举世关注的沉重话题，一个还将持续几代人的历史现象；构建和谐社会，一个福泽全民的政治纲领，一个跨越历史的时代强音。当一种制度注入了和谐的元素和内涵，推动农民工家庭自由、稳定地迈入城市，实现全体人民共享改革发展成果，这种制度才是文明的、进步的；当一个社会通过制度的指引和实施，消除城乡差别和身份歧视，保障每个家庭安居乐业，这个社会才能安宁和谐。

三、“末代农民”梦何圆

据国务院发展研究中心 2011 年《农民工市民化》课题组调查，数量过亿的新生代农民工只有 7% 的人愿意以后回乡。这就意味着让父辈当“末代农民”，顶不济也要让自己当“末代农民”成了 93% 的新生代农民工的梦想。尽管他们在极为高度现代化的城市里，过着极为低度现代化的生活，但他们怀揣甩掉“农民帽”的梦想，奋力拼搏，试图把哪怕只有百分之一的可能变为现实。老一代农民工以物质追求为核心的理念已经被新生代农民工所颠覆，他们正以理想追求为目标去谋划人生，设计未来。

1. 梦从何来

理想总是生长在现实的土壤里，小学生长大想当城管的，其父母一定是街头做小买卖的。新生代农民工把“末代农民”作为理想追求，这个一点都不“远大”的理想背后，也一定有着深刻的背景渊源。

第一，农民与市民相比，权利天地悬殊。在发达国家，农民与市民只是因分工不同。但是，当下中国，农民和市民不再是职业的胎记，而是身份的象征。一是二元制度让市民成为“特殊公民”。当今世界，只有中国、朝鲜、贝宁等几个国家实行严格的户籍管制制度，而中国城镇户口的含金量堪称世界之最，一个城镇户口本就是一张巨额“银联卡”

和一个多能“通行证”。浙江大学一位教授做了专门研究，隐藏在城市户籍背后有47种权利，住宅、粮食供给、教育、医疗、就业、社会保障、婚姻、征兵等等无所不包。据全国人大教科文卫专委会委员马力测算，中国农村和城市福利待遇人均相差33万元。既然一个薄薄的城市户口本装着如此沉甸的实惠，而且，一旦持有，世代受益，谁不拼命地想？二是二元文化使农民成为“二等公民”。社会上有一种普遍的看法，如果你是城里人，你就天生高贵；如果你是农村人，你就低人一等，就让人瞧不起。“你真农民！”已经成为城里人嘲讽人的流行语。农村人充其量只是一个有身份证的人，城里人才是有身份的人。成为末代农民不仅实惠，还有面子，谁不拼命地想？

第二，“农民帽”像孙悟空头上的紧箍咒一样，难以甩掉。城市本来就是乡村的一部分，被乡村包裹着。乡村到城市的距离仅一步之遥，农民一抬腿就可以进到城里，但是今天的农民整整走过了两代人，用了二十多年的时间还没挤进城里当上真正的市民。市民并非天生比农民高贵。在中国漫长的历史上，对职业的排序一直本着“士、农、工、商”的原则，农民反而比市民尊贵。古希腊，雅典公民大部分都在农村，务农被看作适合于公民身份的高尚职业。即便是最发达的美国，到现在还自认为自己是农业大国，要想成为农民不考到合格的证书还不行。在农耕社会，城乡之间的落差很小，由乡而城的流动极为缓慢，200多年前，由于工业化的发展，开始出现大规模农业劳动力向雇佣工人的转变，进而出现城市化。这一转变过程在不同的国家呈现出各不相同的形式，比如英国的流民、美国的移民、拉美的城市贫民，无一例外地都遵循了刘易斯经典的“二元结构理论”：农民从田间走向车间是在城市的诱导和农村的推动双重作用下的自然规律，伴随而来的农民向市民的转变是水到渠成的事情，根本用不着上升到理想追求的层面。中国在1958～1978的二十年间，壁垒森严的城乡二元制度和城乡有别的管理体制使农民想进城比现在出国还难：得向集体请假，要公社开介绍信，须持有粮票，而粮票是城里人的专利，农村人有钱也买不到吃的。自上世纪80年代后期开始，政府在农民进城的问题上一点点地放开管制，今天虽然已经全面放开，但是干完活走人，公民权免谈，有的在城里工作生活了一二十年，有的开了公司当了老板，照样成不了市民，就像一对男女青年，你跟我恋爱可以，但要结婚领证有名分不行。所以“市民”这顶“帽子”就变成了一个很奇怪“魔盒”，分明就在眼前，但想戴就是戴不上去。于是，那顶普通的“市民帽”就成了令农民工神往的终极理想。

第三，今日之农民工已非昔日之农民工。随着当年青春靓丽的《外来妹》女一号陈小艺人到中年，老一代农民工已陆陆续续扛着标志性的蛇皮袋解甲归田。风华正茂的新生代农民工，则敲着键盘，拖着拉杆箱，哼着网络歌曲三三两两进城寻梦。两代人除了身份相同、祖籍相同，很难找到其他交集。新生代农民工更在乎工作是否体面，发展是否长远，活得是否尊严，“旅游式务工”、“短工化”已成常态。国务院发展研究中心一项调查显示，传统农民工平均每年变换工作0.09次，新生代农民工平均每年变换工作0.26次，差不多是前者的三倍。所谓“无恒产者无恒心”，新生代农民工工资水平反而不如老一代农民工，2011年调查的数据显示新生代农民工平均月收入为1747.87元，比传统农民工低167.27元。老一代农民工喜欢纵向比，跟自己的过去比，他们出来打工，分明操着“卖白粉”的心，得到“卖白菜”的钱，却无怨无悔，因为“血汗工厂”的背后有一个更差的“血汗农场”，所以在不公平的现实面前，能忍；新生代农民工喜欢横向比，跟周围的人比，当发现自己跟城里人长得没什么两样，同样喜欢牛仔裤喜欢周杰伦，同样浇水稻不行但浇水泥在行，而得到的待遇和享受的权利却有云泥之别时，他们已不再忍耐。在深圳的富士康，工厂的条件还算不错的，但2010年几个月之内发生了12起员工跳楼自杀事件，全都是20岁左右的青年农民工。除了自杀，更有反抗，领导本田零件工厂罢工的就是一位“二代农民工”。2011年6月，在短短的二十多天里，广东潮州和增城就发生了两起以农民工为主体的群体事件。很明显，随着社会的进步，民主、法制的观念越来越深入人心，新一代农民工不仅关心福利，更关心权利；不仅关心民生，更关心民权。他们的追求已经由物质层面、精神层面上升到理想层面。

2. 圆梦：准备好了吗？

“化”在甲骨文里，由一个正立之“人”和一个倒立之“人”构成，从正立之人到倒立之人的“翻跟头”的过程，就是变化的过程。中国城市化的过程不同于世界上许多国家的“翻跟头”，而是独创的“自选动作”，给人一种突如其来的感觉。计划经济时代，城市化基本处于停滞状态，26年的时间城市化水平从12.6%上升到17.9%，年均上升仅0.2个百分点。改革开放以后，特别是1998年以来，城市化水平呈井喷状态，年均增长近2个百分点，到2012年，城镇化率超过了50%，中国跑步进入城市元年。当2亿多农民工在这么短的时间内浩浩荡荡地涌入城市，令毫无准备的城市措手不及，连农民工自己也觉得无所适从。

第一，城市的基础设施没准备好。首先是安居问题，安居才能乐业。中国虽然没有出现像拉美和印度那样的贫民窟，但是农民工的住房状况一直是地方政府刻意回避的问题。国家统计局《2009年农民工监测调查报告》中对农民工在城市居住条件的调查显示，33.9%在集体宿舍，10.3%在工棚，7.6%在经营场所，17.5%合租，17.1%独自租住，只有0.8%的人购买了住房。也就是说99.2%的农民工都没有自己的住房。按这样的比例，一亿多在城市打工的农民工就是几千万个家庭，需要几千万套房子。如果按现在的工资水平和现在的房价，农民工需要工作几百年才能住上新房。根据国务院发展研究中心调查的数据，2011年农民工的平均月工资1720元，在务工地每月生活费支出1243元，不考虑家里的支出，每年结余5724元，如果在北京买一套90平方米的房子需要从康熙年间工作到现在。尽管目前中央政府高度重视，要求城市逐年加大保障性住房建设力度，“十一五”期间已建成了1000多万套，但对于近亿的需求量来说，只是杯水车薪。中国大中小城市里，房子盖了不少，但一面是高档住宅，空置率高，一面是保障性住房供给严重不足。农民工“安得广厦千万间”的安居愿望仍是奢望。2011年凤凰网刊登了一组照片，农民工的孩子蜗居在墓区度过童年，身后不远处就是拔地而起的高楼大厦。其次是子女上学问题。当城里人在为孩子怎样才能享受到更优质的教育资源而烦恼时，农民工子女却在期盼着能有一张安稳的书桌。在2亿多农民工的背后，有7000多万个孩子，其中4000多万年龄在14周岁以下，他们的上学是最令人纠结的问题。国务院发展研究中心调查的结果显示，农民工子女在务工地和老家接受教育基本各占一半。如果农民工子女都进城读书，城里哪所学校能容得下他们的书桌？再者是就医问题。根据世界卫生组织2004年发表的《世界卫生报告》的有关资料和官方汇率计算，2001年总人口占全球人口21%的中国卫生总费用只有世界总额的2.1%。中国人均卫生费用只有世界平均数的1/10，大约是美国人均费用的1/100。《2010年中国卫生统计年鉴》显示，2009年，中国每千人口拥有医师仅1.4人、护士1.0人、床位2.2张，而日本分别为2.1、9.5、14.0。而且，我国医疗资源分布严重不均，多的多，少的少，比如北京市集中48家三甲医院，有的省才两三家。北京拥有的CT机比整个英国还多，而许多几万人口的乡镇医院还没有一台CT机。城市社区卫生服务资源更是严重短缺，场地面积、设备配置、人员资质等都严重不足，不少城市社区主要靠个体诊所提供医疗服务，设备条件、服务质量远远不能满足群众基本医疗服务需求。据湖北省黄石市调查资料显示，有40%的市民不信任或不太信任社区医疗服务水平。在目前的条件下，城里人看病难、看病贵的现象就十分严重，2亿多农民工的健康谁来守护？

第二，城市的管理没有准备好。1995年，联合国人居中心秘书长沃利恩道在为《城市化的世界》一书作序时，忧心忡忡地写道：“城市化既可能是无可比拟的未来光明前景之所在，也可能是前所未有的灾难之凶兆”。对于城市这样一个庞然大物，管理稍有不慎，就有可能乱象丛生，国外有过不少教训。欧洲城市化早期因疏于环境治理，造成瘟疫流行，损失远超过2003年中国的非典。美国一位规划学家描述“在1820~1900年之间，大城市里的破坏和混乱情况简直与战场一样”。日本因城市房地产泡沫破灭而曾经一蹶不振。拉美因过快城市化造成的城市危机现在还未走出阴影。中国，在城市已大显病态的今天，这么多农民工一下子涌入城市，无疑将进一步加重城市负担，给城市管理带来新的难度。

一是钱从哪里来。农民工一旦成为市民，城市就要对他们担负起全部责任，所有的公共服务都要惠及他们。仅社会保障一项就需要一笔巨额的开支。人力资源和社会保障部一位官员指出，“到2011年6月末，农民工参加各项社会保险人数占外出农民工总数的比例分别为：工伤保险42.7%、医疗保险26.2%、养老保险23.2%、失业保险14.1%。没有一项险种的参保人数超过半数。”要把这么多欠账补起来需要一大笔真金白银。《2009年中国新型城市化报告》预测，每进入城市1个人，大约需要10万元的成本。未来50年间中国约增加4亿~6亿城市人口，平均每年需要支付9863亿元，相当于2006年国民生产总值的4.7%。而且过去30年，政府的大量投资都在高铁、公路、桥梁等方面，社会投资像医院、学校、公共住房等相比微乎其微，使城市公共服务成为短板。二是管理怎样创新。现今，我国城市管理有三条线，户籍、社区和单位。户籍是身份的标志，社区是生活的环境，单位是工作的平台。对一个城市居民而言，户籍、社区和单位与自身存在着千丝万缕、无时不在的联系。但是，对农民工而言，这个城市管理的三条线仅仅与之发生临时性的关联。社区把他们当作外来人口，工作单位一二年更换一个，户口是临时的，无法迁入居住地，成不了市民，享受不到真正意义上的市民权利。这些农民工一旦成为真正意义上的市民，对于城市的运行管理必将是一个不小的挑战。更重要的是，在农民工市民化的过程中，中国走的是世界各国从未走过的四大转型同时推进的道路，即计划经济向市场经济转型、农业社会向工业社会转型、封闭社会向开放社会转型、人治社会向法制社会转型，在这种风险极高、难度极大、矛盾极多、任务极重的转型中，要消除50多年积累的二元体制带来的问题，很难一蹴而就。三是城市病怎么治。目前全国有14个省、直辖市的人均道路面积低于5平方米，大城市的交通时速仅为15公里左右；全国有400多个城市处于缺水状态，而因为城市的污水处理设施赶不上城市化速度，导致水污染加剧，水资源进一步短缺；城市建成区绿化覆盖率仅19.2%。河流干涸、阴霾笼罩、垃圾如山、交通堵塞、噪音充耳、空气污浊等各种各样的环境问题出现了并发症，在当前的情势下已经百病缠身，很难想象，再让那么多农民工享受到真正的市民待遇，城市病不知会出现什么症候。

第三，市民和农民工自身也没准备好。城乡二元制度已经演绎出一种二元文化。制度的撤销通过一个指令即可很快完成，但文化的消解则需要一个漫长的过程。首先，对市民来说，心理不平衡。心理学上的贝勃定律告诉人们，如果对人一直好，别人就感觉是应该的，如果哪一天突然不好了，反而接受不了。不少市民早已习惯了农民工为自己提供的廉价服务，习惯了对他们指手画脚和居高临下的施舍。农民工一旦享有完整的市民权利，这种上下主仆的生态突然被打破，市民感觉就不那么舒服了。同时，市民更怕农民工抢了自己的饭碗，担心夺走自己的既得利益。其次，对农民工自身来说，还有很多跟不上的地方。一是经济跟不上。以前，在城里务工之余，还可以兼顾家里的农活，机会成本相对较少，现在，全身而进，家里的田地和宅基地又难以变现，收入还有可能下滑，与此同时，城市里生活的成本急剧增加，买房子要钱、孩子读书要钱、出行要钱、买菜要钱、喝水要钱，光靠一两千元的工资，生存都难。二是技能跟不上。农民工进城大多干得是最苦、最脏、最累、最危险、最没技术含量的活，长期处于产业分工的最低端，即使城市不排外，历史的大潮也会把他们甩到边缘。三是文化跟不上。国务院发展研究中心 2011 年的一项调查结果显示，农民工中，1.5% 未上过学，6.3% 小学，45.5% 初中，21.7% 高中，13.5% 中专。这些劳动力中高达 80% 以上没有接受过系统的专业技能培训。因找不到工作而返回农业的劳动力占返回农村劳动力总数的 21%。文化是文明的基础，城市是人类文明的结晶，这种低水平的文化显然与现代城市文明难以匹配。要真正融入城市文明，还需要一个修炼和积淀的过程。

3. 让理想的阳光照进现实

民之所忧，我之所思；民之所思，我之所行。既然新一代农民工最大的理想是让父辈或自己成为“末代农民”，政府理应顺应期待助圆梦想。

首先，要消除两种思维。

一是消除不稳定幻象的思维。2012 年 2 月，国务院办公厅对外公布了《关于积极稳妥推进户籍管理制度改革的通知》，但这份通知早在 2011 年 2 月就已经印发，从印发到公开，时隔一年，由此可见在处置这件事情上的小心翼翼。中国这么大一个国家，稳定必须压倒一切没错，但稳定不是一切，也不能追求一切的稳定。寻求稳定必须不断地革新发展，而革新发展必然伴随着不稳定现象，正如飞机从对流层进入平流层，机身的抖动不可避免。无数历史证明，只要是合乎自然的大道，只要是顺应历史潮流的改革，只要是遵循普世价值的推进，只要是符合大多数人民意愿的发展，就不要怕“乱”，这种“乱”是一种动态的平衡，最好的稳定一定是动态的而不是静止的，最应该恐惧的一定是恐惧本身而不是事物本身。所以，要让新生代农民工实现“末代农民”的梦想，必须首先克服“不稳定幻象”，不能因为一小部分既得利益者的反对就缩手缩脚，搞拖延战术，搞击鼓传花，而应拿出气魄，瞄准方向，该取消的取消，该发力的发力。事实上，农民工是一个营养不良的孩子，但绝不是一个有病的孩子，“城市病”属于城市自身“成长的烦恼”，但绝不是农民工从乡下带来的瘟疫。农民进城不是“狼来了”，不是卡位战，更不是零和游戏，而是为这个不断膨胀的城市添砖加瓦，输送血液，是帕累托改善。可以想见，农民工一旦成为市民，其在城市里的主人翁意识就会被极大地激发出来，正步入人口红利拐点的中国反而极有可能会出现红利反弹，当年农村家庭联产承包制所激发出的巨大能量就是最好的证明。

二是消除城乡有别的二元思维。二元思维一个最大的特征就是，所有人都认为城里人就应该这样生活，农村人就应该那样生活，连农民自己也这样认为，城里人就应该多得，自己就应该少得。在这种思维的左右下，制定出来的任何政策都会带上二元基因。纵观新中国成立以来经济社会发展的轨迹，好比农民和市民一道乘车，半路上，车子走不动了，农民顾全大局下来推车，推了一段路，车子又跑起来了，这时农民要上车，本来天经地义，但坐在车里的市民不想让农民上车了，怕影响自己舒服和车子的速度，还要让农民继续在下面跑，只是适当地给一些小恩小惠，比如送一双运动鞋，送一瓶矿泉水，甚至送一辆自行车，就是不让农民上车，天理何在？一位名人说过，从城市的下水道可以看出一个民族的良心，那么，从农民工的生存状态可以折射出我们的执政理念。一个没有道义约束的城市即使再富也是不文明的。如果不消除二元思维，只在政策上做一些技术性的修修补补，农民工问题不可能真正得到解决。

其次，要搞好顶层设计。解铃还需系铃人。既然农民工的形成不是市场化的产儿，而是政府“设计”出来的产品，那么，要解决农民工问题，还得依靠政府干预，从创新机制入手，进行顶层设计。

一要遵循规律，拆除制度藩篱。世界银行在进行关于国家均衡发展的研究中得出没有一个例外的结论，即都是通过劳动力的自由流动实现的。中国的城市化之所以是准城市化，是半拉子工程，就是因为在农民和市民之间设置了一道人为的障碍。当务之急是把藩篱逐步拆除，让农民能够真正实现自由迁徙。迁徙自由权是人权的一项基本内容，世界上142个国家的宪法中有81部宪法都有明确规定，中国在1954年的《宪法》中就规定了公民有迁徙自由的权利，但此后的1958、1978、1982年《宪法》均取消了这项权利。今天，要遵循两个“只要”：只要符合条件的农民工都要给城市户口；只要有城市户口，都要享受同等的权利。城市社会必须让公共资源和公共权力这两公真正姓“公”。事实上，即使是非法劳工，一些国家也会定期对他们进行大赦，给予公民权身份。2007年德国总理默克尔推出了“国家外来人口融合计划”，提出了400多项旨在进一步改善外来人口的教育、就业等条件的具体措施。韩国对外来人口实行分类管理，实行登录制度。英国、日本、德国等国在工业化、城镇化过程中，也都出台过专门法律，引导农民进城。而中国农民工从乡村到城市只是完成了横向的水平位移，远没有实现纵向的垂直流动，所谓垂直流动就是不断提高他们的经济、政治、社会、文化地位，打通他们上升的阶层通道。马克思在《资本论》第一卷第一版序言中写到，“社会经济形态的发展是一种自然历史过程”。既然城市化是一个自然历史过程，“既不能跳过也不能用法令取消自然的发展阶段”，只有尊重规律，才能“缩短和减轻分娩的痛苦”。

二要循序渐进，逐步放宽政策。诺贝尔经济学奖得主约瑟夫·斯蒂格利茨说过一句很有名的话，“21 世纪对全人类最具影响的两件大事，一是美国的高科技，二是中国的城市化”。中国城市化最核心的问题应是人的城市化问题，《关于积极稳妥推进户籍管理制度改革的通知》虽然算不上是户籍政策的根本突破，但相对于以前的相关文件是一个很大的进步，至少明确了两个问题，一是进什么样的城，二是什么条件的人可以进。今后，还应在两方面做文章，一是条件要逐步放宽。比如三年是否可以降为一年。二是条件要进一步细化。可以出台一个实施细则，对所有有疑问、有弹性的语言都要进行一个明确的规定，要用列举性、定量的语言而不用描述性、定性的语言。文件不怕长，对城市的规定是横坐标，对农民工条件的规定是纵坐标，一定要让普通的农民工都看得懂，都知道怎么操作，都能找到属于自己的坐标，能对号入座。这样对未来有一个良好的预期，对实现自己的梦想可以有一个清晰的规划，必将极大降低社会贴现率，增强社会稳定性。特别是对家庭整体流动的农民工要优先考虑。至于有人担心农民会不会扎堆涌向某几个大的城市，把城市压垮。其实，只要把两个坐标轴固定下来了，城市就像树上的桃子，有挂得高的有挂得低的，任何人都可以凭本事去摘，能力大的摘挂得高的，能力小的摘挂得低的，没能力的就不要瞎折腾。

三要垫高底层，推进三化同步。户籍改革不是目的，而是手段，最终的目的是实现城乡一体化，缩小城乡差距。日本在快速城市化过程中，采取的是两手抓的办法，一手抓农民进城，让劳动力自由流动，一手抓农民增收，对农业实行高额补贴，让务农和务工的收入基本接近。日本的做法值得借鉴，只有真正做到了城乡统筹，实现了三化同步，“末代农民”的理想才能要么得实现要么被分流，从而不至于化为泡影，以致引起社会震荡。

再次，引导农民对自己的未来作出清醒的理性判断。长期以来，由于城市化崇拜的偏好，农民一窝蜂地涌向城市，都认为城里遍地流金。至于“金子”在哪里？有多少“金子”？怎样才能掏到“金子”？没有多少人清楚。社会舆论一边倒，普遍认为农村小青年不出去打工就是没本事，就被瞧不起，各级行政部门、各类新闻媒体一直推波助澜，大力鼓动农民进城。广大农民正是在这些力量的裹挟下，自身失去了理性判断能力，盲目认为进城就能挣大钱。即使在城镇干着最苦最脏最累收入最低的活，也“乐不思蜀”，不愿意回家从事农业生产。但事实上，绝大多数农民工只能有很少的劳动剩余，有的甚至只能挣个吃饭钱。城市化对于他们来说，只是一个巨大的陷阱，面对这种现实，农民很迷茫，无力跳出。我们的基层干部和各种媒体理应引导他们认真分析，做出当农民还是当工人、当村民还是当市民的理性选择。摆在他们面前的不外乎三条路：

一是不当农民。对那些有条件、有能力从事二、三产业，适于在城市发展的农民，各级政府应千方百计积极引导支持帮助他们一往无前，为成为真正的产业工人、成为市民而努力奋斗，谋求更好的人生发展路径。

二是当好农民。尽管中国城市化发展很快，但中国是一个农业大国、农民大国、村庄大国的格局不可能在短期内改变，在未来几十年里，即使城市化率达到60%～70%，仍有五六亿的农村人口，他们中的绝大多数人还需要务农。要鼓励广大农民向农业的广度和深度进军。现代农业已经不仅仅是传统意义上的种田喂猪，而是包含从田间地头到餐桌的一个巨大产业链，农产品加工、储存、保鲜、运输、包装、销售以及农业社会化服务等环节有着巨大的空间容量。美国农民占总人口的3%，但是从事为农服务的占17%，因此，不断延长的产业链和农业的多功能性决定着农业就业领域的宽广前景，政府和社会应引导那些经过一番闯荡，实践证明当不成市民的农民不如尽早回乡实实在在地当好职业化的农民，把做一个“有文化，懂技术、会经营、善管理”的现代农民作为毕生的追求。

三是兼当农民。并非所有的农民都适于远走他乡。有的家庭老人孩子需要照顾；有的打工的地方离家太远，交通不便；有的因为南下北上而气候水土不服，生活不习惯；也有不少农民长期积累的一技之长或在本乡本土从事二、三产业的地缘人脉关系只有在家乡才能发挥出来，等等。应引导这部分农民充分考虑诸多方面的因素，以就地择业为宜，边种田边从事二、三产业经营。

“儿郎种麦荷锄倦，偷闲也向城中看”，这是古代农民对于城市的向往。城是大家的，随时可以作为生活的调剂进去看一看；“偶闲也作登楼望，万户千灯不是家”，这是当下农民工对城市的慨叹。城是人家的，但是我建的，可我却不能享有。纵观人类社会发展史，城市化的崛起都需要支付巨大的社会成本。西方发达国家在长达300年的城市化过程中把这一巨大成本大多向殖民地转移，而我国城市化要想用30多年的时间完成人家300年才走完的历程，矛盾和问题的集中度之高可想而知，我们又不能像西方国家那样通过殖民地的方式消化矛盾和问题，我们只能从自身寻找出路。从这个意义上说，农民工要圆“末代农民”之梦，大多数人还应有一个清醒的认识，做好充分的心理准备。

四、大学带城，企业造城，市场兴城——中国城镇化的三条新路径

让八九亿农民就地就近城镇化是中国城镇化的重要途径。但由于长期以来在资源配置及有关政策方面多向大中城市倾斜，小城镇发展一直处于活力不足、成长不快、发育受限状态，而国家在短期内也无力改变这一现实。因此，充分调动民间力量、社会力量开发小城镇，走大学带城、企业造城、市场兴城的路子是中国推进城镇化三条切实可行的新途径。

1. 大学带城

古今中外城镇化发展的经验表明，大学对小城镇发展具有显著的拉动作用。创建于1209年的剑桥大学和创建于1168年的牛津大学都坐落于乡间城镇，其所在地的城镇在大学带动下，人口都在10万以上。美国

的哈佛大学和麻省理工学院所在的坎布里奇镇，也位于乡间小镇，在它们带动下，人口也达到 10 万左右；爱因斯坦度过了他生命中最重要的 22 年时光的普林斯顿大学也位于一座别具特色的乡村都市；我国的西北农林科技大学就坐落在陕西咸阳市杨凌镇，目前仅教职员工就有 3.5 万人，杨凌在这所大学带动下城市户籍人口已达 8 万多，从一个西北小镇迅速发展成为一个中国的“农科城”。

目前，美国人口 3 亿，大学有 3500 所，即平均不到 10 万人就有一所大学。51 个州中，只有 18 个州的城市大学数量超过城镇大学数量，且最高超不过 2 倍，33 个州的大学多分布于城镇中，其中城镇大学数量高于城市 2 倍以上的占 21 个州，有的州高达 10 倍以上。日本每个县都有多所大学，爱知县人口 710 万，有 73 所大学，北海道 570 万人口，有 62 所大学，枥木县人口 200 多万，拥有 18 所大学。按照美国大学与人口的比例，我国应该创办 13000 多所大学，而现在只有 2300 多所，也就是说还应创办 1 万多所大学，才能赶上美国现在的大学拥有水平。如果把这些大学按照世界许多国家的布局办到小城镇去，每所大学招生 5000 名，有较高知识层次的教职员工则需 500 人左右，同时，可直接带动或吸引周围一大批人员到小城镇创业就业。按每个城镇新增 2 万人计算，城镇人口将新增 2 亿人，我国城镇化率会因此提高 15%。

最近，有一部分中国大学正跃跃欲试，准备到海外开分校。据《国际先驱导报》2013 年 6 月 7 日报道，浙江大学要在英国开分校。事实上，浙江大学并非第一个打算走出国门开办分校的中国大学，早在 2013 年初，厦门大学马来西亚校区的建设就已提上日程。有专家担心中国大学海外办分校将是一宗赔本的买卖：国家花费巨款到海外办校，却不能改变国内高校的质量。与其把钱拿到国外去花，倒不如先把国内的事情办好，先把国内的资源用足。我们完全可鼓励支持各类大学的二级学院，选择区位交通优越、基础设施完善、人文底蕴深厚、经济社会繁荣的小城镇，到那里去创办分校或独立学院。创办于 1868 年的美国加州大学先后在加州不同地区设立了 9 个分校，每个分校都带起一座城镇，每个分校都是该地城区的核心部分。我国借鉴这条路子，农业大学和高职院校应先行一步，探索路径，积累经验，再逐步向其他院校推开。这样既可消解大城市里大学越办越大、无限膨胀的现实，又可解决在大城市办大学成本过高、不堪重负的问题，还可改变大学里大量资源闲置、不能发挥效用的状况。大学创办可以采取学校自办、校镇共办、企业联办等多种方式。国家和省一级应出台相关政策，在资源配置上给予倾斜，在土地供给上按公益事业批给计划，地方政府做好道路、通讯、供水、供电、供气、市政等基础设施建设；动员那些乐于捐资助学的企业家，出资建设教学楼、科技楼、图书馆等设施，给予其冠名权；大学主要谋划大学院系，组织教学科研人才、设备进驻，力所能及筹措资金投入建设；中央和省级也可设立专项资金，专门用于支持大学到小城镇创办分校或独立学院。

长期以来，我国的城乡二元结构使大城市集聚资源的能力越来越强，从而导致城乡差距越拉越大。这当然有利于经济建设，但却不利于社会建设，因为经济建设和社会建设遵循的是不同的规律，经济建设追求集聚资源、提高效率，而社会建设则要求资源均衡、公平配置。我国城乡差距的根本表现就是资源配置的差距过大，如教育资源，高等教育过度集中于大城市，列入211和985的高校全部集中在大城市，全国2000多个县一级办有大学的只有几所。一个地方建一所大学产生的是立体式带动效应，一个学者可能带动一个产业，一批学者可能带动一个产业集群，大学潜移默化的渗透、长期持久的影响，必然使所在城镇成为一个区域经济社会发展的制高点、辐射源和加速器。

大学带城，校城相长；城因校名，校因城活；校城带市，市旺城张，互为促进，协同发展。一是可以低成本带动小城镇扩张。大学在小城镇创办，小城镇可为大学提供各种生活服务及公共交通等，不需要政府大规模投资，就可带动当地二、三产业快速发展，进而吸引相关企业入驻投资，加快产业和人口的集聚，增强小城镇经济社会发展活力和能力。二是能够高档次带动小城镇发展。一个城镇有一所大学，对城镇周边会产生全方位辐射效应，将大大提高人口素质，一批专家、学者可为社区提供各项服务，如开展成人教育和继续教育乃至终身教育；开展技术推广和培训服务；向社会开放图书馆、博物馆、实验室，实现教育资源共享等等，这既可以对我国多年来农村教育欠账，人口文化素质不高予以补课，又能够充分发挥这些在大城市几乎处于闲置状态的资源效用，大大增强城镇可持续发展能力。三是大幅度、全方位提升小城镇的知名度、美誉度。小城镇拥有一所大学，就拥有靓丽的名片，对外招商引资、洽谈项目就有了支撑，能够吸引各类人才来小城镇创业就业，从而打造出有自己产业特色和地域特点的新城镇。杨凌镇依托西北农林科技大学，目前已吸引了 81 个民营性质的研究机构，56 个省部级以上科学研究平台，中高级职称科教人员 5000 多人，院士 13 人。成为我国唯一的国家级农业高新技术产业示范区。

大学落户小城镇，对大学发展也有很强的促进作用。一是有利于学术研究。由于远离喧嚣的大城市，专家学者有了一个相对安静思考的环境，更能够心无旁骛潜心学问。英国的牛津、剑桥都是沉潜于乡间市镇上的哲人库、思想库，数百年来产生出无数影响世界的思想和世界级名人。美国的麻省理工和哈佛，在小镇上造就出全球 700 多名诺贝尔奖得主中的 130 多位。二是有利于产学研结合。大学能及时了解所在地企业、农民及社会的实际需求，专家、学者才能真正做到把论文写在大地上。科研人员、学生有了稳定的实验、实习基地，科技成果才能得以迅速转化为现实生产力。三是有利于培育学生健康成长。学生不需到大城市读书，不仅节省交通及生活成本开支，免受大城市高消费的干扰，养成良好的节俭习惯，而且学生身处乡村社会，了解草根生活，绝少大城市好高骛远的浮躁，不会产生不切实际的就业动机，使人才资源的合理配置难度大大减缓。四是有利于形成人才集群和快出成果。我国西北农林科技大学由于贴近实际，在旱作农业、水土保持、小麦杂交育种、生物制药、细胞克隆、人体干细胞研究等众多领域相继产生了一批具有国际水平的成果，成长出一大批这些领域里的拔尖人才。

总之，大学带城，政府只需花极少的投资，就能够以“四两拨千斤”，迅速带来成千上万个新城镇的崛起、成千上万个新大学的诞生。这不仅能从根本上提高小城镇的竞争能力和资源集聚能力，更重要的是能从源头上扭转城乡资源配置不公的格局，是缩小城乡差距，彻底改变城乡二元结构的釜底抽薪之举。人们参与市场经济活动，起点是参与能力。参与者的能力是通过消费形成的，消费包括公共消费和私人消费，公共消费即政府向民众提供的教育、医疗、社保及公共基础设施和公共服务消费。私人消费包括食品、娱乐、高等教育等。要避免经济活动中的能力陷阱，对于绝大多数人来说，私人消费十分有限，政府的公共消费是关键。一个穷人，可以通过政府提供的公共消费获取基本能力，而这个基本能力的获取最重要的就是教育。有了这个基础，穷人就可以在市场竞争中找到脱贫致富的机会，从而使社会的阶层流动得以实现。大学落户小城镇为乡村社会获取教育资源、提升能力带来了极大方便，是破除阶层固化、推进社会阶层流动不断加快流速、加大流量的根本举措、治本之策。

2. 企业造城

改革开放以来，我国房地产企业在城镇化实践中发挥了重要作用。目前，碧桂园、世纪金源、万科、万达、绿地等房地产大鳄在全国造城数百。上世纪90年代初以来，碧桂园的造城版图从广东、湖南迅速扩张到湖北、江苏、安徽、辽宁、内蒙古、黑龙江、重庆、天津、广西、海南等省市区。迄今，碧桂园已在全国造城100多座，业主户数达到50多万。世纪金源也已成功开发了北京世纪城、昆明世纪城、长沙世纪城、贵阳世纪城和合肥滨湖世纪城、北城世纪城。每个世纪城投资数百亿，开发面积500万平方米左右，居住人口都在10万人左右。

企业造城走得是先城后市的路子。房地产企业根据有关规划，按照产城一体、职住一体的思路，充分发挥企业融资、市场运作、规划建设等优势，选择靠近园区、符合城乡规划、区位优越的城郊或乡村创建新城，建设商品住宅、城市综合体、五星级酒店、文化旅游商业街、大型购物中心、中小学和幼儿园、体育中心、城市路网、市政管网、景观绿化、社区服务设施和社区服务中心，甚至包括湿地公园等。这种企业造城、先城后市的新模式是我国推进城镇化进程的好途径。政府应把这些功能齐全的新开发社区当成独立的小城镇，出台有关政策予以支持扶植，放手让企业组织业主独立管理，自我服务，政府不设系统的行政管理机构，只设如税收、治安、消防等少量的派驻机构，城镇管理，由企业组织业主实行民主选举产生城镇管理委员会，主要负责物业管理、社区服务和商业开发运营等。同时，政府根据人口数量，可给予相当于乡镇级、副县级或县级各项政策待遇的帮助，具体实施可通过城镇管理委员会落实，政府只提供必要的支持。房地产商将建成的中小学和幼儿园、体育中心、城市路网、市政管网、景观绿化等公共设施移交给政府管理维护。

企业造城，一是政府不用花钱，还可从出售土地中获得收益，增加当地政府和农民收入。二是降低行政管理成本。由于不设系统的行政机构，企业组织业主民主管理，政府只提供必要的公共服务，大大降低行政成本。三是带动当地产业和居民集聚，促进当地居民就业，拉动当地消费，促进经济社会发展与繁荣。四是增强企业的竞争力。我国一大批房地产企业，在造城过程中，积累了经验，壮大了经济实力，提高了技术水平，增强了管理能力，可造就出一批具有国际竞争力的业界航空母舰。

3. 市场兴城

古今中外城镇化经验表明，民间力量兴建城镇，都是以市场经济规律为主导，以民间力量自行管理，因此，充满活力和动力。我国宋代是城镇化发展的高峰期，在城镇发展中打破了唐代以来城坊制的旧格局，实行街巷制的新体制，按照社会需求，大力发展各类手工业、服务业、娱乐业、广告业，同时取消流传千年的宵禁，大兴夜市，城镇化水平在当时全世界领先。其基本经验就是放手让民间兴办集市，由当地有威望的士绅自治管理集市，政府不设完整的国家行政系统，只负责税收、消防、治安等。据学者统计，两宋时期，见于史载的市镇多达3600多个，其中一部分市镇，不论人口数量还是经济发达程度，都超过一般州县，工商税收远高于农业税收。西方发达国家发展小城镇的经验就是充分发挥民间力量。其核心是聘任制和民选的公开监督机制。

美国城镇管理机构由选民通过选举产生出城市委员会（也称市议会）。城市委员会聘任市政管理的执行机构——城镇开发代理董事会。选举产生的市长、委员、董事等成员基本不拿工资，主要是尽义务，只有市长每月有500美元的补贴。城市开发代理董事会直接承担行政、社区发展、社区服务、消防、人才资源和风险管理、警察局、公共事务等。古代和西方现代的做法都值得我们在城镇化的道路上认真借鉴。

上个世纪八九十年代，我国崛起了一大批依市兴城的典型，如福建的石狮、浙江温州的桥头、河北的白沟等。近年来，我国交通结构发生了巨大变化，高速铁路、高速公路、航空、港口快速发展，农村公路也已联通成网，“村村通”更使得乡村流通贸易空前发达。在高速铁路站、高速公路下道口、机场、港口及乡村交通要道或货物集散地，自发形成了一个个辐射能力极强、远达数乡甚至跨县的露天集市，它们大多有市无场，有的依托村庄交易，有的就在一片空旷的原野上搭建简易场所进行交易。针对此类市场，各级政府应因势利导，组织专门力量帮助做好规划，提供必要的公共服务和基础设施。放开手脚，让市场力量充分释放，让民间活力充分展示，以此推进一批新兴城镇的崛起。

市场力量兴城，应推行“政府引导、市场主导、社区自治、民主管理”的原则。新崛起的城镇，应借鉴西方经验，政府不设系统的行政机构，实行地方自治的做法，管理机构由本地居民通过选举产生城镇管理服务委员会。城镇管理服务委员会决定并聘任城镇开发代理董事会。每年定期开会，商议重大事项；发生应急事件，随时开会。城镇开发执行董事长负责处理行政事务、社区发展等日常工作。政府负责学校、医院、就业、文化、治安、消防等公共事务管理与服务。

市场兴城，走的是先市后城的路径。这种模式，一是具有很强的生命力。自发生成的市场，自我形成的管理，充满旺盛的活力，这种活力来自内生性的动力，而不是来自于外力的推动，因此，可持续性强，具有不竭的生命力。二是有利于构建政府、市场、社会三驾马车各司其职、相互配合、互相制衡的多元治理结构，促使政府把那些不该管、管不了、也管不好的事情，该市场的交给市场，该社会的交给社会，符合行政管理体制改革的大方向。三是充分发挥民间的创造力。民间力量兴城，给民间能人搭建了一个施展才华的舞台，从而大大激发他们的内生动力和创造活力。纵观我国农村改革的成功经验，无一不是来自基层民间的创造。四是降低行政成本。由于城镇管理实行民间自治管理，政府不设系统的行政管理机构，公务开支将大大降低。

第十章

从“城乡中国”到“城镇中国”

中国现代化大体分为三个节点：第一个节点是“农民中国”，第二个节点是“城乡中国”，第三个节点是“城镇中国”。当前，我们正处于“城乡中国”这一节点上。构建新型城乡关系是农业现代化必须具备的宏观环境。

一、二元文化：城乡一体化的暗礁

纵观半个多世纪以来的中国社会历史进程，中国三农作出了巨大贡献：战争年代，农村包围城市；建设年代，农业支援工业；改革年代，农民服务市民。尤其自1958年城乡二元户籍管理的颁行，更将这种贡献制度化。自此，三农贡献便有了制度约束。值得警醒的是，二元制度很快演绎出二元社会，二元社会又孕育出二元文化。二元文化的生成，使三农贡献社会成了天经地义的事情，得到全社会普遍认同，而且，逐步上升到社会意识形态层面，反作用于二元制度。这种社会潜意识更凝结成思维定势，当社会发生危机时，人们便自然而然地想到让农民担当，一个中国最庞大的弱势群体就这样每每成为吸纳危机的海绵体。今天，城乡统筹，时有触礁，革除旧制，屡遭搁浅，其源盖出于此。解剖二元文化的生成机理，分析二元文化的基本特征，弄清二元文化的深层危害，找出二元文化的消解路径，对于推进城乡一体化，构建和谐社会，规正社会价值，意义重大。

1. 二元文化：总让农民救危机

城乡二元结构一经制度化，便成了二元文化滋生的温床。在二元制度与二元文化的相互作用下，城乡的二元性愈演愈烈。一遇重大难题，便从农民身上打主意，即便在中央提出城乡统筹的大背景下，农民仍然难逃拯救危机的厄运。

（1）交光粮食，用生命拯救城里人吃饭问题。大跃进年代，为了实现跑步进入共产主义的乌托邦梦想，各级“诱导”农民虚报产量，然后按照比实际产量夸大十几倍甚至几十倍的标准向农民征收粮食，农民把收获的粮食一颗不剩地全交了上去。三年困难时期，不种粮食的城里人坐享供应粮，虽然供应不足，但有稳定保障，顶多是“多和少”与“质和量”的问题，但是，种粮的农民反倒吃不上粮食，普遍面临的是“有和无”与“存和亡”的问题。红旗出版社1994年出版的《中华人民共和国历史纪实》称这三年“中国人口减少四千万，这可能是本世纪内世界最大的饥荒”，海内外学者估计非正常死亡人数在三千万至四千五百万之间。也就是说，大约有近十分之一的农民以生命的代价挽救了危机，拯救了城里人。

（2）衣食难保，却要无条件接纳市民。上世纪60年代后期直到文革结束，中国面临的一是吃饭问题，二是就业问题。1957年到1977年的十年间，中国可耕地减少了11%，而人口却激增47%，尤其是城市人口的暴涨成为严重的社会问题。为了解决吃饭和就业问题，全国发起了一场浩浩荡荡的上山下乡运动。虽然以“我们也有两只手，不在城里吃闲饭”和让年轻人“接受贫下中农再教育”为口号，几千万城市知青和企业职工以及市民被分流到了农村，但其出发点显然是把吃饭危机和就业危机转嫁给农民。虽然以“农村是一个广阔天地，知识青年在那里可以大有作为”为号召，下放知青也能为农村做出一定的贡献，但是这种贡献是有限的，更多的是给农民带来了沉重的负担。

（3）收入减少，甚至失业，却要承受家电下乡的诱惑。2008年从美国华尔街开始的金融危机迅速席卷全球，中国特别是沿海地区的工厂濒临倒闭。一时间，大量企业做出了一项最容易做出的决定——全员减薪部分裁员。农民工收入普遍减少，许多农民工更遭遇失业，2000多万被迫返乡。农民再次以被牺牲的方式拯救危机。

世界金融危机，中国出口受阻，产品卖难立现。有关方面又自然想到了农民这一吸纳危机的最大海绵体，于是又做出了一项看上去是“为了农民”实际上是“伤了农民”的决定，这就是家电下乡。表面上13%的优惠，实际上城市里商家推出的促销政策，打折的幅度往往超过13%，财政补贴的好处全都落入企业的腰包，农民不仅没有得到，变相吃了亏，还枉担了一个享受补贴的空名。农民最需要的并非冰箱、彩电、洗衣机，刚刚解决温饱的农民，有太多的后顾之忧，他们最渴盼的不是电器下乡，而是资金下乡、公共服务下乡、社会保障下乡、权利下乡。在中国企业的道德诚信建设还十分欠缺的前提下，为腐败的滋生和权力的寻租提供了合适的土壤，为劣质家电甚至是家电垃圾涌入农村创造了便利的环境，再加上售后服务不到位和基础设施不配套的现实，农民节衣缩食买下的家电可能成为仅供炫耀的摆设。经济学常识告诉我们，从生活必需品阶段过渡到耐用消费品阶段，必须符合五个条件。一是城市化必须达到一定程度，二是基础设施必须具备起码的配套（比如洗衣机不能没有自来水），三是必须建立一套完善的金融制度，四是必须具备相当完善的社会保障制度，五是贫富差距不能太大。显然，在中国农村，要达到这五个条件，还有很长的路要走。可见，“家电下乡”表面上是拉动内需的重要举措，但真正的动机还是让农民拯救出口受阻、濒临倒闭的家电行业危机。

（4）面对城市快速扩张的土地危机，无偿或低偿支付让地代价。近年来，随着城市的急剧膨胀，农民的土地逐渐被城市低偿甚至无偿征用，越来越多的失地农民成为种田无地、就业无岗、创业无钱、社保无份、告状无门的“五无游民”，成为城市化的牺牲品。这种“把利益带到城市，把负担留给农村”的征地制度实质上就是中国特色的圈地运动。如果我们将中国的圈地运动与世界历史上最有名的英国圈地运动做一个比较，就会发现，中国的征地制度带来的后果更令人担忧。①时间不同。英国从13世纪开始到1876年禁止圈地历时400多年，中国从土地承包至今才30多年。②规模不同。英国400多年圈占土地700万英亩，中国1996～2005年十年就圈占耕地1.2亿亩。英国最高潮时失地农民总共77.2万人，占当时总人口的3%，中国失地农民5000万人，约占农民总人口的6%。③性质不同。英国圈的大多是公地和荒地，中国圈的大多是城市周边的良田。④目的不同。英国完全是经济目的，由养羊后改为发展粮食生产；中国的经济、政治目的都有，除工业化、城市化需要外，还有政绩工程、形象工程等政治目的。到2006年底，全国有6866个开发区，80%为非法设立，总面积3.86万平方公里，比现有666个城市还大；全国60个大学城，比赛以中国最大自居，郑州、湖北大学城都在50平方公里以上。⑤圈地手段不同。英国早期很短的时段内使用暴力，后以协商方式依法推进；我国始终以行政推动，且无序推进，基本不用协商。⑥后果不同。英国促进了农业发展，由牧而农，形成农业革命，单产提高三分之一，人均粮食增产率达73%，出口量飞增，被称为“欧洲的粮仓”；中国使农业严重受挫，耕地锐减，少产千亿斤粮食。英国对农民影响是极少数，大多数都被工业吸收，提高了生活质量；中国约有60%的失地农民生活困难。英国圈地摧毁了封建土地所有制和小农经济，推进了工业化和城市化；中国没有改变小农经济性质，农民社会福利水平没有提高。⑦政府态度不同。英国圈地由民间进行，政府不参与圈地，不但未获益，相反还要帮助失地农民济贫；中国不但直接参与，而且直接“分肥”获利。

行为的个案只能称为事件，但事件普遍化就集结成一种现象，现象映照并积淀在人的大脑中，就自然而然产生一种审美参照和价值取向，进而形成一种思维、观念和意识形态，这种意识形态一经定势和固化，就成为一种文化。

2. 二元文化的特征

文化是一个十分宽泛的概念。仅欧美对文化的定义就达160多种，我国学者梁漱溟说，“所谓文化，不过是人们生活的样法罢了”，这是比较贴切的表述。“总让农民救危机”这种农民生活的社会“样法”正是畸形的二元文化所产的“畸形胎儿”，也是二元文化的重要表征。根据文化通常的归类方法，二元文化包括物态的二元性、心态的二元性、制度的二元性和行为的二元性。

（1）物态的二元性。从物态上看，城市是“这样的”，农村是“那样的”。2006年11月，湖南卫视《洞穴之光》向人们展示了一所山区的农村学校，一个洞穴就是一间教室，一块木板就是一张书桌，墙角的蜘蛛网就是孩子们感知的“网络世界”。而那些来“洞穴”戒“网瘾”的城里孩子，他们的学校早已现代化，教学楼、实验楼、教师楼一应俱全。

“洞穴”与“大楼”的差距不是简单的“物态”差别，而是二元文化的“物态性”反映。当然，这是一个极端性的个案，但看得见、摸得着的物态二元性在现实生活中随处可见，有些方面的差距也的确大得惊人。目前，中国城乡居民收入差距高达3倍多，位居世界第一，而位居第二的非洲小国莫桑比克的差距也只有3倍，全世界平均差距只有1.5倍，超过2倍的国家仅有十几个。至于基础设施等城乡硬件建设的差距更是云泥之别，无法比对。

（2）心态的二元性。在社会心理层面，普遍认为城里人就应该“这样生活”，农村人就应该“那样生活”，这是二元文化的核心。“农民”一词在二元文化的“催化”下，已由当初的名词演化为形容词。形容词语境中的农民特征大致有四个方面：一是外表“寒酸”。在城里人看来，农民的外在形象要么是罗中立油画《父亲》的样子，“皮肤黝黑、满脸皱纹、神情木讷”，要么是电视上、小说里的标志形象，“头戴民兵帽，身穿破棉袄，一只裤管低，一只裤管高”。2007年，西安推出“农民兄弟逛西安活动”，可当几名农民兄弟带着身份证来到一动物园时，管理人员却对他们的身份表示怀疑，理由是，“穿着打扮不像农民”，足见这种“以貌取农民”的思维十分流行。二是内瓤“傻帽”。在北方城市，曾经流传着这么一个段子：“民工进城，腰缠麻绳，进门不按门铃，看球不知谁赢，买水果先问啥名”。2009年，湖南卫视快女比赛中，一评委在点评一位来自农村的选手时居高临下地说“农村八辈子都走不出个人才”。她哪里知道农村是城市人才的播种机，城市是农村人才的收割机。网上曾疯传一段恶搞视频，说的是一个农民看到出售桑塔纳2000的广告，误以为桑塔纳只售2000块钱，售车小姐于是叫他到隔壁去买奔驰600，说是那样2000块钱可以买三辆奔驰，农民信以为真。在城里人眼中，农民就是现代的阿Q。三是品德“低下”。某房产公司为了吸引客户，打出大幅广告“小区安静，没有民工骚扰”。在北京、上海等特大城市的一些现代化居住小区里，“春节将至，民工回乡，希望广大居民提高警惕，加强防盗意识”的标语随处可见。憨厚朴实的农民在一些城里人的眼里简直就是“拉登”，是恐怖分子。四是地位“卑贱”。“起得比鸡还早，睡得比猫还晚，干得比驴还累，吃得比猪还差”，从这个民工自嘲的经典比喻中，农民的地位可见一斑。有人通过对《北京青年报》1992 年到 2004 年之间关于农民工的报道的分析发现，70% 以上都是表现农民工不健康的、愚昧的、令人讨厌的、给人以不安全感的。这是社会畸形的二元心态最直接的折射。

（3）制度的二元性。1958 年 1 月，全国人大常委会第 91 次会议讨论通过《中华人民共和国户口登记条例》。该条例第 10 条第 2 款对农村人口进入城市做出了带有约束性的规定：“公民由农村迁往城市，必须持有城市劳动部门的录用证明、学校的录取证明或城市户口登记机关的准予迁入的证明，向常住地户口登记机关申请办理迁出手续。”这一规定标志着中国以严格限制农村人口向城市流动为核心的户口迁移制度的形成。这一制度设计使城乡二元结构水泥板块似的固化。随后便衍生出附着在户籍制度上的住宅、粮食供给、教育、医疗、就业、社会保障、婚姻、征兵等各种二元制度。浙江大学一位教授研究发现，隐藏在城市户籍背后有 47 种权利。也就是说，农民相对于市民仅在一个户籍问题上就缺失了 47 种权利。由此，各级运用行政手段采取两种不同的资源配置制度。城市中的教育卫生和基础设施，几乎完全是由国家财政投入，而农村中的教育卫生和基础设施则主要用征收“三提五统”等办法由农民自己负担。改革开放后的上世纪八九十年代，资源配置的城乡差异不仅没有好转，而且进一步恶化。农村公共设施、公益事业主要靠从农民头上摊派、集资、收费甚至罚款来解决，农民不堪重负。进入新世纪，中央做出城乡统筹的重大战略部署，这种矛盾大大缓解，但根深蒂固的二元制度已渗透到经济、政治、社会、文化等各个领域，并且盘根错节，互为依存，剪不断理还乱，使城乡统筹的步伐大大减缓，力度大大降低。例如，目前国家征地补偿，征收城市房屋以平方米为计价单位，而征收农民土地则以亩为计价单位，而且城市房屋拆迁基本按市场化补偿，而农民宅基地征收则基本由各地自定标准。

（4）行为的二元性。集中表现为既得利益者对农民的轻视、漠视和歧视。一是对农民的轻视。在传统社会，农民与政治处于分离状态，但在“以工农联盟为基础的、人民民主专政”的今天，农民仍然是“沉默的大多数”，既缺乏纵向的政治参与，又缺乏横向的自我组织，他们的诉求往往难达决策层。按照修改前的选举法规定，4个农村人只抵得上1个城里人的选举权。农产品过剩或滞销，农民卖难，收入大减，不能马上引起相关部门重视，而一旦价格上涨波及城市市场，政府就会立即采用行政手段调控。正如坊间所言：“价格高了有呼声，价格低了有哭声。呼声在城市，集中响亮，很快传上去；哭声在农村，低沉分散，没人能听到。”二是对农民的漠视。在十届全国人大一次会议记者招待会上，温家宝总理曾引用白居易“心中为念农桑苦，耳里如闻饥冻声”的诗句来表达党和政府对人民群众的关爱之情。但现实社会上漠视农民的现象普遍存在，有的到了令人发指的地步。开胸验肺的“张海超事件”告诉我们，农民被漠视到什么程度，他们的抗争是多么无奈！三是对农民的歧视。这种歧视更多地表现为侮辱性的语言，以居高临下的口吻挖苦、嘲讽甚至谩骂农民。前些年，一名自称“北京政治老师”公然在网上抛出《嫉农民如仇》的帖子，以“身份劣等就要挨骂”的所谓逻辑惯性，“表白心中暗藏已久的歧视感”——“我讨厌农民”；广东省东莞市厚街镇东溪村公园的门口曾悬挂这么一个告示长达一年之久，上面写着：“禁止外来工入园，违者将罚款一百元”字样。种种对农民的歧视行为，正如电影《人生》中，克南妈对高加林刺耳的谩骂：“一个乡巴佬凭什么到城市来，这种地方是你们来的吗?”

3. 二元文化的危害

“观乎天文，以察时变；观乎人文，以化成天下”，从古至今，人们都习惯于通过对文化的洞察和分析，来明了世界、解读世界和把握世界。王沪宁在他著名的《比较政治分析》一书中明确指出，“政治文化的研究可以使我们能够更为有效地解释和说明社会成员的理性选择、他们的价值观念和情感”。任何社会形态的文化，作为上层建筑的重要组成部分，不仅包含着这个社会“是什么”的价值支撑，而且蕴涵着这个社会“应如何”的价值判断。健康的、积极的、向上的文化能够启迪灵魂，催人奋进，相反，畸形的、萎靡的、堕落的文化则会产生错误导向，对人们形成消极的负面影响。二元文化很显然是一种畸形的、消极的、负面的文化。

（1）二元文化是封建等级制度的“衍生物”。中国封建社会是一个等级森严的社会。先秦时期，人以血缘分，社会分为贵族、平民和奴隶贱民三个阶层，三个阶层又细分为若干等级，《左传》有“天有十日，人有十等”之说。魏晋南北朝时期，实行九品中正制，按门第出身，把社会分为士族和庶族两个泾渭分明的阶层，结果形成晋初刘毅在《请罢中正除九品疏》中说“上品无寒门，下品无士族”的社会治理结构。元代则根据民族的不同，将社会分为蒙古人、色目人、汉人和南人四个等级。清袭元制，满人为贵。不管是哪一种等级制度，核心都是不平等，高级者总是占据更高的地位，拥有更多的权利，所谓“刑不上大夫，礼不下庶人”。新中国成立以后，社会不再以血缘、门阀、民族等来划分等级，然而，随着户籍制度的建立和二元文化的形成，城市和农村被划定为界限分明的两个世界，市民和农民被划分为截然不同的两个等级，“城市像欧洲，农村像非洲”一度成为世界看中国的流行语。这些现象表明，中国的二元制度本质上就是封建等级制度在新的历史条件下的现实反映，只不过表现形式不同罢了。二元文化正是封建等级制度的“衍生物”。在“以人为本”成为政治意识形态的社会主义国家，如果让带有“封建等级”基因的“二元文化”作为一种社会主流性价值文化大行其道，社会将很难“和谐”，发展将很难“科学”。

（2）二元文化是社会心态发生集体偏斜的“转轨器”。二元文化蔓延泛滥的直接后果就是导致社会在价值判断上出现集体偏斜。现实中，几乎所有人都认为城里人就应该“这样生活”，农村人就应该“那样生活”，在制度设计上，城里人就应该比农村人高一等，方方面面享受的待遇就应该优于农村，就连农民自己也形成了这样一种观念：我是农民，我生在农村，我过得不如城里人，我本该如此。根据黑格尔“存在即合理的”理论，既然中国城乡制度性差别已成“地球人都知道”的“存在”，那么社会对此也就见怪不怪了，这是谬论重复一千遍即成真理的印证。宣扬“文化决定论”的德国社会学家韦伯强调，透过文化理念创造出来的“世界图像”，如路轨上的“转轨器”一般，规定了轨道方向。按这种逻辑，如果“转轨器”出了问题，火车就会偏离轨道。二元文化正是社会心态发生集体偏斜的“转轨器”，在这种“转轨器”的引导下，不管“火车”的引擎多么先进，不管“车厢”多么舒适，都逃不过“车祸”的命运。

（3）二元文化是旧的二元制度的“守护神”。每一个社会群体在任何一种生存与发展的竞争中都倾向于为自己争夺更多的利益，以二元文化武装起来的既得利益者，一旦涉及利益配置，必定争着挑拣那个“最大的梨”，他们认为自己得大头，农民得小头，是必须的；如果让农民共享改革发展成果，他们就会觉得是农民“动了他们的奶酪”，有伤尊严，心里别扭，于是，想尽一切办法维护原先的二元格局。一个不容回避的事实是，各级政策的设计、制定和推行者都是二元制度的既得利益者，二元文化一旦浸透到他们的细胞，要么把改革的步子迈得更慢一点，要么把改革千方百计地引向有利于自己的方向，把“他用”的政府资源为己所用，使党的政治理念成为空洞的政治口号，使国家的大政方针变为寻租的依据。皮之不存，毛将焉附？二元文化天生以守护二元制度为己任。近几年，中央虽然采取了许多办法解决城乡统筹问题，但大多数地方总是重“统”轻“筹”，大“统”小“筹”，甚至只“统”不“筹”，基尼系数越来越大，城乡差距渐行渐远，“马太效应”愈演愈烈。因为“统”的是农民的土地，以利城市扩张降低成本，“筹”的却是农民的社保、公共服务、基础设施，要花大代价。“只盯住脚下的地，而不顾地上的人”已经成为一种普遍现象。近年来，二元文化已经浸透到草根阶层，形成了维护二元制度的社会堡垒。2002 年，一位青岛市民给当地报纸写信，竟提议在公共汽车上设立“民工专区”。付同样的钱乘同一辆车却被当成异类，这与“同命不同价”是异曲同工。二元制度竟被普通市民发挥到类似“人与动物”的程度！

（4）二元文化是新的二元制度的“催生剂”。文化与制度总是相伴而生，什么样的文化背景就会产生什么样的制度。二元文化一旦侵入制度设计者的脑海中，他们的价值观念无疑会深深烙上偏爱城市的二元印迹，设计的制度注定带有明显的二元色彩。这样的制度反过来会进一步加剧二元文化，形成“二元制度—二元社会—二元文化—二元制度”的恶性循环。原来最高人民法院《关于审理人身损害赔偿案件适用法律若干问题的解释》第二十五条规定，“残疾赔偿金、死亡赔偿金应根据受诉法院所在地上一年度城镇居民人均可支配收入或者农村居民人均纯收入标准计算”，在这样的法律规定下，自然形成了“同命不同价”的逻辑命题。深圳市这一差别为城市102万，而农民为18万，相差94万。对此，法律制定者的解释是：正是这样，才能体现公平、公正，要不，对城里人不就有失公平了吗？二元文化已经打翻了法律的天平，这是多么可怕的事情！好在这一法律条款现在已经得到更改。一些受到二元文化影响的学者，经常抛出一些“二元观点”，比如有人教条地根据一些西方经济学理论得出“二元经济是一种常态，是市场机制作用的必然产物”的结论，他们认为发展能自动解决非均衡发展问题，二元现象能够自动消除，对农民无需特别关照。还有一些经济学家认为经济学不是伦理学，是不用讲道德的。因此，认为解决火车春运问题的根本方法是“按照经济规律涨一点票价”，而没有想到涨价对于农民意味着什么的有之；建议城市廉租房不设私人卫生间，从骨子里歧视穷人只配那样的有之。凡此种种，都是二元文化催生的怪胎。

（5）二元文化是构建和谐社会的“绊脚石”。和谐社会的构建有四大风险源：一是经济风险源，二是社会风险源，三是政治风险源，四是文化风险源。在这四大风险源中，文化风险源是最难排除的。因为文化的形成不是一蹴而就，而是以“润物细无声”的方式，在不知不觉中进入人的大脑，又在不知不觉中左右人们的价值观、人生观和世界观。受二元文化左右的价值观、人生观和世界观必定是二元的、畸形的，如果不及早防备，就会出现“温水煮青蛙”的后果。在二元文化作用下的中国农民，从摇篮到坟墓，从乡村到城市都被二元现象重重包围，绕不开，挥不去，挣不脱，别无选择地把种种不公看成是自己的宿命，“既然无法改变这个世界，就改变自己来迎接它”，于是，心不甘情不愿地接受了既得利益者对自己命运的安排，城里需要他们时，他们把家里的房子让给老鼠住，自己到城里住老鼠住的房子；城里不需要他们时，他们回到家里，住老鼠住过的房子。第一代农民工与城里人比，感觉很无奈，很失落，但是与自己的过去比，与留守的农民比，感觉很优越，很幸福，因为至少他们感受到了“外面的世界很精彩”。但是，对于新生代农民工，他们没有过去，没有“脸朝黄土背朝天”的体验，他们的唯一参照物就是城市的繁华和城里同龄人的优越。在心理上，一方面感觉很无奈很羡慕，另一方面却很不满很仇视。试想，在一个赤日炎炎的夏天，农民工在室外近 40 度的高温下，吊着绳子在离地面几百米的高空擦洗墙壁，透过窗户，空调间的城里人架着二郎腿，悠闲地喝着高档洋酒，那一瓶酒的消费就相当于那位农民工一月的工钱，他会作何感想？近年来，因城乡之间的不平等或贫富之间的不和谐导致的极端事件不胜枚举：巴东县一镇政府招商办主任在当地一娱乐场所，用一沓钱抽打女修脚工头部，后被女修脚工刀刺身亡。一城里女青年辱骂乡下的修车师傅，修车人不堪其辱，连杀三人。一农民工讨薪不成怒杀四人……“总让农民救危机”的既得利益者，习惯于把农民（农村）当成他们规避危机的“蓄水池”，但是，水蓄多了，随时都会形成有决堤危险的“堰塞湖”。中国当下最大的不和谐就是城乡的不和谐，社会的不公一旦超出极限，一个个矛盾和问题就会成为一个个悬在我们头上的“堰塞湖”。贵州瓮安事件、云南孟连事件、湖南湘西事件、甘肃陇南事件等每一次群体性事件无不给二元文化敲响警钟。

4. 二元文化的消解

二元文化作为一种畸形的社会意识形态，已经成为中国经济社会发展中最大的“暗礁”，严重阻碍着中国的改革、发展与稳定，必须坚决清除，回避不得，忽视不得，徘徊不得，等待不得。

（1）先立后破，以“公平、正义”为价值取向的“普适文化”取代城乡二元文化。精神王国的建立不是先“打破一个旧世界”，然后再“建立一个新世界”，必须是先找到“一个新世界”，然后再取代“一个旧世界”，否则，正如索尔·贝娄警告的那样“当胆怯的智慧还在犹豫时，勇敢的无知已经行动了”。中世纪欧洲的文艺复兴，找到了“日心说”、“进化论”，才打破了“神学”的枷锁；中国北魏孝文帝改革，找到了中原的先进文化，才加速了民族的融合；改革开放找到了“实践是检验真理的唯一标准”，才冲开了“两个凡是”的束缚。要打破“二元文化”的桎梏，必须先找到一种能取而代之的“先进文化”。这个“先进文化”就是“公平、正义”为价值取向的“普适文化”。首先，它与“以人为本”的政治意识形态相契合。国家意识形态包括两个方面：一是政治意识形态，二是社会的主流性价值文化。前者好比“领航的舵手”，后者好比“划桨开大船的众人”，只有两者并进，才能和谐前行。我们今天的政治意识形态就是科学发展观。科学发展观的核心是以人为本，以人为本的关键就是要体现“公平、正义”。其次，它让世界更易明白中国的意识形态。我国市场经济搞了这么多年，为什么欧美一些国家还迟迟不愿承认中国的市场地位，其中原因很多，但最根本的是他们担心二元文化会给市场造成不公平。而“公平、正义”是一种全球都听得懂的“世界语”，是放之四海而皆准的“普适”真理。

事实上，先进文化无需创造，它一定是人类集体智慧的结晶。先进文化的寻找根本不需要“摸着石头过河”，“同一个世界，同一个梦想”，我们需要做的，只是把这种“公平、正义”的“普适文化”“拿来”，旗帜鲜明地作为我国社会的主流价值文化，而不是将其视为“资本主义价值观”否定之、反对之、躲避之。早在2003年，胡锦涛访问澳大利亚时就指出“民主是全人类共同的东西”；在2007年的两会期间，温家宝也强调“民主、法制、自由、人权、平等、博爱等等，这不是资本主义所特有的，这是全世界在漫长的历史过程中共同形成的文明成果，也是人类共同追求的价值观”；党的十七大报告则把“民主、公正”这些普适文化统统纳入到我国的社会主义价值体系。河上有船，岸边有桥，我们是否该换个思路过河了？

（2）针对二元文化的生成机理，以新制度规正二元制度。二元结构并不是当代中国的“特产”，早在1000多年前就已发育生成；也不只是中国的“特产”，只不过是欠发达国家现代化进程中普遍存在的一种社会现象。但存在于古代或国外的社会二元结构都起源“外生性”，属单纯的经济学范畴，这种结构随着经济社会的发展逐渐被打破，二元现象也会随之消失。而中国当今的二元社会结构之所以会形成独特的二元文化，是因为中国的二元结构与其他国家有着不同的生成机理，是一种行政主导结构，这种行政主导结构集中体现在独特的二元制度设计。因此，要消除二元文化，必须废除一切二元制度，从根本上铲除二元文化滋生的土壤。

首先，要废止二元户籍制度，保证农民享有自由迁徙的权利。人类对迁徙自由的追求、奋斗和对该项权利的普遍认同，有着悠久的历史。1791 年的《法国宪法》就以成文宪法形式规定公民有迁徙自由的权利；19 世纪以后，世界各国宪法普遍对迁徙自由作了直接或间接的规定；第二次世界大战后，迁徙自由不仅成为各国国内法所普遍确认和保障的基本权利，而且也成为国际人权宪章和人权公约所确认的国际人权之一。我国 1949 年 9 月 29 日《中国人民政治协商会议共同纲领》第 5 条就把自由迁徙作为人民的 11 项自由权之一，1954 年 9 月 20 日中华人民共和国第一部《宪法》第 90 条第 2 款明确规定“中华人民共和国公民有居住和迁徙的自由”。因此，要消除二元文化，必须首先彻底废止 1958 年公布的《中华人民共和国户口登记条例》，重新回归到《宪法》的规定。

其次，要废除附着在户籍制度背后隐形的二元权利。从某种意义上说，中国的户籍制度并非中国“肌体”上的一块“伤疤”，而是 1958 年植入的带有病毒的“肌体细胞”，虽然当时对中国的疗伤起到了一定的作用，但是，“病毒”也同时进入体内血液，流遍全身。根治必须“换血”，必须把带有二元色彩的一切制度全部根除，建立起科学、合理、有效的城乡一体制度保障。并从统筹城乡建设规划、产业发展、基础设施、公共服务、劳动就业、社会管理和扩大县域发展自主权等方面，对加快形成城乡经济社会发展一体化新格局作出制度安排，真正实现“同票同权、同命同价、同工同酬、同城同保”。

二元户籍制度是其他诸多二元制度的主根，诸多二元制度是二元文化的滋生地，二元制度不除，作为“寄生物”的二元文化就无法根治。

(3) 必须以拨乱反正的勇气，强力矫正全社会的观念意识。

一要从制度层面廓清农民是职业而不是身份的定位。《春秋谷梁传》中说，“古者有四民：有士民、有商民、有农民、有工民”，可以看出，在没有城乡二元户籍制度的古代中国，“农民”仅仅是职业涵义，这才是“农民”的应有之义。但随着二元文化的形成，无论在精英话语的体系中还是在日常生活的语境中，人们谈到“农民”时想到的却并不仅仅是一种职业，而是一种社会等级，一种身份，一种生存状态，一种文化模式乃至心理结构。只要生在农村，户口在农村，即便你走到天涯海角，即便腰缠万贯，即便你常居城市，你依然被认定为农民，而且这顶“农民帽”世代相传，就像孙悟空的紧箍帽一样，想甩掉它绝非易事。因此，要让“农民”的定位皈依到职业，不再贴上身份的标签，并将这一定位以法律的形式确立下来，还农民以“公民”的完整权利。

二要充分正视传统乡土文化的现代性。当今社会对农村、对农民的鄙弃源于对城市化的崇拜和迷信。孰不知中国传统的乡土文化中饱含着现代文明的基因。遗憾的是，在二元文化的引导下，人们的价值正向度发生偏斜，严重低估了中国传统乡土文化的现代性，错误地认为一切来自农村的、农民的东西都是落后的，都应该抛弃。这种心态已经膨胀到“谈农色变”的地步。河北省省会石家庄因为有个“庄”字便觉土气，改名之声响彻中华，后因改名要付出数十亿的代价才不得不收场。炎黄子孙过去宣传自己的家乡是“鱼米之乡”，十分骄傲自豪，今天，“鱼米之乡”已在大众文化里成为落后、闭塞、愚昧的代名词，任何地方宣传自己都把说是“鱼米之乡”当成很丢人的事。当今时代，要消除二元文化，必须充分正视乡土文化的现代性，充分挖掘传统乡土文化的精华，让传统的乡土文化重放异彩，在城乡统筹中发挥应有的作用。

三要充分发挥社会公器的作用，以正确的舆论引导社会。当今中国，农民是最大的社会群体，而目前全国有期刊 9000 余种，三农期刊仅 180 多种；有报纸 2000 余家，以农民为主要读者对象的报纸仅几十家；全国已注册的各类电视台有上千家，开办三农栏目的却少得可怜。媒体必须改变那种“媚城”、“媚富”、“媚精英”的行为，让资源向三农倾斜，向弱势群体倾斜，更多地关注弱势群体的生存状态和生活状况，反映他们的呼声、愿望和要求，使他们充分享有与其他社会成员一样的媒介接近权、参与权和话语权。

四要从娃娃抓起。如何处理好“贫二代”、“富二代”和“权二代”三者之间的关系，打通他们角色互换的通道，将是未来中国必须面对的严峻课题。近两年，“富二代”炫富的报道屡见不鲜，一名“80后”的“富二代”动用30辆奔驰车去机场接他的一只价值400万的藏獒；为参加一项活动，23位“富二代”开着23辆法拉利齐刷刷地停放在重庆广场。试想，他们与那群“步履匆匆汗满肩，风吹背篓正冬天，高楼白领曾知否，十块砖头一角钱”靠背砖挣钱的农民工孩子该怎样形成共同的价值取向和人生目标？这是一个大大的天问！网上曾刊登了这样一条消息，四川省省委党校副校长郭伟到美国考察，在一所学校见到一道考题：美国是一个什么大国。备选答案有科技、军事、旅游、农业、航天。正确答案是农业。美国是农业大国的答案恐怕会令绝大多数人不可思议。但为了强化农业的基础地位，美国人从小学就开始“灌输”这样的思想。心理学研究表明，一般情况下，在13岁以前，人们的审美观、价值观就已基本形成。因此，要消解二元文化必须抓住年龄黄金期，把“消除二元文化”纳入国民教育体系，纳入学校活动之中，让“消除二元文化”进教材、进课堂、进学生头脑。日本中小学都明文禁止学生穿戴名牌进学校，并有部分学校规定小学男生一律剃光头，这样就难以分辨出孩子家庭出身的贫富。美国绝大多数中小学一直坚持“校服制”，尽管有争议，但成功避免了贫富孩子在服装上的差别，使穷孩子自尊心不致受伤。

五要充分发挥文学艺术的感染力量。文艺作品的力量是不可估量的，直接影响受众的人生观、世界观和价值观。一部《史记》，自诞生之日即成为中华民族褒美贬丑、扬善弃恶的不朽教材；一首《义勇军进行曲》，激励无数热血青年投身革命，浴血杀敌；一篇“锄禾日当午，汗滴禾下土。谁知盘中餐，粒粒皆辛苦”的诗作，让农民的辛劳永远镌刻在每一位读者心中。当前，应广泛动员文艺界深入社会生活，写出鞭挞二元文化、讴歌当代农村、重塑当代农民的力作，并利用各种媒体大力宣传，以矫正二元文化主导下的社会心态，规正社会行为。

统筹城乡，二元制度是写在纸上的看得见的障碍，二元文化则是刻在心上的看不见的制约。制度如山，文化若水，移山易而断水难。更何况，二元文化还会促使二元制度不断滋生出“子制度”、“孙制度”。统筹城乡的根本阻力，二元制度是表象，二元文化是本质。制度和文化有着不同的特性：制度像明堡，文化如暗礁；制度属他律范畴，文化是自律范畴；制度只能让人不敢做，文化则可以让人不愿做；制度可以靠外力宣布废止，文化则难以靠外力解除；制度废止可以立马见效，文化清除则要假以时日。因此，统筹城乡，必须把铲除二元文化作为一项基础性、战略性、长期性的系统工程，常抓不懈，直到消解。

二、五千万失地农民的叹息

农民失去土地，就失去了祖祖辈辈赖以生存的基本依托，失去了传统谋生技能的用武之地，打碎了子孙后代吃饭的饭碗，打乱了世世代代聚族而居的熟人环境，斩断了乡土文化的传统血脉，失落了寄托乡情乡恋的精神家园。专家测算，目前中国大约有5000万失地农民，这个庞大的群体有着太多的无奈，他们的声声叹息呼唤着新制度的出台。尽管他们失地的原因各不相同，补偿安置千差万别，但大都面临着共同的难题。

1. 安居问题

农民失去土地后，首先面临的最大的问题就是安居问题。得不到安居的原因，一是“先破后立”的工作方式使农民无处安居。即一些地方不是先建好安置房，让农民搬好家，再征地拆迁，而是不管农民到哪里居住，先征地拆迁，为了赶工期，赶进度，往往规定几天内必须搬离，不管你投亲靠友，还是露宿街头，拆后再慢慢安置。以致闹得鸡飞狗跳，干群之间剑拔弩张；二是补偿太低，难以安居。从补偿形式看，目前绝大多数地方主要采取较为单一的货币安置方式，即“要地不要人”。在一些地方，农民的补偿费甚至还不够购买安置搬迁房；三是收入来源减少，生活开支加大，影响安居。征地前，农民除了种地，可以利用房前屋后搞一些庭院种植养殖，这些活即便年老体弱也能干，这样可以节省很多开支，解决生活中的很多问题。没了地，一方面是生活中的收入来源减少了，老弱病残没了干活的地方。另一方面各项生活开支增加了。过去不花钱的粮食、蔬菜、肉蛋、饮水等，现在都需要花钱从市场上购买，用农民的话说，撒泡尿，手一按，水一冲，一毛钱就没了。一边是生活成本增加，一边是收入减少，一增一减立即使他们陷入困境；四是一些地方的拆迁还原房质量较差，无法安居。有的刚拿到手的新房子就发现裂痕或墙皮脱落，“楼脆脆”现象时有发生。农民反映很大，整天提心吊胆地住在新房里，想安居也无法安居。

安居才能乐业。解决失地农民的安居问题，首先要贯彻先立后破的原则，即先建好安置房，让农民安安稳稳地搬入新家再征地拆迁。即便以货币补偿，也要等拆迁户有了住房着落再拆迁。其次，在征地过程中要遵循的一个原则就是在厘清地方政府、农村集体、农民个人及开发商之间的利益关系的基础上，将保护农民的利益放在第一位，让农民心理得到平衡。

再者，彻底改革现行的征地补偿政策。杜绝一些地方打着公共利益的旗号征地，征地之后又按照市场化的价格开发出售，而农民得到的却是微不足道的一点补偿。退一步说，即便是为了公共利益，牺牲农民的利益于情于理于法都说不过去。西方发达国家在土地征收补偿时，不仅补偿农民进城后的基本生活费用、就业和创业资本、社会保障，而且还包括了一定时期内的土地增值收益。例如，美国土地征用补偿是根据征用前的市场价格计算标准，不仅补偿被征土地现有的价值，而且考虑补偿土地可预期、可预见的未来价值，同时，还补偿因征用而导致邻近土地所有者经营上的损失。这些方面都可资借鉴。我国征地补偿政策改革应遵循的思路是，今后除了国防以及能够说得清道得明的特殊用途外，无论是否公益，均应引入谈判机制，由农民或代表农民的集体组织直接参与交易。对纯公益、准公益类与商业开发类项目必须在标准和额度上有所区别，政府可根据市场价格机制及供求关系给予一定的指导和监督。当然，新的补偿标准和体系的建立不可能一蹴而就，但必须明确方向和路径。

第四，要建立货币补偿、住房安置、划地安置、就业安置、社会保险等多形式有机结合的综合安置方式。尤其是要积极鼓励和推广两套房安置的做法，用第二套房的房租收入替代被征用土地的收入，从而保障失地农民长远利益不损失，生活水平不降低。今后的货币补偿，应当不仅包括农业收益还应包括土地增值部分，不仅包括实物和经济补偿，还应当包括精神和心理补偿。俗话说搬家三年穷，更何况是拆迁，适当的精神补偿意义重大。对那些已经失地又失屋仍未得到住房安置的农民，应当将他们纳入住房公积金和城镇廉租房、保障房的政策范围，分期分批优先解决。让失地农民真正成为城市化进程的受益者。

2. “闲人”问题

失去土地的农民，或无业可就，或有业难就，或有业半就，或有业不就，成为“闲人”者甚众。“闲人”之“闲”可分为五种。

一是想做事却找不到事做。这部分人是有做事的意愿，但苦于没有门路。创业无门，打工无技，干蛮活又无力气，比如50岁以上的老年人大多属于此类。

二是基层组织帮助安排了一些事，提供了一些就业岗位，但往往形式大于内容，安排的工作要么不对路，要么太累，要么工资过低，没有吸引力，对于松散惯了的农民来说，无所谓上不上班，经常是三天打鱼两天晒网。

三是获得了一些补偿，手里有一些小钱，但对未来缺乏清晰理性的预期，得过且过，不想干活，更不愿意吃苦，今朝有酒今朝醉，浑浑噩噩过日子。

四是获得补偿的数额较大，一夜暴富，便游手好闲，整日花天酒地，讲排场，比阔气，有的买豪车，有的去豪赌，甚至出现吸毒现象。

五是农村中老弱病残妇幼常年都是全员参与生产的劳动者，农民没有退休制度，农业也不存在童工问题。失去土地之后，他们不仅由生产者变成了纯消费者，而且全都成了地地道道的“闲人”。

根据能量耗散理论，人的能量如果找不到正常的耗散渠道，就会通过非正常的渠道释放。这些“闲人”，无事便生非，在失去土地的同时，最容易失去灵魂；在走向社区的同时，最容易走向监狱。解决这些问题关键是让他们充分就业，要建立健全失地农民的就业服务体系。西方国家的就业率往往成为总统选举的重要决定因素。

一是建立再就业培训机制。把失地农民就业培训纳入城镇下岗再就业培训范围统筹安排。有针对性地免费开展实用技术、职业证书、社区服务、家政服务等职业技能的培训和认证，提高农民素质和就业技能，既“输血”又“造血”，增强失地农民的谋生能力。同时，把失地农民的就业，像城市失业者一样纳入市县各级劳动力市场的就业网络，为他们提供必要的服务。

二是制定再就业扶持政策。对失地农民从事个体经营、自谋职业的，可参照城镇失业人员自谋职业在税收、工商等方面的政策扶持，适当减免营业税、所得税、管理费等。探索建立专项扶持基金，对自办实业而资金有困难者，提供小额贷款或担保服务。有条件的地方应积极引导、组织他们发展各类家庭手工业。

三是鼓励征用地单位和其他工商企业尽量消化失地农民，对吸收失地农民的企业，与吸收城镇下岗人员一样，享受同等的优惠政策。

四是动员失地农民落户的社区力量，建立“1+1”结对帮扶制度。通过开展结对帮扶，对失地农民在城镇生活和就业等方面提供引导，帮助他们尽快实现由农民向市民的角色转变。

3. 角色转换问题

失地农民离开土地，由世代聚居的村庄进入新的社区，住进楼房，角色转换是一个缓慢而又伴随着阵痛的过程，需要内、外部长时期的互动作用。

一是职业转换问题。土地是农民的生产资料，失地前的农民主要从事的是第一产业。失地以后，农民面对的首要问题是需要从一产转向二产或三产。所谓隔行如隔山，对于文化低、技能差的农民来说，要从一产升级为二产、三产，实属不易。特别是那些上了年纪的农民，在土地的舞台上，面对一垅垅庄稼，驾轻就熟，游刃有余，但是面对一排排机器，则不知如何下手，积累了一辈子的“把式”在一个全新的生产体系、组织结构和生产器具面前束手无策。

二是身份转换问题。“农民”一词在中国，最具特色，它不是职业的称谓，而是身份的象征。这些失地农民，没有了土地，不干农活，但标签上仍贴着“农民”二字。户籍登记也入另册，与城市居民有着不一样的户口簿。真正的市民待遇也不能普及到他们头上。即使住在了城里，衣食住行跟城里人都没有两样，但管理上的歧视、社会上的偏见等却难以消除。有关调查显示，有61.6%的失地农民认为自己还是“农村人”，只有38.4%的人认为自己是“城里人”。

三是生存环境转换问题。从熟人社会一下子进入生人社会，胜过“远亲”的“近邻”，不再是一起“玩泥巴”的伙伴，不再是围在一个小河里洗衣的村妇，不再是有事一声嗓子就跑过来的兄弟，而是一个个被关在家里自娱自乐的孩子，一串串由阿拉伯数字组成的门牌，一张张从“猫眼”里看人的陌生面孔。他们发现，找个人拉拉家常都很奢侈，遇见红白喜事，只得花钱请人。人与人之间的关系由过去世代熟稔的诚信链变成了邻居互不相认的契约链。

四是生活方式转换问题。以前，他们在自己的村庄，可以随地吐痰，甚至在自己的庄稼地里可以随地大小便，无拘无束，现在连大声说话都要受到限制。一辈子习惯了懒懒散散的慢生活，进了城的感觉就像第一次进贾府的林黛玉，不敢多说一句话，不敢多走一步路。

五是价值观念转换问题。农耕生产孕育了淳朴的乡土文化，塑造了独特的乡土人格，当传统的乡土文化遇上现代的城市文化，使许多农民身处农工两界左右为难，游走城乡之间进退失据。生活中那些原本以为很在理的东西，不知是对是错，是留是弃。

变化与适应是中国传统文化的内核之一，也是生物学的基本定律，当外在环境发生变化，生物体需要在心理和行为上不断调整，以取得与新环境的重新适应。从传统农耕社会进入现代工业社会，是社会发展的必然阶段，这种转变是内生的，渐进的，没有任何一种外力可以使这种转变在一夜之间完成。当失地农民面对突如其来的改变，纵使这种改变或许是他们曾经的向往，但带给他们的只能是措手不及的“脱臼”，正如在黑暗中呆久的人突见光明，反而失明。再加上传统文化的惯性与现行政策的时滞性之间的博弈，注定失地农民的角色转换是艰难的，漫长的、痛苦的，这种转型，使失地农民变成一个农民不像农民市民不像市民的“四不像”，成为身在城市“找不着北”的迷茫一族。这种迷茫严重制约了他们未来的发展。

首先，应在政策上逐步熨平失地农民与当地市民之间褶皱，凡是市民有的，失地农民就应该有，大到人身权利，小到户口本颜色，都应实行同一个标准，同一种标识。让农民的“标签”找不着附着的物体，使“农民”的含义回归到“职业”的原点。只有这样，市民在农民面前不再具有“高人一等”的炫耀资本，农民对于市民也没有必要羡慕嫉恨，在平等的制度面前，应如同学校规定学生一律穿校服，看不出贫富差别，分不出家庭的高低贵贱一样。

其次，应推动传统乡土文化与城市社区文化之间的融合。中国几千年的农耕文明生成了厚重的乡土文化，传统的乡土文化有糟粕，也有精华，它饱含许多现代文明的基因。例如，就现代社会在制度和规则层面而言，有两大基本支撑要件，一是产权关系及其与之配套的法律体系；二是诚信体系。传统乡土文化在这两方面都有着足够丰富的内涵和较为完备的规则。在新的社区建设上，一方面要借鉴西方发展城市文化的经验，如大力发育各类社会组织、社区组织等；另一方面要吸收传统乡土文化的精华和养分，如熟人社区诚信体系的构建等，培育具有中国特色的社区文化。在具体工作中，应充分发动各类群团组织及协会组织，引导他们开展一些有益身心健康的文体活动，以规范行为，陶冶情操，增进互信等，从而实现文化的升华。

再次，基层组织应在职能上实现从服务村庄向服务社区的转变。从村庄到社区，工作对象、工作内容发生了改变，工作理念、工作方法应随之改变。一应借鉴中国历史上"改土归流，土流并用"的办法，改变过去只从本地选用基层干部的做法，在新的社区建设中适当吸收一些有城市社区管理经验的外地干部参与管理；二应在具体工作中，实现从管理村庄向管理社区的转变，从服务熟人社会向服务生人社会的转变，从适应慢生活向呼应快节奏的转变；三应在舆论上引导社会克服歧视心态，给失地农民以应有的尊重和理解。

4. 后顾之忧问题

农民之与土地如同希腊神话中的安泰之与大地，须臾不可分离。农民失去土地，后顾茫茫，忧心忡忡，当属必然。

担忧之一，有限的补偿款花完了怎么办？和日本的"全面补偿"、美国的"合理补偿"、德国的"相当补偿"、巴西的"公平补偿"不同，中国的征地补偿很大程度上只能算是"象征性补偿"，基本上都是按征用地的原用途予以补偿，没有考虑土地经营者使用权权益增值，标准过低，有的地方甚至以"零地价"出让土地，"政府请客，百姓买单"。在本不合理的征地补偿费中，国家和集体又截留了70%以上，真正落到农民手中的各种补偿，有专家测算不足10%，按目前农村人均生活消费支出计算，只能维持7年左右的生活；按目前城镇居民人均消费支出计算，仅维持2年多的生活。有限的补偿费花光之后，如果没有稳定的工作，又身无长技，如何生存？

担忧之二，社会保障什么时候才能享受到市民待遇？由于我国城乡社保制度存在很大差异，作为由村民向市民过渡的失地农民，社保状况自然很不理想。据对失地农民抽样调查，当问及他们在社保方面最担心的是什么时，他们回答医疗和养老。即便享受了社保，一些地方失地农民与当地市民"同城"却不"同保"。比如医疗，失地农民的医保卡只能在社区使用，而市民可在全市通用。比如养老保险，市民有70岁的高龄卡，坐公交、逛公园都可免费；80 岁老人有高龄补贴，失地农民则享受不到这些待遇。比如低保，有些地方不能做到应保尽保，失地农民的低保受“指标”限制，因为多一份低保，地方财政就多一份开支，失地农民需等待有了指标才能享受。

担忧之三，子女长大怎么办？首先是子女教育问题，从农村的学校突然转到城里的学校，课程进度不同步，学习节奏不合拍。而且，受二元城乡文化的影响，城里同学往往瞧不起乡下同学，有的学校干脆将“回迁”的学生单独设班，以区别城里的“贵族血统”。失地农民的子女幼小的心灵就要承受被受歧视的压力。另外，非义务阶段高昂的学费，失地农民难以负担，子女大多读了初中就外出打工，素质普遍低下，工资待遇难以提高，生活状况难以改变，穷二代很可能传导为穷三代，恶性循环。即使考上了大学，更难以承受每年过万的学费，往往一张大学录取通知书就是一个贫困家庭的判决书。他们担忧贫困的代际传递何日是尽头。其次是住房问题。孩子小的时候，与自己住在一起，房子凑合，孩子大了，要结婚成家另立门户，需重新买一套。有专家测算，城里的房价，如果按种地收入需要从唐代种到现在，按普通的务工收入，也得从清朝干到现在。天价房使他们为子女“住有所居”的未来担忧。

千方百计解决失地农民的后顾之忧，理应提升到各级党委政府的重要议事日程。

首先，应尽快建立失地农民的社会保障体系。一是尽快把失地农民纳入城镇社会保障体系，实现与城镇社保的对接。资金来源可以在土地收益中切块一部分，实行专门化管理。同时，教育和引导农民在获得的征地补偿中缴纳部分资金，建立养老、医疗和失业保险。二是通过预留土地调节金、财政预算、设立专项资金等途径，筹集社会保障资金，将符合条件的失地农民全部纳入城市居民最低生活保障，解决失地农民的基本生存问题。三是积极鼓励社区养老事业的发展，在用地、基建、税收、工商等方面给予一定的优惠扶持。同时，适度引导商业保险，利用商业保险机制为力所能及的失地农民提供更多层次的养老保障，使失地农民老有所靠、老有所养。四是为失地农民提供法律援助。失地农民与农民工、城镇下岗失业工人以及贫困人口一样同属于社会弱势群体，当合法权利遭受侵犯时，他们没有足够的能力支付行政救济的成本（包括时间、金钱、必要的法律知识等）。媒体报道，89岁的云南省政协原副主席帮助失地拆迁农民的新闻，引起较大的反响，失地农民维护自身权益的艰难由此可见一斑。

其次，落实失地农民子女的九年制义务教育。保障进城的失地农民子女，与城镇居民的子女一视同仁，享受国家九年制义务教育所赋予的各项权利，防止失地农民的下一代成为新的城镇失业群体。同时，建立专门的失地农民家庭子女教育资助制度，对非义务教育阶段的学费进行部分或全额资助。加大经济适用房建设力度，对失地农民二代优先考虑，确保有房居住。

人类历史上最典型的农民失地就是英国的圈地运动，把我国目前的征地现象和英国圈地运动稍作比较就会发现，其实中国征地的影响力远远大于英国的圈地运动。改革我国的征地制度势在必行，迫在眉睫！不然，5000万人的叹息很可能将产生穿越时空的震荡！

三、城市化：干得好成欧美，干不好成拉美

改革开放以来，在经济发展拉动及政策的推动下，我国城市化快速发展，城市化率从1978年的17.9%增加到2012年的52.6%，已经超过了世界平均水平。在快速推进的同时，也出现许多困扰发展、值得关注的重大问题，中国的城市化目前已经走到了十字路口，干得好成欧美，干不好就有掉入拉美陷阱的危险。

1. 我国城市化进程中存在六大模糊

（1）内涵模糊。城市化就是把人化入城市的过程。而许多地方只注重“物”的城市化，不注重“人”的城市化。只关心脚下的地，不关心地上的人。因为地可以生财，人只会花钱。中国社科院发布的《2009中

国城市发展报告》显示，2001 年至 2007 年，地级以上城市市辖区建成区面积增长 70.1%，但人口增长只有 30%。当前，我国城市化率是 53%，而城镇户籍人口占总人口的比例只有约 35%。这意味着还有 18%，即 2 亿多生活在城市里的人没有真正城市化。许多进城农民是“扛锄头的市民”，并没有成为真正的市民。有学者把这种城市化称作“半城市化”、“浅城市化”。有关调查显示，农民工在城里有自己房屋的只占 0.7%。无处安身，何以乐业。城市化的内涵首先应该是人的城市化，很多地方对城市化内涵认识模糊，以为盖上房子、修上路就是城市化了。一些地方推进城市化的冲动来自于对土地财政的依赖，千方百计把农民土地变为建设用地，然后以地生财，一些农民“被上楼”，一些村庄成建制地变为城市，违法拆迁、暴力拆迁时有发生，城市变大了，农民利益却受到严重损害。农村问题城市化、农民问题市民化的矛盾内化倾向愈加刚性。

（2）格局模糊。先发展大城市，还是先发展城市群，还是先发展小城镇？理论界一直争论不休，实践中各干各的。笔者认为，中国应沿着费孝通上世纪 80 年代初提出的“小城镇、大战略”的路子走。中国这么多农村人口，要实现城市化，首先应该走就地城镇化的路子，然后再慢慢向中等城市、大城市集中，一步跨入大城市非常不现实，人力、物力、财力及管理能力都准备不足。应该先发展小城镇，让农民就地城市化，就近城市化，这是符合中国目前实际的城镇化道路。当前，国家的资源配置主要是先发展大城市，对小城镇用力太少，不仅如此，苏州等很多地方都在斥巨资建城市综合体，而“智慧城市”也在全国 90 个城市首批试点。这一由 IBM 提出的“智慧地球”转义而来的舶来品，在国外也不过 5 年时间，我们今天就匆匆拿来，盲目性太大，代价太大，“智慧城市”千万不可“利令智昏”。许多城市社区建设追求高档化、贵族化、奢华化，动辄国际一流。典型表现就是争建摩天大楼。目前中国已有在建和建成的摩天大楼 1300 多座，远超美国的 436 座和阿联酋的 50 座。以每座 50 亿元投资计，中国 1300 多座要花数万亿的投资。这种“高端化”发展更加剧了农民工的“低端化”生存。2011 年有个中国城市国际形象调查，结果显示，全国有655个城市正计划“走向世界”，200多个地级市中有183个正规划建设“国际大都市”，这个口号连我们的首都北京都没敢这样提。一个看似简单的口号，反映的是我国城市建设中不切实际、贪大求洋的错误倾向。

（3）路径模糊。城镇化的路径有两条。一是先城后市，二是先市后城。两种格局多自宋代形成。先城后市是当时在许多要塞建立城堡，逐渐形成政治经济中心。这是官办的。先市后城由民间自发兴起，政府不设完整的行政系统，只派员管收税和消防，事务由地方士绅管理。宋代此类市镇十分发达，见于史载的就超过3600多个，其中不少市镇不论人口数量还是经济发达程度都超过一般州县。可见，城多因政治兴起，而市多由经济驱动。宋代是我国历史上由城坊制向街巷制转换的时代，是城镇化发展的高峰，从宋代的现象可以看出，只有按市场规律发展城镇，城镇才会兴旺发达。城市是城和市的结合，有了城必须有市。今天好多地方盖了一座空城，没有市，就是没有用市场力量去解决，而是用行政力量去推动。即便一个靠某项产业发达起来的城市，一旦没有产业支撑失去市场，也会很快萧条下去。英国利物浦是工业革命的先驱城市，其财富总值一度超过了伦敦，20世纪30年代的严重经济危机让利物浦遭到灭顶之灾，大批企业倒闭，20世纪70年代中期开始，利物浦的支柱产业造船业急剧萎缩，失业率再次成为英国最高。城市大片区域荒废，杂草丛生，基础设施闲置，到处是破败的景象。2011年的人口普查显示，利物浦人口为46.6万，比1931年的84.6万，下降了将近一半。这种由于缺乏稳定的产业支撑以至由盛转衰的城市，世界上屡见不鲜。美国的底特律由于汽车业的萧条使人口由1950年的1849568人下降到2010年的713777人。德国的莱比锡，柏林墙被推倒后，这个繁荣之都成了“鬼城”。俄国的伊万诺沃因纺织业快速崛起，随着苏联解体，1998年该城工业总产值只有1980年的20%。苏联解体后，由于靠行政支撑的力量崩溃，在几年内俄罗斯萧条城市从7个飙升到93个。强行推行城市化是一种灾难。从1950年起世界萧条城市的数量大于城市化城市的数量。1960～1990年内，萧条城市数量增长了一倍，而城市数量只增长约

60%。在我国，还有多少像鄂尔多斯建造的“鬼城”不得而知，但以为凭政策和批文、靠权力和理想就能造出城市的现象依然盛行。2003 年曹妃甸开发启动，最初规划 30 平方公里，随即改为 60，接着跃升为 250，最后扩展为 2000 平方公里，正好又赶上了 2009 年国家四万亿盛宴，投资从 2008 年的 327.6 亿一下狂增到 2009 年的 1023 亿，2012 年又猛降到 600 亿以下。猛药效短且推高债台，目前有人说曹妃甸每天都要支付一千多万的利息，而年财政收入仅 50.5 亿元，即使当地官员不吃不喝也只够还利息，本金支付如到偿期，不知当地政府如何咽下这权力造城和运动造城的苦果。相反，在我们现实生活中，有些历史重镇，交通发达、历史悠久，物流集聚能力很强，方方面面条件甚至比一个市县所在的城都好，但它只是一个镇的构架，行政力量严格制约它的发展，不是按照市场规律去配置资源，它就是发展不起来。有城无市和有市无城的困扰该让我们清醒了。在城市化问题上，决不能让那只看得见的手永远看得见，那只看不见的手永远看不见。

（4）速度模糊。是按照经济规律循序渐进，还是按照官员意志大步跃进，这个问题一直被忽视。城市化增长 20 个百分点，英国用了 120 年，德国 85 年，美国 80 年，韩国也有 30 多年，我国仅用了 22 年，而近几年每年都以一个多的百分点在猛增。我国只用 30 多年时间就赶上了西方国家近 300 年的城市化历程。城市化过快会带来有城无市、资源浪费、土地矛盾、社会管理、交通拥堵等一系列问题。一个更深层次的问题是，本来可以增值 70 年的土地，一次性卖给开发商，一下子把 70 年的钱拿过来了，土地权利给了开发商。本来可以循序渐进，逐年生财，但是现在却把 70 年的钱一次性拿过来一下子花光，与后代争饭吃。这种速度模糊造成的隐患让子孙情何以堪。过快城市化、过度城市化，拉美陷阱的教训世人皆知。中国曾经出现过两次逆城市化现象的无奈也摆在那儿。一次是上世纪五六十年代之交所谓的“三年困难时期”，由于城市化超越了农业的供给，国家不得采取关、停、并、转一些企事业单位的措施，把 2000 多万市民赶回农村重过农民生活。第二次即发生在上世纪六十年代末到七十年代中期的知识青年上山下乡运动，由于城市经济萧条，提供不了那么多就业机会，也没有那么多粮食养活当时的人口，就把2000多万知识青年赶下乡去，与农民争饭吃。在计划经济时代，通过政治动员和行政命令即可有效解决这些矛盾和问题。今天，在市场经济条件下，再想轻而易举地重走逆城市化的路子化解矛盾，可谓要“难于上青天”了。中国是否要急于在未来15~20年里把城市化率最后约20%~30%的空间填满，是一个尤其值得研究的大问题。

（5）功能模糊。城市规划在功能上定位不清，城市规划被誉为城市第一资源，规划的失误将带来建设的失误，而建设的失误往往难以弥补。比如城市规划的预见性不足，城市产业布局的失衡，埋下了交通拥堵的“隐患”，而当实际的拥堵问题出现后，再对原有规划进行改良，不仅造成巨大浪费，而且只能是事倍功半。大城市的学校、医院、图书馆、演出场所等城市中心，集中了大量优质公共资源。北京的许多医院已经不只是北京人的医院，更是全国人民的医院，大量的人流从不同地域汇集于此，人满为患已经成为常态。在北京1000余所小学的门前及附近道路上，由于接送孩子也在形成交通拥堵。此外，由于大量商务区和行政办公区集中于市中心，过度开发和人流高度聚集，高昂的房价让大量人群迁往外环和城郊，而那些远离市中心的开发新区功能单一，仅仅为了生活，不能有效吸纳就业，导致职住分离。亚洲最大社区天通苑被誉为“睡城”。北京市中心以外的数十个居住小区也与此相仿。实际上，全国大多数城市都存在职住分离的严重问题。借鉴国外职住一体，围绕大城市分业建设一群卫星城应是值得思考的路径。

（6）规模模糊。城市规划在规模设计上不符合现实。城市的规模首先应该与城市辐射范围内的人口数量及功能、性质、发展条件相适应，讲求适度规模。但是在我国城市化进程中，很多地方政府好高骛远，贪大求洋，在没有客观考虑自身资源禀赋的情况下就出台大而空的城市发展规划。目前把我国所有城镇规划的总人口加起来已经超过20亿，就算现在把所有农村人口都转移到城市，也还有6亿多的数量缺口。难道我们还要从国外再进口几亿人来居住？福建某一个只有25万人的山区小县，县城规划建成区面积为100平方公里，控制区为150平方公里，该县25万人中，已经有66%的劳动力外出经商务工，有的已落户他乡，举家迁出，不再回归。不知决策者今后从哪儿弄来上百万人到这里居住。25万人口大约8万户左右，即便每户分配给十个生孩子的指标，也只能在相当长的时间内生出80万人来，今天就建这么大的城，浪费得实在令人惊诧。可见，在城市化进程中盲目规划，大铺摊子、铺大摊子的现象已经十分普遍。照此规模建设，我国城市化进程很难实现科学、理性的发展。

2. 我国与西方国家城市化存在五大差异

（1）西方国家在殖民地消化矛盾，我国只能靠农村解决问题。城市化过程就是资源和资本集聚的过程，需要消耗巨大的资源，支付巨大的社会成本。这种资源消耗和成本支付，在西方国家，主要是通过殖民地扩张来消化的。他们掠夺殖民地资源、向殖民地转移过剩劳动力和贩卖奴隶，把城市化过程中的矛盾和问题大都转嫁了出去。300多年前，北美大约有1亿印第安人，但是欧洲人到来以后，在这里大规模地开拓疆土，大规模地掠夺资源，在美国的印第安人现在仅剩40多万。他们的剩余劳动力也通过向殖民地输出得到了很好的消化。300多年的殖民化，欧洲大陆共移出四分之一的人口，资源环境空前宽松。我国与西方国家不同，中华民族一直是一个内敛的民族，我们没有殖民地，我们不可能通过大量掠夺资源而获得财富积累，也不能通过殖民扩张而输出剩余劳动力，更不能通过贩卖奴隶而获得低成本的劳力。我国城市化过程中的矛盾只能通过价格“剪刀差”、低成本的农民工、低廉的土地价格等方式在“三农”中消解。这是历史的宿命，一部分人想违背常规的尽快过上好日子，就必然要牺牲另一部分人的利益。西方在这个过程中是通过矛盾外化的方式渐次推进，中国走的是一条通过矛盾内化的方式快速推进的路子，面临的困难和问题当然更为艰巨和复杂。

（2）西方国家农村人口总量少，中国农村人口总量多。西方国家地广人稀，资源丰富，可利用空间大，容易谋生。美国和加拿大的国土面积与中国相当，但是它们的人口数量分别是3.1亿多和0.3亿多，分别不到中国的四分之一和四十分之一。根据 2010 年第六次全国人口普查，我国总人口超过 13.7 亿人。据权威部门预测，我国人口峰值可能出现于 2050 年前后，届时我国人口将达到 16 亿。就算到时候达到发达国家 70% 的城市化率水平，我国还有将近约 5 亿人口留在农村，这个数字恰好相当于我们建国时的全国总人口。我们努力了一百年，农民的数量不降反升。因此庞大的人口数量决定了我国农村不可能在短期内实现大规模的、西方式的规模经营，土地的基本生活保障作用还将在相当长的时期内持续发挥作用。更无法实现西方式的高城市化率，国家在推进城市化过程中，必须拥有一定的村庄保有量，不然，这样一个人口大国，饭碗端在谁手里就成了一个天大的问题。

（3）西方国家循序渐进，而我国则以大跃进的形式推进。西方国家城市化是建立在工业化和农业生产发展的基础上，经历了较长时间的过渡。我国的城市化却是突飞猛进的发展。改革开放以来，城市化率从 17.9% 一路高歌猛进推高到约 53% 的水平，差不多以每年一个百分点的速度在激增，这是典型的超常规大跃进。这种大跃进明显透露出军事化思维的影子。一些基层干部由于长期受到革命传统的熏陶，在思维方式上没有彻底完成从革命党到执政党的角色转换，导致行为方式还带有较深的革命痕迹，他们用摧枯拉朽的阵势，整齐划一的模式，急风暴雨的方式，推进城市化进程，这种行为方式容易让城市化发展脱离实际，违反城乡格局的自然演替规律，埋下的隐患、带来的后果将难以预测。千万只脚都踩在油门上，急需一只踩刹车的脚。

（4）西方城市长期孕育出一个稳定的构架，而快速崛起的中国城市要形成这种稳定的支撑架构，还需要假以时日。西方国家的城市经过几百年的长期发展，已经形成相对稳定的基本构架，这个构架有纵向和横向两个方面，纵向上是宗教信仰这一根轴，横向上是各类社会组织这一张网。西方国家利用宗教信仰让社会群体形成统一的意识形态，起到凝聚人心的作用，西方国家大多数人都有宗教信仰，而一份 1996 年的调查报告显示，只有 4.9% 的中国人认为自己有宗教信仰。再加上改革开放前一波接一波的政治运动，搞得人心散乱，凝聚力亟待提高。社会组织是沟通政府和群众的桥梁，也是提供社会化服务的主要载体，它是城市稳定中不可或缺的元素，是城市管理的主要抓手。西方国家有着系统而完备的社会组织体系，构成了强大的社会服务系统，这些社会组织为西方国家的社会稳定提供了强有力的保障。2006 年的统计表明，每万人的社会组织数量是：美国 52 个，法国 110 个，阿根廷 25 个，而中国只有 2.5 个，差距十分明显。因此，健全和加快现代社会组织建设，提高服务社会能力，势在必行。

（5）西方国家人口正在回流农村，而我国人口正在流入城市。20 世纪 70 年代以来，西方国家的城市人口开始向乡村和中小城镇回流。有越来越多的人工作在城市，生活在乡村。德国有 40% 多的人口生活在乡村，英国是 28.9%，美国是 22%、日本 20% 以上，英国在上届奥运会期间的一份调查表明，回流群体大多在 25 ~ 40 岁之间，是主要的劳动力，且回流多发生在近十几年里。我国目前正呈现相反态势，农村人为了获得更多的资源，享受到更多的公共消费，正在大量涌入城市，仅是居住在城市中的农民工就已经达到了 2.6 亿多。在高速推进的城市化过程中，我们应该保持一份清醒，应该清楚地认识到城市病终究会让一些人返璞归真，在发展城市的同时，乡村同样需要建设，城乡各自承担不同的功能，谁也无法取代谁。尤其吸引世人眼球的是“到庄园去”已成为西方外交的最高礼遇，位于华盛顿附近的敦巴顿橡树园，曾是二战末盟国奠定联合国的地方，在橡树园以北 100 公里处的戴维营，1959 年艾森豪威尔与赫鲁晓夫曾在这里恳谈过 3 天。1970 年卡特在此斡旋埃及和以色列冲突。1980 年代末，老布什和戈尔巴乔夫曾在戴维营玩执马蹄铁游戏。小布什任总统期间常把外国政要带回老家农场吃烤肉。2001 年 1 月，小布什邀请普京到自己故乡得克萨斯州克劳福德农场会谈。普京后来在莫斯科郊外的私人庄园招待小布什。2002 年 10 月，小布什曾邀江泽民到克劳福德农场会晤。2013 年 6 月初，奥巴马在距洛杉矶不到 200 公里的安娜伯格庄园接待习近平。“庄园外交”正以更个性、更随意、更亲和，广受世人青睐而引领世风。

3. 建立新型城乡关系的三大着力点

（1）破除离农越远离现代化越近的认识误区。现在社会上很多人认为工业文明和城市文明才是现代文明的发展方向，而农业是与自给自足的自然经济相适应的落后文明形态，因此离农越远离现代化就越近。这是一种流布广泛的认识误区。“三化同步”本质上就是对农业文明、工业文明、城市文明这三大文明的继承和发展，是新的时代背景下三大文明的具体实践，三个文明必须同时、同步、同样的发展。从产生的顺序上来看，三大文明还具有继起性，首先是农业文明，然后是工业文明，再后来才是城市文明。三大文明是人类文明的基本载体，其他文明都是以这三大文明为依托的。作为最早发育起来的农业文明是人类文明的母体文明，它是与工业文明、城市文明并行不悖的一种文明形态。只有农业文明才是人类赖以生存的基本文明，其他一切文明都是建立在农业文明基础之上的文明，全社会都应清醒地认识到没有农业文明的文明是残缺的文明，没有农业文明的经济是断裂的经济，没有农业文明的社会是危险的社会，没有农业文明的发展是不可持续的发展。如果农业现代化这条短腿不能加长，那么实现现代化就是一句空话，现代化各个元素之间的关系不是非此即彼的关系，而是互促共生的关系。中国农业已经渡过了十年黄金期，当务之急是如何让这个黄金期继续保持下去，决不能让“黄金时代”跌入“白银时代”，更不能跌入“青铜时代”。只有让这个黄金期再延续十年二十年，中国的“四化同步”才能成为现实。

（2）打破“三圈”。“三圈”是指“圈地、圈人、圈钱”。首先是“圈人”。一亿多农民工进城务工却享受不到市民待遇，城市给他们的政策是“干完活走人，公民权免谈”。这种剥夺不仅不需成本，而且比计划经济时代来得更方便易行，尤其值得关注的是，它已经成了农民工的自觉行为，自愿奉献。城市对他们来说，进又进不去，退又心不甘，他们是工人中的农民，是农民中的工人。他们前进一步是城市是市民，后退一步是农村是农民。当一种制度设计不论他们前进还是后退都能公平享受到经济社会发展的实惠成果时，这种制度就是文明的进步的。其次是“圈地”。改革开放30多年来，3亿多亩土地被廉价征收。2011年全国土地出让金高达约3万亿元。由于利益分配不公，征地拆迁事件大量发生，最后吃亏的往往都是农民。遵循经济规律，让农民享有充分的土地财产权，让农民参与征地的市场谈判，是保障农民利益的根本途径。再者是“圈钱”。中、农、工、建四大商业银行及邮政储蓄都是从农村像抽水机一样吸储资金，而鲜有为农民贷款者，形成“五龙吸水”的局面，农民的资金大量被“圈”入城市。在股票彩票市场上，大量资金被卷入其中并不翼而飞。充分发育农村金融的本土力量，下大功夫解决农村钱荒，是培育农村发展内生性物质基础的治本之策。如今，“三圈”的力度依然未减。可以说，破除“三圈”是建立新型城乡关系的关键环节。

（3）建设良好的城市生态。城市生态包括经济生态、政治生态、社会生态、文化生态和自然生态。在经济生态方面，要综合全面地发展“草灌乔”式经济体系。一个健全的经济体系绝不是单一的高端经济，而是一个从底层到高层都健康发展的综合经济体系。摊贩是城市经济系统中的草根阶层，而草根阶层往往是经济发展的原动力。香港政府在2013年3月份向立法会提交拨款文件，建议设立一笔2.3亿元的开支，为香港4000多个持牌小贩推行为期5年的资助计划。美国洛杉矶市府广场建于1934年的“农夫市场”，如今已经是最佳的购物、餐饮和购买新鲜农贸商品的场所之一。这些现象值得我们思考和学习。在政治生态方面，要建立健全公民权利保障体系，让公民的政治权、财产权、话语权等各项基本权利得到有效保障。要实现真正的民主，让各种声音都有发言权，只有建立良好的政治生态，才能做到内聚人心，外树形象。在社会生态方面，应该建立健全社会组织体系，让社会组织成为保障社会生态的网络基础。发达国家基本都是实行“小政府、大社会”的管理体制，社会组织极度发达。我国的社会组织在数量和质量上都有待提高。数量太少，质量不高，尤其是官方色彩太重，多数社会组织都是离退休的官员担任领导的现状必须改变，从而真正实现从“组织社会”到“社会组织”的质的飞跃。在文化生态方面，应全面发展“草灌乔”式多元文化体系，不能只注重精英文化，还应该关注大众文化、平民文化、草根文化。实现多元文化的互补共进，协调发展。大众文化、草根文化才是广大市民阶层最需要的文化。自然生态方面，通过引入都市农业，建立市民农园等措施，改善城市的自然生态环境。这些举措不但能促进农业在都市的保存和发展，还能增加城市的绿地保有面积，改善生态环境，并促进市民间的感情和物质文化交流。这些做法在一些发达国家已经成效显著。发达国家早在19世纪便已经开始构建市民农园，2005年日本的市民农园已经超过3000家。我们应该在都市中引入田园，让建筑组团与田园组团交叉互补，形成“田园中的都市”和“都市中的田园”新格局，使人们在现代文明中体验传统文明，在传统文明中享受现代文明，让两种文明在交融中共生共荣。

1960年世界银行统计的101个中等收入的经济体中，只有13个进入发达行列，其余88个都掉入中等发达收入陷阱，绝大多数到现在还没有爬出来。目前中国已经进入中等收入国家行列，前车之鉴，教训深刻。如果“后人哀之而不鉴之，亦使后人而复哀后人也。”

四、四个“等一等”中国很需要

党的十一届三中全会一声令响，举国上下全员参与开始了一场没有终点的马拉松比赛。三十多年来，最吸引眼球的当然是跑在最前面的那个群体，全社会都在为他们加油鼓劲，喝彩助威，而对落在后面的人群关注度却远远不够。由此，导致快的更快，慢的更慢，两极分化日益严重。数据显示，我国最富的阶层与最穷的阶层占到了77%，中间层只占23%，远低于发达国家70%左右的比重，社会呈现出一个中间塌陷的“M”形结构。一个现代意义上的社会绝不应成为只盯住奖牌的“竞技体育场”，而应成为全民参与的“健身俱乐部”。社会结构的畸形、社会阶层的固化倾向正在提醒我们，协调发展、合作共赢已成当务之急。我们的城市应该“等一等”我们的农村，我们的市民应该“等一等”我们的农民，我们的富人应该“等一等”我们的穷人，我们的国家应该“等一等”我们的人民。当然，“等一等”并非停下来静止地“等”，而是应想方设法减少快与慢的速度悬殊，千方百计降低前与后的距离落差，让经济社会发展的宏观结构保持在一个合理区间，正如“共同富”不是“一样富”那样，差距必须有，但务必保持在合理水平。

1. 城市“等一等”农村

今天的中国人正像置身于两个连台悲喜剧中：在喜剧台上，高楼林立，笙歌靡靡，灯红酒绿，一幕幕人间喜剧演出正酣；在悲剧台上，断壁残垣，荒草萋萋，破败凋敝，接连展现。有人为喜剧而歌，有人为悲剧而叹。殊不知，每个人是观众也是演员。

城乡差距是一种合理存在，想必《清明上河图》里描绘的汴京要比当时的农村繁华得多；即便是现代的发达国家也普遍存在城乡差别。关键是要看这种差别产生的原因是遵循市场的逻辑还是别的什么逻辑，以及产生的距离是在可控范围还是超出了社会承受度。1949 年后，我国提出加速实现工业化的奋斗目标，但实现的方式是通过工农业产品价格的“剪刀差”，从农业中取得资本的原始积累。而始于 1958 年的以城乡分割为特点的户籍制度，不仅在身份上强化了城乡的先天差别，更进一步成为加大城乡差距的重要因素。改革开放以后，我国继续实行优先发展城市战略，农村继续支援城市，农民继续服务市民，一切优质资源都向城市集结，城市发展迅猛，农村正在日渐凋敝。

有关资料显示，仅 2012 年我国内地已有摩天大楼 470 座，在建的 332 座，另有 516 座已经完成土地拍卖、设计招标或已奠基。自 1887 年世界第一座摩天大楼在纽约建成以来，美国在建及规划的摩天大楼至今只有 30 座。长沙设计的世界第一高楼“天空城市”838 米，比迪拜的哈利法塔还高出 10 米，需投资近百亿，可容纳 3 万人。有报道预测，未来 10 年内，中国将以 1300 多座超过 150 米高的摩天大楼总数傲视全球。繁华大都市里除了高楼林立，还有着各种完善的配套设施。投资巨大的地铁和轨道交通已在 30 多个城市开建，尚有数十个城市在申报之中。180

多个城市提出要建国际化大都市，智慧城市在全国193个试点展开后，又有超过250个城市在申报开建，专家预计2015年底将有70%以上的地级以上城市参与智慧城市建设。数十亿投资的超豪华大剧院在许多城市普遍流行。功能齐全的城市综合体、购物中心、大型商场、国际知名连锁超市等更是显示出现代化的程度之高。根据2013年中国商业地产产业化峰会发布的报告，2013年以来，一线城市商用土地成交量和开发量大幅增加，到2013年底，购物中心累计存量将达2.5亿平方米。十几年前，外国人评价中国是“城市像欧洲，农村像非洲”。今天的中国，城市已远超欧洲，其光鲜亮丽堪称世界第一。不仅如此，中国城市扩张之快也令人惊叹，1990~2010年，中国城市扩张最快的浙江慈溪从2.92平方公里突变为213.17平方公里，扩张20倍以上的还有晋江、上虞等，超过1000平方公里的由北京一个城市猛增到7个城市。

在城市高速发展的同时，农村却在逐渐破败、凋敝。2000~2010年，中国村庄从360万个锐减到270万个。大量农村青壮年劳动力涌入城市，农村优质资源不断流失。农村的路、电、水、气、房等基本生产生活条件仍然相当落后。“村村通”只通村部，农民出行难仍未解决。约3亿农村居民饮水安全尚未达到国家标准，工业点源污染和农业面源污染对农村环境影响日益恶化。农村教育日趋落后，农村学校在师资、设备、校舍、教学质量等方面与城市相比差距巨大，农村孩子撤点并校后，面临新的上学难，调查显示，小学生家离学校的平均距离为10.83里，初中生34.93里。2010年清华大学农村生源占17%，而当年农村考生占比高达62%，与此相对应的是2012年全国中职学校农村户籍学生占比高达82%。城乡都有医保，差距也在逐渐缩小，但大医院、好医生、精设备却在城市，农民看病难、看病贵的问题尚未得到妥善解决。

当前改革最大的红利都留在城镇，而市场消费最大的潜力却在农村。但是，长期以来，许多地方只一味地采取“圈地”、“圈钱”、“圈人”的方式，把最容易资本化的资源拿到城市，把最难以资本化的资源留在农村，使城乡收入与消费倒置，福利与待遇反向。眼下，大规模的村庄拆并和农民集体“被上楼”正是各级地方政府力图扭转农村走向颓势的一种努力，而这种努力更多地受制于土地财政的逻辑支配。即使到 2020 年，中国的城市化率达到 70%，仍将有 5 亿农民滞留在农村。依然在拉大的城乡之间的巨大差距在警示我们，快速发展的城市应“等一等”农村，农村城市要一体化发展，统一规划，统筹推进。一座投资数十亿的摩天大楼就足以解决一个县的基本公共设施投资，一千多座就可以解决一千多个县的问题。要把农业、农村放到整个经济社会发展的大背景中，与工业化和城镇化同时推进，同步发展，全社会都应走出离农越远离现代化就越近的认识误区，树立农业文明与工业文明、城市文明是并行不悖的一种文明形态的正确观念，改变工业文明、城市文明可以单兵突进的实践套路，让三大文明同时发展、同步发展、同样发展。总之，在城乡关系问题上，必须坚决打破这样一种特权思维，那就是把人分为城镇户口、农村户口，然后分配权利和福利；把人分为本地户籍、外地户籍，然后限制外地；把人分为体制内、体制外，然后设计养老金制度；把人分为官与民，然后分配话语权。

一个摆在我们面前的事实是：所谓管理最好的城市都有一个特征，它能让较好的人过上较差的生活；所谓管理最差的城市也都有一个特征，它能让较差的人过上较好的生活。如何破解这个悖论是一个新挑战。

我们希望城市化，但我们不希望畸形的城市化、变态的城市化，更不希望以牺牲农村为代价的城市化。

2. 市民“等一等”农民

农民工是城市中的弱势群体，他们的生存状态与市民有着天壤之别。国家统计局调查，2012 年农民工月收入仅 2290 元，在住房方面，受雇农民工在单位宿舍居住的占 32.3%，在工棚居住的占 10.4%，在生产经营场所居住的占 6.1%，与他人合租住房的占 19.7%，独立租住的占 13.5%，有 13.8% 的农民工在乡镇以外从业而每天回家居住，仅 0.6% 的农民工在务工地有自购房。在劳动保障方面，与雇主或单位签订劳动合同的只占 43.9%，雇主或单位为农民工缴纳养老、工伤、医疗、失业和计生保险的比例只有 14.3%、24%、16.9%、8.4% 和 6.1%。在今天的城市里，几乎所有的脏、累、差的工作都成为农民工的“专利”。即便农民工与市民同在一个单位工作，也不能和市民正式工一样累计工龄，不能评定技术职称，不能得到进修与培训的机会，没有升职晋级的希望，分不到住房，享受不到公费医疗、退休待遇，没有失业救济，一遇经济不景气或政府治理整顿，可能就会成为无条件清退的对象。在大城市里，农民工迫于生活压力无奈选择住在城乡结合部或者城里的群租房中，买房对于绝大多数农民工来说是想也不敢想的事情。据媒体报道，在北京东三环附近一套80平方米的两居室里，竟然居住了25个人。2012年北京“7·21”大水，有200多万住在地下室的农民工被冲出来没有得到应有的救助。为了解决群租带来的治安、消防、安全隐患等问题，北京市还出台政策治理群租，而这种只从表面问题着手的政策无疑会推高租房成本，增加农民工在城市里的生存压力。

《中国城市发展报告》显示，截至2012年年底，中国城镇化率已达52.57%，但户籍非农人口占户籍总人口比重不足35%。这意味着有2.6亿农民工虽然实现了乡村到城镇的空间平面转移，完成了农民到工人的职业转换，但由于没解决城市户口，无法做到身份的根本转变，不能实现从农民到市民的阶层垂直流动。现行户籍制度所确立的二元社会结构造就了我国公民人格权利不平等的现实。曾有研究表明，计划经济时代，附着在市民户口本上共有67种特权。今天这些福利已经逐步剥离，比如粮票、油票等计划经济时代的福利早已取消，但现在购房、购车、教育、社保等仍然与城市户籍密切相关。农民工在养老、医疗保障方面尚有诸多阻碍，子女上学存在一定困难，在城市社会中被排斥或被边缘化。有专家表示，户籍改革之所以难以推行，就是因为城里人享有太多的福利政策。

据调查，农民工中只有7%的人有回乡意愿。80后、90后的“农二代”大都有一定的文化知识和技能，和大学毕业生之间的界限越来越模糊。他们要成为真正的市民首先必须消除体制性障碍，最重要的是户籍制度改革，逐步实现整个国家公民福利的均等化。群体差异是个体差异的放大，城乡差异是市民农民差异的放大。城市无论大小，对于已经具备条件的公共服务项目，应率先实现同等对待。对于那些与城市户籍紧密挂钩的低保、经济适用房、廉租房等，城市政府也要创造条件逐步覆盖农民工。应建立城乡统一的劳动就业、义务教育、公共卫生、社会保障等体制和制度，消除各种不公平现象，逐步实现农村户籍居民与城市户籍居民基本公共服务的均等化。总之，要使农民工真正实现市民化，必须做到三个融入：一是农民工融入企业；二是子女融入学校；三是家庭融入社区。全国各地大中城市都提出了一个属于自己的城市精神，广西南宁“能帮就帮”的城市精神，最能体现“城市化就是把农民化入城市的过程”这一本质。只有中国的每一个城里人都把“能帮就帮”作为座右铭，中国的城市化才是真实的城市化、真正的城市化。

农民工希望进城，但不希望成为假市民、半市民，更不希望“市民权免谈，干完活走人”。

3. 富人“等一等”穷人

在中国的改革开放过程中，一部分人先富了起来，有些是通过自己的辛勤劳动、合法经营致富的，但也有一些是通过非正常手段一夜暴富的。这些一夜暴富者，致富的过程太过简单，不仅没有带来企业机制的创新、制度的创新和经营理念的创新，反而引得更多的人想通过投机、通过不劳而获成为富人。零点研究咨询集团袁岳等 2012 年城市居民生活调查显示，只有 5.4% 的人认为现在多数富人可以配得上他们的财富。中国的富人越来越多，2013 年胡润富豪榜显示，中国已超越美国成为全球资本市场创造十亿富豪最多的国家，富豪数量达到 212 人（美国为 211 人）。若将中国消费者在海外的购买力计算在内，中国已超过日本成为仅次于美国的第二大奢侈品消费国。据香港《南华早报》2013 年 6 月 13 日报道，作为全球第二大经济体的中国已成为奢华酒店业发展的首选之地。当一些穷人还在为温饱而忧时，有些富豪已经吃厌了时下能吃到的美味，他们正沉溺于古书中记载的美食，搜遍书籍寻找，然后依样做出奢华盛宴。

与我国富豪群体的快速扩张、财产的快速增长比较，富豪们在慈善事业上的整体表现则相形见绌。有调查显示，中国整体慈善捐赠水平不及美国的4%。世界首富比尔·盖茨实行裸捐466亿美元，“股神”巴菲特把85%以上的个人财富约370亿美元捐给了慈善基金会。相比之下，中华慈善总会所获捐赠中，来自国内富豪们的不到15%。国内工商注册的企业超过1000万家，但有过捐赠记录的不超过10万家，即99%的企业从来没有参与捐赠。中美富豪参与慈善的比例有着巨大差距，显然并不完全是经济实力的对比，更多的是对于财富和慈善的理念不同。最近有报道称，中国富豪被邀前往阿尔卑斯山区吃草和泥巴。一些富人没有承担起应该承担的社会责任，而去做些烧钱、炫富，甚至让人觉得脑残的事情。提高境界应成为一些富人的必修课，“让有钱人读书”已经成为这个时代的新课题。而要“让有钱人读书”，必须彰显知识的价值，“让读书人有钱”。

国家统计局公布2012年中国的基尼系数为0.474，而2012年12月西南财经大学发布的统计报告显示，我国基尼系数已突破0.6，达到了0.61，远超过国际上0.4的警戒线，世界罕见。2013年7月17日，北京大学“中国社会科学调查中心”发布《中国家庭追踪调查》报告显示，2012年，我国家庭人均纯收入均值为13033元，收入最低的5%的家庭人均收入只有1000元，而收入最高的5%家庭的人均收入则高达34300元，两者相差234倍。但有社会观察家表示，由于部分群体存在隐性福利和灰色收入，中国的家庭贫富分化程度实际可能更为严重。房产，在当下中国，是富人财富的象征，也是穷人的枷锁。普通工薪家庭靠薪水购房，或许，到他们退休之后也难以还清房贷。城乡贫困群体，一旦遇到重病、灾害，会立即陷入绝境。袁岳等的调查显示，60.1%的贫困者认为靠自身的努力无法脱贫。很多时候，仅仅因为家里有一个重病患者就可能导致全家濒临破产，生活难以为继。

贫富差距越来越大，底层社会的生活状态更加困窘。因为传统穷人与现代穷人不同，传统穷人有条件自食其力，现代穷人则必须支付必要的生活成本。传统农民交通不发达可以靠两条腿，多花点时间走过去；今天交通很发达，高速公路不让行人走，必须买票乘车。传统穷人没水喝，可以挖井自取；今天农民工在城里喝自来水、买矿泉水都要掏钱。传统穷人在熟人社会里获取信息靠口口相传；今天农民工在城里必须花钱买报买收音机、电视机才能获取信息。基于此，富人应重新思考人生，树立“四个两”的正确财富观。一是奉行胡雪岩的“一夜两想法”，即“上半夜想想自己，下半夜要想想别人”。只想自己，不知回报社会，难成大业。二是“一水两喝法”，即有一杯水自己喝，有一桶水可一家人喝，要拥有一条河、一个湖的水，就得学会与人分享。三是“财富两观念”，即西方国家的富人，以“人在天堂，钱在银行”为耻；我国富人，财富多留给子孙。应学习西方国家对于财富的态度和理念，多做慈善。四是“幸福两条路”，即获取财富有两条途径，一条是让自己幸福，别人不幸福，如偷抢夺拿其他人的财物；一条是大家都幸福，如企业家创办企业，企业获利，职工也通过就业拿到薪酬。市场经济的顶峰就是慈善。中国的富豪应该明白，财富得之于社会，理应回报社会，而慈善更是利人利己。

我们希望有人大富，但不希望一夜暴富、缘腐而富，更不希望富而不仁不义，富而穷奢极欲。

4. 国家“等一等”人民

三十多年的改革开放，中国取得了举世瞩目的非凡成就。2012 年中国 GDP 为 8.3 万亿美元，达到美国 GDP 的 52.4%，首次超过其一半，已接近欧洲德法英三国总和；人均 GDP 达到了 6629 美元，在全球排名第 86 位。比 GDP 增长更快的是财政收入的逐年增加，2012 年全年财政收入 11.7 万亿元，同比增长 12.8%，低于上年 24.8% 的增速，但这一数字仍然远高于 GDP 增速。同时，在多种因素的作用下，过去 30 多年，普通居民收入的增幅低于国家财政收入及企业利润的增幅，工资收入在国民收入分配中的比例逐年下降，造成了“国富而民穷”的怪现象。而这里所讲的“国富”不是国家真正的富有，而是我们的 GDP、财政收入快速增长，但是我们的劳动工资和公民福利的增长速度却远远落后于 GDP 和财政收入的增长速度。有关数据显示，2005 ~ 2012 年间，我国城镇居民可支配收入复合增速13%，而同期全国财政收入复合增速高达21.9%。不可思议的是，居民收入占比不高，但要缴纳的社保金却高得吓人，清华大学教授白重恩研究发现，中国五项社会保险的法定缴费之和，已达工资水平的40%，有些地区接近50%，中国社保缴费在181个国家中排名第一，是北欧五国的3倍，是G7国家的2.8倍，是东亚邻国的4.6倍。这样的社保机制，是严重的二次盘剥。

中国现行体制行政成本很高，中国占世界19%的总人口，供养着占世界近半的公务员队伍，而行政公务支出比例占全部政府支出的比例高达38%左右。财政疏于监管也是重要原因。2012年各级财政部门在同级国库开设的账户一万多个，而在商业银行开设的账户多达17万多个，财政账户混乱让央行惊呼难以监管。而日本行政公务开支仅占全部预算大约2.5%，美国在15%左右。相比之下，政府在民生支出方面显得比较“小心”。2009年，医疗、教育、社保就业三项支出仅占全国财政收入14.9%。而在美国，这一比例却为61%。非洲不少国家实现了免费教育和免费医疗，肯尼亚等国还为所有中小学生免费提供营养午餐、免费住宿。埃塞俄比亚是世界上最穷的10个国家之一，但他们早就做到了从小学到大学一路免费，连教材都由政府免费提供。

联合国副秘书长丽卡贝说，中国富不等于中国人富，中国仍有1.5亿人生活在极度贫困中，3亿人无法得到干净的饮用水，2.3亿外来工得不到应有的医疗和社保。如果说过去我们是想方设法“集财于国”，那现在就应该千方百计“散财于民”，让改革发展成果惠及最广大的人民群众，全面提升整个国家的福利水平。一个成熟、高效、有公信力的政府，在制定政策时首先考虑的就是不能与民争利。收入分配改革必须深入推进，国家应尽快出台收入分配改革方案，有计划有步骤地调整国民收入分配结构，调整的核心就是要促进民富。必须逐步提高居民收入在国民收入分配中的比重，提高劳动报酬在初次分配中的比重，保持居民收入增长不低于GDP增长速度，劳动报酬增长与劳动生产率同步，坚决遏制资本主导收入而非劳动主导收入的不良现象。政府预算收入增长速度应控制在一个合理的、可持续的水平上。同时，进一步深化财税体制改革，各级财政应该加大对社保、教育、医疗等民生领域的投入，在财政支出上让利于民，完善转移支付制度，进一步调整财政支出结构，促进基本公共服务发展。还要减税，特别是降低企业税负，从而减轻转嫁到民众头上的商品成本，间接地让老百姓的收入增多。通过税收和公共支出双向发力，尽快改善我国财税的再分配功能，真正体现出再分配过程中更加注重公平和更加关注民生的要求。总之，要解决好国与民之间的利益分配，必须通过民主的方式，讨论清楚如何收钱、如何管钱、如何花钱的问题，舍此，别无妙法。

我们希望国家富强，但不希望国富民穷、国强民弱，更不希望形象工程斗富，民生工程哭穷。

曾有一支考察队在神秘的原始森林考察，请了当地的印第安人作向导，每次连续行进几天以后，这位向导都会要求队伍停下来休息一下，他说，我们走得太快了，灵魂跟不上，要停下来，等一等灵魂。这个故事发人深省。温家宝同志在 2007 年“两会”的答记者会上曾说过一句很经典的话：“一个舰队决定它速度快慢的不是那个航行最快的船只，而是那个最慢的船只。”看一个国家、一个社会的发展，不能只看最好的地方，还应看最差的地方。2013 年 8 月，李克强总理到甘肃调研，提出“减贫是衡量发展的重要标志”。所以我们看发展，不仅要解决发展依靠什么，发展为了什么，还要搞清楚发展是什么。经济学上有一个著名的“希克斯—卡尔多”过程：首先是要有“希克斯改进”，即先让国家总体的财富多起来，然后，再转到“卡尔多补偿”阶段，实现共同富裕。小平同志在设计中国改革时，也清晰地提出了“两步走”的战略思路：第一步是让一部分地区一部分人先富起来；第二步，是先富带后富。这些经典思想彰显的都是同一个道理。中国这场没有终点的马拉松竞赛，还将无限期地延续下去，我们要为跑在最前面的喝彩加油，但我们千万不要忘记落在后面的那些群体，千万不能让他们被这个时代所忽略。

第十一章

乡村民主在路上

农业现代化与现代农业的最大区别在于，前者追求的是经济、政治、社会、文化、生态五位一体的大目标，而后者主要追求的是经济目标。纵观人类社会管理方式发展的轨迹，可以概括为“三颗脑袋”：砍脑袋、洗脑袋（思想改造）、数脑袋（民主表决）。追求民主是农业现代化的政治目标。在新的历史条件下，村庄的治理结构发生了巨大变化。推进农村基层民主政治建设，应着力打造三股新生力量。

纵观人类文明发展的历史轨迹，社会管理方式可以简单地概括为“三颗脑袋”，即大体经历了“砍脑袋、洗脑袋（改造思想）、数脑袋（民主表决）”三个阶段。新中国成立以来，我们的管理方式由“号召动员型”演进到“指标压力型”，今天正在向“民主合作型”发展。在“民主”已成为时代主旋律的背景下，从农村突破，“让一部分人先民主起来”，探索推进中国民主化进程的道路和方法，是摆在我们面前严峻而紧迫的重大课题。改革开放30多年来，农村基层民主建设正在发生从官本位到民本位、从政府主导到群众主导、从机制体制建设到权利保障的渐进式转变。在这一过程中，国家更多的是注重民主法律制度建设和机构建设，而对推进和落实农村基层民主制度的各种力量关注度不高，关心支持不够，导致其发展明显不足：主导农村基层民主的体制内力量严重受限，助推农村基层民主的体制外力量发育迟缓，活跃农村基层民主的第三方力量刚刚起步，从而阻碍了民主进程。只有力推“让一部分人先民主起来”的理念，从制度和实践两个层面上不断充实、壮大并凝聚农村基层民主的三股力量，才能使农村基层民主建设发生质的飞跃，进而为推进我国的民主化进程打下坚实的基础，创造出成功的经验。

一、体制内力量：精英民主须“精英”，草根民主要“草根”

农村基层民主是伴随着中国革命的胜利和社会主义制度的确立不断发展完善的，并为保障农民的物质利益、维护农民的民主权利而不断推进：建国初期，以“赋权”为核心，广大农民的民主意识和政治参与热情被充分激活；改革初期，以“放权”为核心，全国各地积极探索“乡政村治”新格局，生产自主、人身自由成为新起点，亿万农民的参政热情日益高涨；税费改革阶段，以“减负”为核心，突出了农民期待发展的民主诉求，“村民自治”全面实施，“民主选举、民主决策、民主管理、民主监督”四大制度确立，广大农民积极参与社会事务管理，农村基层民主逐步进入法制化和规范化轨道；综合改革阶段，以“服务”为核心，着力破解制约民主发展的矛盾和障碍，加大基层行政管理体制和农村公共产品供给体制改革力度，推动政府职能由管理型向服务型转变，为农村基层民主的推进拓展了空间，农村基层民主建设进入一个新的发展阶段。

农村基层民主包括两个层面：一是精英民主，指广大农民通过选举各级代表参与高层决策和大政方针的制定，代表人民行使当家作主的权利，这是“赋权民主”；二是草根民主，指农民自身通过投票决定身边的具体事务，这是“自我作主”。经过半个多世纪的发展，我国农村基层民主制度构架日益完善，组织建设日益加强，形式和内容日益丰富，农民的民主意识日益增强，农村基层民主脱离了民主运动窠臼，进入切实的民主行动的范畴。但是，在经济改革和民主发展同步推进的新形势下，农村基层民主还存在一些迫切需要解决和探索的问题，农民的政治经济社会地位仍然不尽如人意，政治参与度依然不高，政治权利难以通过有效形式充分行使，政治诉求难以通过顺畅渠道充分表达，政治权益难以通过正常途径顺利实现，突出表现为“精英民主缺精英”、“草根民主不草根”：一是来自基层的代表比例偏低。在近几届全国人大代表构成中，农民代表呈下降趋势，尤其是一线的农民代表过少。以第十一届全国人民代表大会为例，实有代表2978人，其中占有全国绝大多数人口的农民仅有13人，而2.5亿农民工中也只有3名代表（好在目前已增加到31名）。全国政协委员更是鲜有农民的身影，2003年全国政协会上只有1名农民委员，其后则干净利落地变成了“零”。二是农民代表不能真正代表农民的利益和诉求。各级农民代表大多是按照劳动模范的标准进行选举的，在当地有一定威望和民主意识的农民则被视为“刺头”、

“刁民”而难以当选，因此选出来的代表要么缺乏参政议政能力，要么唯领导马首是瞻，不能真正反映农民的现实诉求。山西省一位连任十一届全国人大的代表在接受记者采访时坦言：从来没有投过反对票，领导的意见自己都赞成。三是农民对关涉自身日常利益事务的决策权得不到尊重和落实。一些本应由农民投票决定的村级公共事务，或是由乡（镇）政府、村级组织直接做出决定，或是从形式上、程序上走走过场，或是由大户和宗族势力操纵，没有真正实现由农民自己民主投票决定自己的事情。农民常常“被民主”。

解决好体制内的问题是“让一部分先人民主起来”的根基和核心。推进农村基层民主建设，必须着力挖掘和使用农村精英，促进草根民主的真正生成和发展，让“赋权民主”和“自我作主”落到实处。一应提高农民代表比例。真正落实好各级人大代表选举的“城乡同比”、“同票同权”，大幅度地提高基层代表比例，降低党政领导干部代表比例；各级政协也应大幅增加农民委员比例。农民中具有参政议政水平的大有人在，不能只靠政府官员和专家学者代表农民说话。二应改进选举标准，大胆选拔使用农村精英力量。创新选人用人机制，深化基层选举制度改革，放手发动群众，真正把一批德才兼备、能力出众、有见识、有魄力、敢说真话、群众满意的“精英”选出来，参与各层决策；进一步开发农村当地干部资源，注重发掘和培养村内人才，吸引在外见过世面、创业有成、有民主意识和群众基础的“能人”回乡发展，带领农民参与乡村治理。三应突出农民的主体地位。推进“四民主”制度，落实农民的知情权、选举权、参与权、监督权，进一步完善以直接、平等、差额、无记名投票为基本原则的农村基层民主选举制度，进一步健全以村民会议、村民代表会议为主要形式的农村基层民主决策制度，进一步规范以村规民约和村民自治章程为主要形式的农村基层民主管理制度，进一步实现以村务公开、政务公开、民主理财、民主评议为重要特征的农村基层民主监督制度，让农民享有更多的话语权和参与权，为农民自己投票决策村级事务开辟广阔空间，使人民当家作主的基本要求变成具有说服力的生动实践。四应提升农民的民主法制意识。加大民主法制宣传力度，通过广播、电视使农民在家能“听”到法律知识，开展送法上门使农民出门能“学”到法律知识，利用宣传栏、标语使农民抬头能“看”到法律知识，通过日常的反复性接触，提升农民对民主法制的认知和理解，增强民主意识和法制观念，以此优化基层民主环境。

体制内民主力量的培育，要把握好“群己权界”问题。民主只能在公共领域实行，公共领域要民主，私人领域要自由。民主不能超越公共领域的界限，所谓风能进、雨能进，国王的卫队不能进。领域界限是民主的底线，道德和法律是自由的底线。必须做到民主不能滥，自由不能泛。

不断发展和壮大体制内力量，实现农村精英民主的“脱胎换骨”和草根民主的“升级换代”，是通过体制机制的不断完善和创新，实现“让一部分人先民主起来”的关键所在。唯有如此，才能真正维护好、实现好、发展好农民的民主权益，从根本上推进农村基层民主建设。

二、体制外力量：着力农民合作，强化社会建设

社会先于国家存在。我们是社会主义国家，不能只有主义，没有社会。改革开放前，我国是国家膨胀，社会收缩；改革开放后，国家在收缩，社会在快速发育。发育农民组织是社会建设的重要内容，让农民组织起来是全世界的成功经验。中国近现代以来，许多有识之士也在大声疾呼并努力实践着发展农民组织，连封建皇帝也看到其重要作用和意义。光绪皇帝就曾于1898年颁发上谕，要求各州府县广推农会。新中国成立后的20世纪50年代，从互助组到合作社再到人民公社，我国逐步构建成世界上独一无二的最完备的组织农民形式。这种下级服从上级的行政管理模式固然充分发挥了群体力量办大事的优势和作用，但在本质上却否定了平等合作精神，模糊了个体与群体的权益界限，忽略了农民的自主权和决策权。随着农村改革深入和农村市场经济发展，农民需要以独立的市场主体身份，自由、平等地参与市场竞争，但农民的弱势地位决

定了个体参与市场是不现实的，必须抱团合作，以抵御来自自然、市场、政策、国际等各方面的风险，维护自身权益。在这种背景下，农民专业合作社、农民协会等各类农民组织大量涌现，涉及经济、文化、宣传、科技等多个领域，成为农村发展中的一个新现象。在农村经济社会结构的不断变化中，农民组织的规模不断扩大、功能不断拓展，逐步形成集经济功能、社会功能、文化功能、教育功能于一体的合作团体，成为农民实行自我教育、自我管理、自我服务的最好平台，是实行民主管理和民主监督、培养农民民主意识和合作意识的有效场所。农民在为了维护自身利益参与组织的决策和监督的过程中，逐步熟悉和习惯了民主的操作规程，增强了民主参与意识，锻炼了民主管理能力，积累了民主监督经验，培养了宽容与协商精神，提高了整体素质，培育了独立的政治品格，也极大地提升了乡村社会的政治沟通能力，促进了农民利益表达机制的形成，拓宽了农民表达利益诉求的渠道。

一个社会不稳定，主要有三种因素，一是不服从，二是不妥协，三是不守法。要解决这三大问题，提高组织化程度是第一选择，组织领袖之间的谈判比成员之间的谈判要方便得多，成本也小得多。有关报道称，中国维稳经费已超过军费。这么高的成本，一个重要原因，就是社会组织化程度不高，谈判成本当然会激增。

当前，全国已建立了相当数量的农民组织，但总体上仍然是数量少、体量小、质量低，处于生而不长、存而不活、发展不足、作用有限的状态，极大地束缚了农村社会自我管理能力，一定程度上阻滞了农村基层民主建设进程。“农民组织”包括两层含义：一是农民自己“组织”自己，由“被组织者”变成“自组织者”，平等自愿地合作在一起；二是农民建立的是自己的组织，组织成员不一定全部都是农民，但必须确定农民的主体性以及农民利益的目的性，否则就成了其他阶层的组织。因此，培育和发展农民组织必须坚持以下原则：一是以农民为主体，即农民既是主体也是主人更是主力，其他任何组织和个人都不能越俎代庖，直接插手农民组织的内部事务；二是农民自愿，即组织是农民按照自身意志自愿结成的，农民是否加入或退出、何时加入或退出，完全依据农民自己的意愿和有关章程，任何组织和个人不能强加意志给农民；三是为农民服务，即农民组织的宗旨是为农民自身权益服务，而不是为别的群体的权益服务，一个农民组织的产生或消失、扩大或压缩，均以有利于组织成员合法的共同利益的最大化为唯一准则。农民组织不应该也不能被强迫承担任何法定以外的责任和义务。适应时代需要，当务之急就是必须实现从“组织农民”向“农民组织”这一质的跨越。

政府扶持是世界各国培育和发展农民组织的通行做法。我国农民组织还处在初步发展阶段，更离不开政府的引导、鼓励和支持：一要放手发展。必须克服害怕农民合作、难于管理的心理，坚持“引导不领导、推动不强迫、扶持不干预”的原则，加大扶持力度。二是消除制度性障碍。出台相关的法律和政策，明确各类农民组织的地位，保障农民组织的权利。三是财政和信贷支持。应通过财政贴息、政策性信贷、保险等金融手段，有效解决农民组织启动资金、收购环节资金投入不足、发展风险等问题。四是提供优惠政策。对农民组织为成员提供服务或劳务所得的收入免征所得税，销售农产品免征增值税，农业生产经营服务免征营业税，兴办加工和流通实体给予税收优惠。同时，还应提供用地用电和农产品运输等优惠政策。五是强化服务和管理。通过政府网和互联网平台以及新闻媒体等途径提供信息支持和服务；在组织建设上做好帮扶工作，帮助建立健全规章制度，规范组织运作，促其健康发展。

农民组织的发育，是从层级结构（最基层）和组织结构（社会层面）上“让一部分人先民主起来”的有效实践，是农村社会建设的主要着力点，以此形成强大的体制外推力，促进体制内民主建设的发展。农民组织大都是按民主的方式产生发展起来的，可以肯定地说，这是从体制外推进农村基层民主最重要的途径和手段。

三、第三方力量：土流并举，打破“熟人社会”规则

中国农村是世代聚族而居的“熟人社会”，血缘、宗族、人情、权

势、金钱等相互交织，关系错综复杂，维系社会秩序的运转、矛盾的调处、资源的配置等大都依靠的是非正规制度，这是民主政治在农村发展的主要障碍。农村基层干部是带领农民实现经济发展、推进农村基层民主的中坚力量。但自20世纪80年代实行村民自治以来，各地在村民委员会选举中，都程度不同地发生过家族观念干扰选举过程、家族势力破坏基层民主的现象。事实证明，不在这种“熟人社会”中契入新生力量，破除家族观念，打破宗族势力，冲击传统思想，冲开人情网络，农村民主政治在基层就很难持续健康运行。因此，推进农村基层民主，必须从中国的国情出发，改变过去基层干部从本地选人的单一资源供给模式，“空降”一批干部，实行“改土归流”、“土流并举”，有效打破农村“熟人社会”对基层民主的惯性约束。近几年，各地在探索基层干部资源供给方面主要有两大举措：一是推进大学生到村任职；二是选派机关年轻干部到村挂职。安徽省近几年共选派万余名优秀年轻干部先后到村挂职，六年如一日扎根农村，最终倒在工作岗位上的凤阳县小岗村原党支部书记沈浩就是他们的优秀代表。

大学生村官和选派干部等“空降”村官的介入，为农村带来了知识分子的参与和先进文化的支撑，使农村基层民主逐步显现出生机和活力。他们不仅在农村经济发展中作出了贡献，更重要的是在打破农村非正规制度、改进基层管理服务方式、推进基层民主建设等方面发挥着积极作用。首先，优化了农村干部队伍结构，为推进基层民主提供了坚强的组织和干部保障。“空降”村官是接受过系统教育的高知识、高文化群体，年富力强，知识丰富，视野开阔，他们的到来为基层组织注入了新鲜血液，有效改善了农村干部队伍的年龄结构和文化层次，拓宽了农村基层干部来源，成为后备干部队伍的重要资源储备。其次，打破了农村“熟人社会”的各种障碍，改进了基层组织工作理念和方式。“空降”村官在当地是外来人，不受血缘、宗族、人情世故等各种因素的影响和束缚，而且眼界广、见识多，容易接受、理解并掌握解决农村事务的新观念、新思路和新方法，积极推进并认真落实村务公开以及民主决策、民主选举、民主管理、民主监督等各项举措，冲击了本地村干部的固有思维和理念，突破了基层工作的传统套路。第三，宣传了民主法制思想，提升了农民的民主法制意识。“空降”村官法制观念强、民主意识浓，在与村民的日常交往和沟通中，能够有意识或无意识地灌输民主思想和法制观念，起到了“普法员”的作用；同时，他们在开展工作过程中，既是高屋建瓴的推动者，又是身处其中的参与者，调处矛盾没有亲疏之分，不讲人情面子，依法办事，公正处理，既维护了农民的合法权益，又宣讲了民主法制思想，极大地调动了农民参与基层民主政治建设的积极性和主动性。

选聘大学生到村任职和选派年轻干部到村挂职，是远见卓识之举。但目前仍然存在着诸多难题：一是部分大学生村官思想不稳定，只是把到村任职作为跳板，没有扎根农村的长远打算，而且开展基层工作容易理想化，社会经验和实践能力不足。二是部分基层政府对大学生村官的作用没有引起足够重视，有些村两委基于各种原因甚至采取不配合、不欢迎的态度。三是一些选派干部抱有临时观念，不安心基层工作，常以单位工作忙为由，脚踩两只船。要实施“改土归流”“土流并举”，创新干部资源供给机制，借助外力推进农村基层民主，当前应重点解决三个方面的问题：一是完善“空降”村官选拔机制，真正把有知识、有志向、有热情、有潜力的大学生和优秀年轻干部输送到农村。二是调整工作内容，既要他们带领农民创业致富，也要把推进民主法制建设作为工作重点。这才是带起一方发展的长久之计、根本大计。三是关心和爱护“空降”村官。各级政府应不折不扣地落实各项优惠措施，不仅应在工作中认同和支持，也要在生活上予以关心和爱护，促使他们热爱农村、心系农村。

民主不是最好的，但它可以杜绝最坏的事情发生。推进民主化进程有多条路径，如先党内后党外、先抓点后扩面、先基层后上层等。而基层历来是民主政治的发源地、试验田，民主精神的培育、民主素质的锻炼、民主实践的操作，都是在基层产生、在基层发展、在基层得到检验的。从农村基层突破，“让一部分人先民主起来”，尽最大可能拓展三股力量的发展空间，充分发挥他们在推动农村基层民主中的主导性、推动力和创造力，是推进我国民主化进程行之有效的重要途径，也是一项基础性、战略性、全局性的工作。舍此，即使形式上的民主制度构架和机构建设多么完善，依然难以实现真正的民主。

“让一部分人先富裕起来”的理论已经产生了巨大效应，那部分先富起来的人把中国经济从停滞状态带入了超常发展的快车道。我们期盼，“让一部分人先民主起来”也能在推进中国民主化进程中产生出同样效应。我们用30多年时间使穷人变成了富人，我们可能还需要用若干年的时间才能使农民变成完整意义上的公民。

第十二章

寻策以“机”化“危”整合六种声音

新时代的领导方法已经由号召动员型、指标压力型向民主合作型推进，回应型政治正悄悄向我们走来。鼎新革故，宫商角徵羽，东西南北风，倾心辨听各种声音，才能知“危”识“机”，真切把握中国三农“危”在“机”存的现实，找到以“机”化“危”的路径，避免“为赋新词强说愁”的尴尬。

中国“三农”问题之复杂，堪称世界之最。中国为“三农”诊脉开方者，可谓阵容庞大，常常各示锦囊，各展妙计，但在各种意见中，毫不夸张地说，属于“盲人摸象”者不少。要为中国“三农”把准脉、开对方，必须倾听多种声音，整合各种观点。它既要与中央的大政方针吻合，又要与地方的实际结合，更要与民情民意契合，是历史的必然，规律的体现，民意的集中。

一、农民的声音

没有谁比农民更了解农民，没有谁比农民更关心农民，没有谁比农民对自己更负责任。把脉“三农”，农民的声音是根本，是基础，但要把农民的声音收集、归纳、整合、提炼升华却是一件十分不易的难事：一是零碎。随着市场经济的发展，农村改革的深化，原先作为一个整体的农民阶层内部正在发生分化。从职业上看，传统意义上的农民已经分化为农业劳动者、农民工、雇工、农村知识分子、个体工商户、私营企业主、乡村企业管理者、农村管理者等等；从收入水平看，农村已经出现了较为明显的收入分配差距，农户出现了富豪型、富裕型、小康型、温饱型、贫困型等不同层次。“横看成岭侧成峰，远近高低各不同”，不同的文化程度、生活际遇等决定了对于同一问题、同一事物农民反应有先有后，有快有慢，有强有弱，零零碎碎，千差万别。二是具体。与农民座谈，他们大都提出一些属于鸡毛蒜皮的具体问题，关注的焦点可能只是当家塘、门前道，村口的路灯、屋后的林子，想到哪儿说到哪儿，没有理性的归纳，逻辑的分类。三是现实。农民关心的是眼下的生活，在意的是切身的利益，对于美好蓝图、宏大目标往往看得很淡，不太关注。今年庄稼的收成、外出打工的待遇、眼下家庭的收支最是他们热衷谈论的话题。四是情绪化。农民由于文化层次、生活方式、生存环境等方面的局限，激烈的情绪化表述往往是常用的方式，他们很难做到冷静的理性叙事，辩证地分析问题。

“三农”问题，农民的声音是主体，但往往难成主流，难做主题，极端重要又常常变得无关紧要，原因在于：一是分布上散。八九亿人的庞大群体，散居于300多万个自然村落，两亿多农民工，遍及全国大中小城市，散布于制造业、建筑业、服务业等门类繁多的各个行业，不少人常往返于城乡之间，声音分散且在最底层，散乱的时空分布使他们的声音难以形成强大的“共鸣”。二是组织上松。1949年以来，特别是改革开放以来，我国逐步形成了多种社会阶层，具有不同的利益诉求，由此形成了工会、工商联、商会、妇联和各种产业协会等代表各自阶层利益的组织。但占全国人口大多数的农民却没有这样一个组织，而只是像马铃薯一样，装在一个贴着“农民”标签的口袋里，却彼此分离。2007年7月1日《农民专业合作社法》正式实施，但至今各地合作组织多数仍以松散型的专业协会模式运作，紧密型的合作社、股份合作社为数不多。没有组织的农民自然没有代言人和话语权。三是诉求力弱。各级人大代表、政协委员中，农民代表微乎其微，且越向上农民代表比例越小。全国人大代表中，二亿多农民工只有31位代表。农民的声音难达国家决策层面，在社会利益竞争与制衡中缺少争取利益的砝码，在国家政治结构中沉在下层，微弱无力。

农民的声音在表象中蕴藏着本质，在分散中积聚着力量，在现实中预示着长远，在具体中包含着抽象。把脉“三农”，农民的声音始终应是主流、是主题、是基调、是根本。抓“三农”工作，首先应在听明白农民的真实声音上下一番苦功夫、实功夫、真功夫：一是要深入民间。走村串户，到田间地头、场边炕头，与农民真心交友，和群众真诚交流。那种“空中飞人”或“蜻蜓点水”式的调查是不可能获取真实信息的。二是要听懂民声。熟知农家生活、深谙乡土文化、掌握群众语言，家长里短之间洞悉情势变幻，万户千村之中探寻民心所向。三是要代表民意，

“知政失者在朝野，知屋漏者在宇下”，站在农民的立场汇聚民意始终是从事农村工作、做好“三农”决策的第一准则。

当下流行的网络调查，是官方、民间所有调查机构普遍采用的调查方式，这种“快餐式”民意测评存在很大弊端。客观地说，网民只能代表一部分相对强势的人群，而不能代表公众，更不能代表农民，因为农民上网的不占1%。有评论认为，“一个由七八十万的网络参与量得来的数据，也许还比不上一个样本一万的民意调查更具科学性和民意代表性”。“网上得来终觉浅，绝知此事要躬行”，走近农民，深入农村，听得越多越好，越全越好。在有些事情上，我们说农民不听话，那是因为我们没有先听农民的话，只有我们先听农民的话，农民才会听我们的话。

二、官员的声音

官员属于社会精英且掌控行政力，主导话语权。官员的声音一般具有以下特点：一是高屋建瓴。以“一览众山小”的眼界观察经济社会，把握局势特点。二是统揽全局。能够把外部世界的变化与本地发展结合起来研究问题，在纷繁复杂的矛盾中找准关键，抓住主题。三是敏感性强。未雨绸缪，超前谋划的职业责任使他们一般都具有决策的前瞻性和政治的敏感性。

总体而言，官员的声音大都比较理性，但不乏非理性因素；比较准确，但并非一定正确；重点突出，但未必完全切合实际。其声音背后可能隐藏着另外一些目的。在听取一些基层官员高谈阔论时，要真正弄清其动机和目的。一防造形象工程。高喊做某事，并非真需要，只是为了所谓的面子和政绩大造舆论。前建设部部长汪光焘批评说，全国竟然有183个城市提出要建“现代化国际大都市”，要知道就连首都北京也没敢这样提，目前出台的规划只定位于“现代化国际城市”。如按这种声音行事，按这个框架建设，只能建成一片废墟。明清之际的思想家王夫之研究发现，历代官员出于热情或其他动机，常常大力推行自以为能让百姓受益的某种种养业，结果百姓反受其害，这就是与“黄宗羲定律”齐名的“王夫之定律”。二防短期行为。一些官员为一时之利或因眼界局限，搞工程、上项目，还没完工已经被淘汰，建了扒，扒了建的现象在中国十分普遍。改革开放以来快速崛起的几百亿平方米的建筑物，平均寿命只有三十年左右，仅相当于应该保有寿命的一半。这种鼠目寸光的教训实在太多太多。美国纽约市政规划还是一百多年前做的，至今仍按图建设，总体框架并不落后。当年有位中央领导到珠三角考察留下的印象是“走过一村又一村，村村像城镇。走过一镇又一镇，镇镇像农村”。缺乏长远眼光的建设与发展留下的隐患有时可能比从头开始花费的代价还要大得多。三防形式主义。如各地在统筹城乡、推进新农村建设中，都普遍遵循的一个原则是“量力而行”。诚然，新农村建设不可能一蹴而就，量力而行无可厚非。但一些地方借量力而行之名，行“量力缓行”、“量力不行”之实，以会议贯彻会议，以文件落实文件，以穷为由，把“力”“量”没了，只是开会发文空喊一阵子，或造几个典型了事。四防权力与资本的合谋。近年来，随着各级政府对“三农”的投入和支持不断增加，市场和资本的力量加速向农村渗透，致使个别地方基层政府权力寻租的内驱力明显增加。同时，由于村民自治制度建设还停留在低水平上，民主决策、民主管理和民主监督尚未真正落实，在土地征用、土地流转和集体资产运作等方面，基层干部权力寻租有蔓延趋势，借新农村建设名义大搞“圈地运动”、“资产盘活”等，不断翻新花样，与一些不法商人勾结，共同谋利。

因此，到基层调研，听取各种汇报，不仅要听其言，还要观其行，更要察其果，弄清其“声音”背后的“声音”。

三、专家学者的声音

“三农”问题，举国关注；“三农”论著，汗牛充栋；“三农”专家，鸿儒云集。自 20 世纪初晏阳初、梁漱溟等知识精英策动乡村建设运动以来，越来越多的专家学者把目光聚焦“三农”。作为专家学者，一是专业知识丰厚。“术业有专攻”，专家学者长期从事某项研究，具有较为广博的专业知识储备。二是见地深刻。专家学者具有深厚的学术背景，观察事物、看待问题更为理性、深刻，更加透彻。三是相对超脱。专家学者居象牙塔、处“三农”外，研究“三农”，与农业农村工作无直接利益关联，有一种“局外人”的超然。四是敢于直言。专家学者多以学理相辩，推理言事，直话直说，尽酣畅而快。

专家学者的声音，具有深刻的理性和创新的思维，但偏颇也显而易见：一是以偏概全。一些专家学者看问题多关注点、少照顾面，多盯着局部、少通盘谋划。如近两年，农村土地流转问题成为学术界普遍关注的热点焦点。有人以局部地区、个别典型为逻辑起点，发微探幽、旁征博引、力主加快，带动舆论界摇旗呐喊、擂鼓助阵，将本来好好的一幅行云流水般的田园风光图搅和得“山雨欲来”。其实，土地流转从家庭承包经营制度开始实施，一直都在进行，在政策上没有任何障碍。土地流转是一个经济常态现象，它只能按市场规律产生需求与供给，也只能随着地方经济社会发展加快或放缓，热炒的背后存在着明显的误区。二是教条主义。这是一些专家学者和部分官员的通病。以理论为教条、视书本为圣经，将理论与实践相分离、主观与客观相脱离，具体有四种表现。第一种，马克思主义教条化，不用发展的、辩证的眼光看待马克思主义，拒绝具体情况具体分析，否认实践是检验真理的唯一标准，只生吞活剥马克思主义著作中的只言片语，并当作包医百病的灵丹妙药和千篇一律的经典公式，到处生搬硬套。第二种，西方教条化。迷信崇拜西方理论，盲目套用定理模型，不顾国情、全盘西化。第三种，新教条主义。即市场万能论，认定政府对市场管得越少越好、不管最好，全然不知市场背后法制的约束和民主的力量。第四种，老教条主义。即经验主义，研究问题、判断形势不是从事物的本来面目和发展趋势出发，更多的是靠感觉、拍脑袋、凭经验。三是理想色彩浓。一些专家学者久居象牙塔、常作壁上观，不做调查研究、身陷学院书斋，道理上只讲“该不该”、不管“能不能”，操作上只求可能性、不问现实性。比如，一些专家根据诸多经典理论，从宏观的、理论的和逻辑的角度推理，得出“富裕农民就要减少农民”，“当前必须加速推进城市化进程”的结论。这些结论都对，但是减少农民需要把握速度，城镇化进程有其自身的客观规律。从世界各国城镇化发展速度看，进入加速发展阶段后全世界平均每年城市化率增长的百分点为 0. 336。我国从 1978 年起开始进入城镇化加速发展阶段，我们的城镇化率从 1978 年的 17. 9% 提高到 2012 年的 52. 6%，平均每年增长约 1 个百分点，增长速度已十分惊人。进入城市化加速阶段后，城市化率提高 20 个百分点，我们只用了 22 年时间，而美国用了 80 多年，英国则用了 120 多年。我们的城市化已经是“大跃进”的速度了，再快将后患多多。更何况城市化首先应是人的城市化，我们有一亿多农民进了城，还没有享受到同等市民待遇，城市就已经难以承受了。四是缺乏独立性。中国文人历史上多由执政者养活，自来就有“缺钙”的基因，即缺乏独立性、缺乏自己的独立见解。接受财政拨款的要听领导的话，为领导服务；接受洋人资助的，不敢得罪洋人；靠企业养活的，则要为企业帮腔。“拿人家的手短”，经济上没有独立性，学术上自然独立性不强。再加上 20 世纪 50 ~ 70 年代的政治折腾，不少人仍旧心有余悸，怕说错话，缺乏独立的学术人格。现在是善于“说明”的很多，敢于“明说”的太少。尤其值得警惕的是，今天在市场经济条件下，一些专家学者成了部门利益和强势群体谋利的代言人。

对于专家学者的声音，应坚持百花齐放、百家争鸣，坚持知无不言、言无不尽、言者无罪、闻者足戒。应鼓励专家学者结合中国国情，立足现实，独立思考，不断发出有创新精神的声音。

四、媒体的声音

大众传媒在经济社会发展中扮演着“瞭望者”的角色。身为社会公器的各类媒体，一是信息传播快捷高效。在常规状态下，能够实现“上下通达”，覆盖全社会；在突发性“公共事件”中，能够做到反应灵敏、触角深广，及时、充分地传布信息。二是引领舆论把握导向。通过信息的选择和编排体现“用事实说话”的力量，科学合理地传递党和国家的大政方针，形成主流的话语体系，支撑和谐的舆论环境。三是社会监督广泛充分。关注社会走势，洞察社会百态，扬善弃恶，褒美贬丑，解剖各种矛盾，分析利益冲突，触角所及，无远不到。

自2003年中央提出要把“三农”工作作为全党工作的重中之重以来，全国新闻媒体不断加大对“三农”的宣传力度，但与理应承担的“重中之重”责任还相去甚远：一是轻农。以都市生活为主的内容充斥版面和荧屏，源自农村社会的信息在媒介现实中所占比例甚微。二是逐利。随着大众传媒产业属性的凸显，部分媒体忽视社会责任，竞相追逐商业效益。三是炒作。一些媒体唯商业利益“是瞻”，不同程度地存在低俗、媚俗、庸俗现象。更有新闻工作者将农民的极个别不良行为进行恣意渲染，置于街谈巷议的消遣，为眼球经济弃职业道德。四是误读。有些媒体从业者对“三农”问题及农村现状了解不深，研究不透，理解偏颇，缺乏全局眼光和求实精神。

当前，媒体已由“新闻时代”、“分析时代”进入“洞察时代”，其影响力尤为巨大。时下街巷有议：现在世界上只有两种人能转动地球，一个是国家领导人，另一个就是媒体节目主持人。媒体的特性决定了它不一定是解决“三农”问题的决定力量，但却一定是不可或缺的推进力量。倾听媒体声音，应注意把握由于“轻农”、“逐利”带来的声音不强问题，由于“炒作”、“误读”带来的“失真”问题。

五、非政府组织（NGO）的声音

我国30年的农村改革总体上是沿着“保护私权”、“限制公权”两个方向展开。拥有“公共权力”的组织功能渐弱，民间组织的自域空间正在增强。各类非政府组织的生成勃兴，在“三农”领域发挥着特有的作用：一是民意的汇集。改革开放以来，农民的自我意识、主体意识、民主意识、法律意识和权利意识明显增强。同时，随着农民群体的不断裂变、分化、组合，不同的群体都有不同的价值取向，利益诉求也日益多元。非政府组织为不同地域、阶层、行业的农民联合合作、表达诉求提供了有效资源，创造了多种平台，为农民组织起来、扩大话语权提供了条件。二是行业的代言。在农业各个产业中发展非政府组织一直是世界各国农民应对市场化挑战、克服农业弱质性的共同选择。近年来，我国一些地方以协会、合作社等专业合作组织为主体实施行业管理，不仅弥补了农业经营管理体制的制度缺损，而且把分散的个体组织起来，使从事农业的千家万户在各种竞争平台上，发出了自己的真实声音，提高了自己的市场地位。三是矛盾的缓冲。非政府组织在农民与其他社会群体、市场主体和政府组织之间建立了利益协调与表达机制，避免了各类社会群体产生直接、尖锐的矛盾冲突，为经济社会运行预设了“减震器”，注入了“润滑剂”。

非政府组织的声音既源自农民，又高于农民，是千千万万原子化农民的声音经过归纳、整合，得出的综合性、系统化表达。但非政府组织的声音，同样具有局限性：一是弱质性。长期的计划体制造就了庞大的“全能政府”，对农村经济社会事务无所不包、无所不揽。在国家强控制模式之下，中国乡土社会非政府组织的力量非常薄弱。迄今为止，农村组织的总体状况仍然是：“官办组织”僵化不活，自治组织异化存活，民间组织存而不活，自发组织难以存活。对于非政府组织而言，来自观念、体制、制度、管理等方面的束缚太多，生长空间非常狭小，位卑言微。二是倾向性。在非政府组织中，不论是行会、商会，还是协会、合作社，都是部分农民以业缘、地缘等为纽带自发结成的利益共同体，其声音只是源自某一方面、某一群体农民的诉求表达，代表性有限，全面性不足。单纯考虑、采纳单个非政府组织的意见，往往会触及与之相关群体的切身利益，引发参照诉求，产生连锁反应。三是官办性。多数农村非政府组织内生于原有体制，绝大多数是在政府的直接或间接推动下组建的，从一开始就与政府及其相关部门有着千丝万缕的联系。一些地方在非政府组织发展中，强调政府主导，实际上是由政府部门出面组织，并控制人事权、决策权。许多用行政手段“捏合”起来的农民合作经济组织，说的是“官话”，办的是“公事”，无法表达成员意愿，难以代表群众利益。

国家逐步缩小共域范围，扩大民间自域空间，实行政府组织与非政府组织的分工与合作，以民间力量来“补官治之不足”，应该说是几千年来中国乡村社会治理经验和教训的结晶。倾听非政府组织声音，在充分利用其有效整合行业意愿，洞悉行业走势等优势的同时，应注意克服其狭隘性、倾向性、功利性等弊端。

六、域外的声音

从清末的变法到民国的探索，从建国初期的公社化运动到当前的新一轮改革，中国的“三农”问题不仅吸引了无数中华学人，同样也吸引了大量域外学人。应该说，域外对中国“三农”问题的研究成果构成了“汉学”、“中国学”的主体脉络，自20世纪初至今绵延不绝，如黄宗智的《华北小农经济与社会变迁》、杜赞奇的《文化权利与国家：1900～1942的华北农村》，均是域外中国农村研究的代表。改革开放以来，国外对中国“三农”问题的研究更成为显学，在中国学界政界都产生较大反响。域外的声音有着独特的韵律：一是比较的方法。域外研究者易从“局外人”的立场和世界的格局出发，看待中国“三农”问题，往往将中国“三农”问题置于不同的参照系中分析比较，为科学定位和评价农村社会演进、农业产业发展提供了新的坐标体系。二是多元的视角。西方的经济学、社会学、历史学和政治学等学科的学者们从不同的角度出发，运用各自理论模型和思维框架，对中国“三农”展开研究。三是较少的制约。域外研究者不受约束、相对超脱，不循固有框架、不落繁文缛节，分析问题一针见血、一语中的，政策建议另辟蹊径、直击关键，为中国“三农”研究开辟了新的空间。

域外的声音具有先天优势，但也有一些突出的弊端：一是不服水土。

一些域外研究者与研究机构没有真正把握中国国情，不十分了解中国现实，循诊开方单纯依赖西方经验，抓药除病套用国外模型，其结果往往南橘北枳、背离初衷。1990 年德国赛德尔基金会把山东省青州市南张楼村设为中德合作试验区，自信满满地推行享誉世界的“巴伐利亚经验”，力求通过教育、土地整理以及基础设施建设等方面的投资，将这里建设成宁静温和、安守乡土、自给自足的“田园牧歌”式的新型农村。今天，德国人无奈地发现，农民外出打工后回村创办了 80 多家企业，农业生产已逐渐成为副业，寄予厚望的田园生活已近消散，德国经验不可避免地与中国农村的现实发生了激烈碰撞，原定目标已经难以实现。二是政治偏见。部分西方学者固守于斗争哲学，依然戴着有色眼镜看待中国，一会散布中国衰败论，一会又散布中国威胁论，宣扬的是落后消极面。1994 年，美国学者莱斯特·布朗发表《谁来养活中国》，布朗认为，1990～2030 年间，中国将成为最大的谷物进口国，致使世界粮价大幅上涨，进入粮食短缺时代，进而剥夺低收入国家和人口的食品权利，加剧世界贫困问题，引发经济崩溃和政治动荡，摧毁人类赖以生存的自然生态系统。此文一出，立即在国际社会引发轩然大波，对我国发展造成一定程度的负面影响。对待此类声音务必警觉。

中国“三农”问题始终是国际社会关注的焦点，对于来自域外的声音我们应始终保持以下三种态度：一是清醒的头脑，不为人言所惑，不为干扰所惧，不为困顿所忧，保持冷静，坚定立场；二是开放的胸襟，具备世界眼光和国际思维，既不妄自尊大，也不妄自菲薄，取其精华，弃其糟粕，师他国长技，纳良谏如流；三是大国的气度，进退有度，挥洒自如，以圆融通达的心态，观五洲风云，察四海冷暖。

不同的声音代表不同的群体，各有千秋，各存长短，都是“三农”乐章中不可或缺的重要元素。我们既要能听懂、乐于倾听，能够辨析弦外余音，了解真实意图，又要能沟通、善于互动，通过平等对话，交流思想，求同释疑，更要能整合、勤于思索，把握各种声音同频共振的结合点，探寻协力共进的平衡点。只有这样才能汇聚各种声音，为“三农”工作定准基调，演奏出符合实际、美妙和谐的华彩乐章。